Krise im heutigen Denken?

Grenzfragen

Veröffentlichungen des Instituts der Görres-Gesellschaft
für interdisziplinäre Forschung
(Naturwissenschaft – Philosophie – Theologie)
Herausgegeben von Norbert A. Luyten

Band 2

Krise im heutigen Denken?

Herausgegeben von Norbert A. Luyten

Beiträge von

Georges Cottier, Genf
Beda Thum, Wien
Hansjürgen Staudinger, Gießen
Maximilian Steiner, Bonn
Andreas R. 'Sigmond, Rom
Joseph Lortz, Mainz

Verlag Karl Alber Freiburg/München

Satz und Druck: Presse-Druck Augsburg
ISBN 3-495-47254-1

Inhalt

Vorwort

Mit dem Thema dieses zweiten Bandes der Reihe „Grenzfragen“ greifen wir ein heißes Eisen an. Ein Wort der Verantwortung möge deshalb vorausgeschickt werden.

Im Vorwort zum ersten Band dieser Reihe wurde schon betont, wie sehr uns die heutige mit Fragen überladene Zeit – und in diesem Sinne eine Zeit der Krise – zur Stellungnahme herausfordert, wenn wir eine sinnvolle Zukunft bauen wollen. Eine erste Voraussetzung für ein solches Unternehmen ist wohl eine richtige Diagnose der heutigen geistigen Situation.

Nun sind wir uns sehr bewußt, daß die Schwierigkeit einer solchen Diagnose noch bedeutend größer ist als ihre Dringlichkeit. Es war für Zeitgenossen schon immer schwer, die eigene Zeit richtig einzuschätzen. Wer mitten in den Auseinandersetzungen steht, hat weder den Überblick noch die Distanz für ein abgeklärtes Urteil. Bedenken wir dabei, wie komplex die heutige Welt, in der die verschiedensten geistigen Strömungen aufeinanderprallen, geworden ist, dann wird uns erst recht klar, wie sehr eine saubere und auch nur annähernd richtige Diagnose fast ein Ding der Unmöglichkeit ist. Die Schwierigkeit einer Aufgabe kann uns aber nicht von ihr dispensieren. Gerade ein Institut, in dem Vertreter verschiedenster Disziplinen sich im gemeinsamen Bemühen um die Aufarbeitung heute anstehender Fragen treffen, darf nicht ausweichen, wenn es sich vor dieses Problem gestellt sieht. In diesem Geiste und keineswegs aus Überheblichkeit haben wir uns bemüht, im interdisziplinären Gespräch einige von den bedeutsamsten Zügen der heutigen Situation etwas näher zu beleuchten. Wir sind uns bewußt, wie sehr wir uns mit der

Veröffentlichung dieser Vorträge und Gespräche exponieren. Auch die sich um Objektivität aufs äußerste bemühende Diagnose wird zwangsläufig Elemente subjektiver Bewertung beinhalten. Schon der Ausdruck „Krise im heutigen Denken" – wenn auch mit Fragezeichen versehen – dürfte von einigen als unzulässiges Werturteil empfunden werden. Darüber hinaus werden gewisse Beurteilungen der Lage, wie sie von den Gesprächspartnern gemacht wurden, zu einseitig oder zu pessimistisch erscheinen. Wir erheben keineswegs den Anspruch, letztlich verbindliche Aussagen über die heutige geistesgeschichtliche Situation zu machen. Das ehrliche Bemühen, die „Zeichen der Zeit" zu verstehen und zu deuten, wird man uns aber nicht absprechen können. Übrigens dürften gerade die verschiedenen, manchmal auseinanderlaufenden Meinungen, die sich in der Diskussion äußerten, zeigen, nicht bloß wie vielschichtig und komplex die aufgeworfene Problematik ist, sondern auch wie jeder Teilnehmer sich in der Auseinandersetzung mit den Fragen um kompromißlose Ehrlichkeit bemüht hat.

Selbstverständlich war eine umfassende Behandlung des aufgeworfenen Problems nicht möglich und mußten wir uns auf einige, uns wichtig scheinende Aspekte beschränken. Die Vorträge behandelten jeweils einen bestimmten Problemkreis, so daß die Diskussionen sich auf gewisse Schwerpunkte konzentrieren konnten. Solche waren: Der philosophische Hintergrund der heutigen geistigen Situation (Vortrag Cottier); die heutige Entwertung des symbolischen Denkens (Thum); die ethische Problematik des naturwissenschaftlichen Forschens (Staudinger); das Auseinanderklaffen naturwissenschaftlichen und theologischen Denkens (Steiner); die soziologischen Aspekte der heutigen Glaubenskrise ('Sigmond) und *last but not least* das wohl heikelste Thema: die Krise in der katholischen Kirche (Lortz).

Wie ernst diese Auseinandersetzung mit der uns heute bedrängenden Situation genommen wurde, dürfte gerade aus dem Titel des letzten Vortrages deutlich sein: Kirche und wir in der Krise. Nicht unbeteiligte Zuschauer sitzen hier zu Gericht über die heutige Zeit; engagierte Menschen, die sich dem Zeitgeschehen stellen, es nicht nur miterleben und registrieren, sondern auch mitprägen und gestalten möchten, bemühen sich um eine offene und ehrliche Beurteilung der Situation.

Wir hoffen, damit den vielen Suchenden, die sich bemühen, sich in der heutigen so komplexen und manchmal verwirrten Welt geistiger Strömungen zurechtzufinden, einen Dienst zu erweisen.

In den nächsten Bänden wollen wir uns positiveren Seiten der heutigen geistesgeschichtlichen Situation, wie sie sich in der Dynamik des wissenschaftlichen Forschens, im Aufbau einer menschlicheren Welt bekunden, zuwenden.

Der französisch gehaltene Vortrag von Dr. G. Cottier wurde von Dr. I. Thoss und S. Claes (Luxemburg) ins Deutsche übertragen. Die französisch gesprochenen Diskussionsvoten (vor allem von den Herren Cottier und Boné) habe ich selber übersetzt. Fräulein G. Kluitmann hat – wie gewohnt – die Abschrift vom Band, die Überarbeitung der Manuskripte und die Korrektur der Druckbogen besorgt. Fräulein R. Rüttimann ihrerseits hat durch das Übernehmen von Schreibarbeiten die Fertigstellung des druckreifen Textes beschleunigt. Ihnen und allen, die in irgendeiner Art und Weise zum Veröffentlichen dieses Bandes beigetragen haben, sei hier herzlich gedankt. Den Lesern wünschen wir die gleiche Bereicherung, die wir bei der Bearbeitung des Textes erfahren haben.

Fribourg/Schweiz, September 1972 N. A. Luyten

Das Krisenbewußtsein in der modernen Philosophie

Von Georges Cottier, Genf

I. Einleitung

1. Wir leben in einer Krisenzeit und sind uns dessen bewußt. Das ist eine Tatsache, und diese Tatsache bereitet uns Unbehagen. Sobald wir aber dieses Phänomen und seine Ursachen untersuchen wollen, stoßen wir auf Schwierigkeiten. Zunächst deshalb, weil wir passiv in eine Krise hineingeraten und die Krise aufhört, sobald wir sie bewältigen. Sodann, weil in der Bewertung der Krise affektive, also subjektive Faktoren mitspielen. Das ist ein weiteres Hindernis. Die einen minimisieren, andere dramatisieren die Krise: wer hat da recht? Schließlich geht man bei der Beurteilung einer Krise und ihrer Ursachen immer von gewissen Werturteilen und Kriterien aus, und hier sind die Meinungen geteilt.

Man kann nur dann von einer Krise sprechen, wenn ein gemeinsames Schicksal als Krise empfunden wird. Wo man trotz heftiger intellektueller Auseinandersetzungen zwischen verschiedenen Schulen die gemeinsamen Grundwerte nicht in Frage stellt, kann nicht von Krise gesprochen werden: es ist im Gegenteil Zeichen einer starken intellektuellen Vitalität.

Wie reagieren wir auf die Krise? Was geschieht, wenn wir sie erleiden? Erdrückt sie uns, oder rüttelt sie uns auf?

Man darf bei einer Krise den historischen Charakter nicht übersehen. Deshalb hat Freud, als er die nach seiner Meinung unveränderlichen Motive des kulturellen Unbehagens analysierte, nicht eigentlich die Diagnose einer *Krise* gestellt.

Andererseits geht das Krisenbewußtsein unserer Zivilisation schon einige Generationen zurück. Handelt es sich um dieselbe Krise oder um eine Reihe aufeinanderfolgender Krisen?

Diese Vorbemerkungen mögen erklären, weshalb wir unser Thema vom geschichtlichen Gesichtspunkt aus angehen.

Wir werden die Erscheinungen dieser Krise in der Philosophie aufsuchen: Weil nämlich die Philosophie eine allumfassende Schau besagt, offenbart die Krise, die sie durchmacht und über die sie nachdenkt, eine allgemeine Kulturkrise. Sie wird hier also nicht gesehen unter dem begrenzten Gesichtspunkt der Philosophie als Spezialfach mit eigenen Methoden und Mitteln.[1]

2. Es wird nützlich sein, eine Klärung der Terminologie an den Anfang zu setzen. Krise kommt vom griechischen Wort κρίσις, abgeleitet vom Zeitwort κρίνω, das zunächst trennen, unterscheiden bedeutet; sodann wählen, bestimmen, entscheiden, also urteilen in den verschiedenen Bedeutungen dieses Zeitworts: einen Prozeß entscheiden, verurteilen, urteilen im Sinn von zuerkennen, urteilen im Sinn von lösen, erklären, erläutern.

κρίσις bezeichnet nun zunächst die Unterscheidung oder das Unterscheidungsvermögen, sodann die Wahl oder Auswahl, die Trennung (daher Meinungsverschiedenheit, Protest, Kampf), das Urteil, den Entschluß, die Entscheidung und das Urteil über eine Frage, einen Zweifel, aber auch das Urteil in einem Kampf, einen Wettbewerb sowie ein Gerichtsurteil, also Verurteilung. Κρίσις kann des weiteren Beschluß bedeuten, Ausgang, Lösung eines Konfliktes (eines Krieges), Erklärung (eines Traumes). Aber die dem modernen Sinn des Wor-

[1] Es ist wahr, daß Marx und A. Comte, jeder auf seine Weise, eine Krise der Philosophie (ihren Tod) aufzeigen, und zwar der Philosophie als Spezialwissenschaft, deren Vorhaben auf einem anderen Gebiet wieder aufgegriffen werden soll, dem des historischen Materialismus beziehungsweise der Soziologie. Aber in beiden Fällen verrät diese absichtliche Verdrängung der Philosophie eine Krise der Vernunft.

tes geläufigste Deutung findet man bei Hippokrates und den Ärzten: Krisis bedeutet hier die ausschlaggebende Phase einer Krankheit. Die Krise bezeichnet in der Tat den gefährlichen und ausschlaggebenden Augenblick. Man darf nicht übersehen, daß im Griechisch der Bibel κρίσις auf das Gericht hinweist, im Sinn von Verurteilung und Beschluß Jahwes, des höchsten Richters (so z. B. Joh. 12, 31: „Jetzt ist das Gericht der Welt").

Wenn wir heute von Krise sprechen, denken wir eher an das Ergebnis eines Urteils (an einen Zustand) als an das Urteil selber. Der biblische Sinn wird auch im säkularisierten Denken im Hintergrund noch sichtbar: Wir haben es zu tun mit einem Urteil über etwas, gesprochen von einem zuständigen Richter (sei dies die göttliche Vorsehung oder die Geschichte als deren immanentistischen Ausdruck): die Ergebnisse bekunden das gefällte Urteil, prüfend, richtend, unterscheidend und folglich strafend.

Für die Historiker bedeutet Krise eine Erschütterung, ein In-Frage-Stellen auf verschiedenen Ebenen, sie bedroht einen bisher feststehenden und unwandelbar scheinenden Zustand; sie bedroht Einrichtungen und Bräuche, das politische Gleichgewicht oder die Unerschütterlichkeit der Glaubensüberzeugungen und der Werte, von denen eine Zivilisation lebt. Eine Krise kann mehr oder weniger tief, mehr oder weniger radikal sein. Zivilisationen und Gesellschaften überwinden eine Krise oder unterliegen ihr.

Es ist wichtig hervorzuheben, daß das Adjektiv *kritisch* zu derselben Familie gehört. Κριτικός nennt man den, der urteilen, bestimmen kann; das Adjektiv bezeichnet die Kunst des Urteilens und daher die Kritik: sie steht einem Richter zu. Im Bereich der Medizin wird es im Sinne von entscheidend auf eine Phase der Krankheit angewandt.

Heute bezeichnet kritisch einen Aspekt der Krise, das im Gleichgewicht Gestörte, das der Zerstörung nahe. Der Chemiker spricht von kritischem Zustand, kritischer Schwelle.

Der kritische Zustand des Kranken besagt, daß die Todesgefahr noch nicht gebannt ist. In der Politik oder in der Wirtschaft spricht man von einer kritischen Lage, die zu einer Krise führt im Sinn von Zerrüttung, Unordnung, Chaos oder Krieg. Im weiteren Sinn heißt kritisch schwierig, gefährlich, entscheidend. Das Adjektiv bezeichnet überdies eine Haltung. Littré gibt an: „zur Kritik neigend", und bezeichnet so einen kritischen Geist, „einen, der überall Mängel sieht und dies frei zur Sprache bringt". Lob oder Tadel? Die Definition weist auf ein mögliches moralisches Urteil hin. Über den „kritischen Geist in der Philosophie" sagte Littré noch „er untersucht in Freiheit Lehren und Institutionen"; er setzt also die Urteilsfreiheit voraus und schließt Vorurteile aus.

Vom Adjektiv leiten wir über zum Substantiv: die *Kritik*. Seit der Aufklärung wird sie immer mehr zur obersten, fundamentalen (im Sinn von ersten und bestimmenden) Tätigkeit des Verstandes. Dieser wesentliche Punkt wird uns nunmehr beschäftigen. Anfangs sollte die Kritik die festen und authentischen Fundamente wiederentdecken. In welchem Maß gibt es eine Verbindung zwischen Krise und Kritik?

Es ist nicht uninteressant, den Aufschwung festzustellen, den in der modernen Kultur Wissenschaften wie die Literaturkritik und die Kunstkritik genommen haben. Ihr Ziel, das sich nicht ohne Werturteil erreichen läßt, ist das Verständnis der Kunstwerke. Die Kritik hebt den tiefen Sinn, die Schönheit eines Werkes hervor, aber sie unterstreicht auch seine Schwächen. Sie spielt die Rolle des Richters. Solche Tätigkeit ist jenen Spezialisten eigen, die man Kritiker nennt, denen von der Kultursoziologie eine immer bedeutendere Rolle zuerkannt wird, was natürlich nicht ohne Mißbräuche geht.[2]

[2] Bekannt sind die beißenden Worte von J. P. Sartre: *Qu'est-ce que la littérature?* Idées 58, Nouvelle Revue Française, S. 358: Über die Friedhofswächter. Der Vorwurf, den Sartre, selbst ein vorzüglicher Kritiker, an die Kritiker richtet, ist bezeichnend: der Kritiker, als solcher, beschäftigt sich mit den Toten.

Erwähnen wir zum Schluß den Begriff des *Kriteriums:* Das Kriterium ist das, in dessen Namen man ein Urteil fällt, das, worauf die Kritik gründet (τὸ κριτήριον): das, womit man urteilt, die Urteilsfähigkeit, die Richtlinie, wonach man das Wahre vom Falschen unterscheidet. Aber wird man die Krise nicht gerade als den Verlust der Kriterien definieren müssen? Als ob die Kritik, sich selber richtend, gegen genau das vorgehen wolle, in dessen Namen und mit dessen Hilfe sie sich betätigt. Wir werden diese Frage untersuchen müssen.

II. Von der Aufklärung zu Karl Marx

3. Über die tiefe Wandlung, die im 17. Jahrhundert nach den Religionskriegen und dem Entstehen der modernen Wissenschaft die „europäische Bewußtseinskrise" herbeigeführt hat, sagt Paul Hazard, der Geschichtsschreiber dieser Krise:

„Man glaubte, das alte Gebäude zerstören zu müssen, das die große menschliche Familie so schlecht beschirmt hatte: die erste Aufgabe hieß: abreißen. Die zweite hieß wiederaufbauen, die Fundamente einer neuen Gesellschaft legen."

Behalten wir dieses Schema: Abreißen, um dann wieder aufzubauen. Was geht vor? Das Bild, das man sich im Mittelalter vom Menschen machte, kommt ins Wanken, und mit ihm die bis dahin selbstverständlich scheinenden Werte. Grund dieser Erschütterung ist ein neues Menschenbild, welches das alte verdrängen will. Die Krise begleitet den Übergang von einer Kulturepoche zu einer andern: Der Zusammenbruch eines Weltbildes und der Einrichtungen und Bräuche, die es prägt, wird hervorgerufen durch das Entstehen eines neuen Weltbildes, das sich übrigens, wie man mit der Zeit merkt, immer noch von den Werten der früheren Welt nährt. Hinter dem Bruch bleibt die Kontinuität bestehen.

Etwas vorgreifend stellen wir die Frage: Trifft dieses Schema, das den Hergang der Krise beschreibt, in allen Fällen zu? Wird die Krise immer hervorgerufen von dem positiven Vorstoß einer neuen Weltschau, Merkmal neuen Lebens, das die Hindernisse beseitigt? Ist sie nicht manchmal ein Zeichen von Angst und Verzweiflung vor einem unaufhaltsam scheinenden Zusammenbruch? Sind alle Krisen von derselben Art?

Die Tendenzen, die im 17. Jahrhundert zutage treten, beherrschen das folgende Jahrhundert in solchem Maße, daß man nicht von bloßer Krise sprechen kann. Man hat es mit einer siegesbewußten Denkbewegung, die positiv gewertet werden will, zu tun. Wenn da Krise herrscht, so nur als Gegenbewegung. Denn die Kritik, die überall geübt wird, wird als die erste, vorläufige Stufe einer Verstandestätigkeit aufgefaßt, die die Kultur für immer auf nichts anderes als auf ihre eigenen Einsichten begründen will. Kritisieren heißt nachprüfen, heißt jedes von der Vergangenheit ererbte Vor-Urteil, jedes übernommene Urteil dem einzig gültigen Kriterium der Vernunft zu unterwerfen. Nachprüfen, wie man einen Ausweis nachprüft: nicht die Tradition, nicht die Autorität, der Verstand allein kann die Ideen als echt ausweisen. Zweifellos ergeben sich aus diesen wahren Ideen praktische Folgen, die individuelles und soziales Glück mit sich bringen. Wir werden auf den wissenschaftlichen Humanismus noch zurückkommen. Die *Aufklärung* ist eine seiner Erscheinungsformen.

Die Kritik der Aufklärung beruht jedoch auf einer völlig naiven Voraussetzung, nämlich dem unbegrenzten Vertrauen in die Einsichten der Vernunft, die selbstsicher auf ihrer eigenen Transparenz beruht. Auf verstandesmäßigem Weg der Ideenverbreitung will man eine intellektuelle und soziale Revolution herbeiführen. Deshalb empfindet man anfangs die gewaltsamen Veränderungen noch nicht als Krise.[3]

[3] Erst später, mit den auf die Französische Revolution folgenden Ereignissen, werden die Geister leicht, wenn auch nicht wesentlich erschüttert: welchen Platz hat die Schreckensherrschaft im Vormarsch des Fortschritts,

Der Begriff Vernunft umfaßt demnach folgende Begriffe, die nicht notwendigerweise alle zum Ausdruck gebracht werden. Die menschliche Vernunft beansprucht für sich die Vorzüge der absoluten Vernunft. Sie strebt nach Vergöttlichung, insofern sie sich als oberstes Gesetz konstituiert. Sie zweifelt nicht an ihrer unwiderstehlichen Macht. Einmal formuliert, muß das Rationale sich leicht verwirklichen lassen (denn selbstverständlich gehorcht die Sprache in ihrer Klarheit völlig den Gedanken). Das Objekt dieser Vernunft, im Menschen und um ihn, ist die Natur. Diese selbst ist ganz von der Vernunft durchdrungen, da sie im Wesen ein System verstandesmäßiger Gesetze ist: so ist Erkenntnis der erste Schritt zum Beherrschen der Welt.

Was die Erscheinungsform des Rationalen angeht, so wird das 18. Jahrhundert das Cartesianische Thema der Evidenz wiederholen. Für Descartes war das die Evidenz der klaren und deutlichen Ideen. Von einem Autor zum andern ändert die Evidenz, aber man glaubt in solchem Maß an die Evidenzen, daß man es unterläßt, sie nachzuprüfen.[4] Schließlich drückt ein Wort diese rationale Eroberung der Welt aus: die Wissenschaft.

Der Enthusiasmus, den die rationale Evidenz hervorruft, verschleiert einige Aspekte des Realen und verhindert gewisse Fragen. Die Kritik, die sich jeder Meinung bemächtigt, die nicht auf den Evidenzen beruht, vergißt, sich diesen selber zuzuwenden. Auf eine unterschwellige Art jedoch ist der Anspruch der strengen, wissenschaftlichen Methode bereits am Werk, den die Philosophen, Galilei und Descartes an der Spitze, als von der neuen Wissenschaft untrennbar erkannt ha-

der doch ein Vormarch der Vernunft ist? Aber auf theoretischer Ebene wird sich erst im 19. und besonders im 20. Jahrhundert das akute Problem der Vernunft und der Gewalt stellen, das Problem von *Humanismus und Terror* nach dem Titel des Buches von Merleau-Ponty.

[4] Es fehlt eine Geschichte über die Idee der Evidenz. Das Thema ist von großer Bedeutung.

ben. In diesem Stadium erscheint die Strenge der Methode wie in eine leuchtende Evidenz eingehüllt, die den Wert eines Prinzips hat und über deren Natur man aus diesem Grunde keine Fragen stellt. Es wird des Zweifels und der Fragen von Kant bedürfen, um darauf aufmerksam zu werden, daß die Verbindung nicht selbstverständlich ist.

Andererseits wird alles, was nicht ins Feld des Rationalen gehört, als nebensächlich, unwichtig abgetan. So entsteht unauffällig das Korrelat der neuen Rationalität, das Irrationale.[5] Aber es hat so wenig Gewicht, daß man sich ihm gegenüber verhalten kann, als existiere es nicht. Dies ist ein Faktor einer zukünftigen Krise: Das so vergessene und beiseite geschobene Irrationale wird zwangsläufig wieder zum Vorschein kommen.

Das Krisenbewußtsein begleitet nicht zuletzt wie eine gedämpfte Harmonik den unerschütterlichen Glauben an einen nahen Neubeginn, an eine neu ausbrechende Kreativität. Davon zeugt, unter anderem, ein Text von Kant: „Jetzt, nachdem alle Wege (wie man sich überredet) vergeblich versucht sind, herrscht Überdruß und gänzlicher Indifferentismus, die Mutter des Chaos und der Macht, in Wissenschaften, aber doch zugleich der Ursprung, wenigstens das Vorspiel einer nahen Umschaffung und Aufklärung derselben, wenn sie durch übel angebrachten Fleiß dunkel, verwirrt und unbrauchbar geworden."[6]

Die Krise, Quelle oder wenigstens Vorspiel der Wiedergeburt, das ist ein Leitmotiv der Aufklärung und des Rationalismus, der daraus hervorgeht. Schon wird die Krise relati-

[5] In der Perspektive der Metaphysik des Seins, die die Intelligibilität des Seins anerkennt, gibt es Grade der Intelligibilität, wie es Grade des Seins gibt. Das Nicht-Intelligible definiert sich durch seine Nähe zum Nichts. Das Irrationale, wovon wir sprechen, ist ein Konzept der modernen Philosophie, das sich auf eine bestimmte Auffassung der Vernunft bezieht.

[6] Im Vorwort zur 1. Ausgabe der *Kritik der reinen Vernunft*.

viert. Höchstens wird sie als notwendiger Durchgang akzeptiert. Der Positivismus gehört in diese Linie.

Ehe wir fortfahren, muß eine Frage gestellt werden. Wir haben gesehen, daß es die Vernunft ist, die im Bewußtsein der Vorkämpfer der Aufklärung das Kriterium liefert, mit dessen Hilfe Kritik ausgeübt wird. Sollte nicht am Ende die Vernunft verantwortlich sein für die Krise? Denn die Situation ist nicht völlig neu. Zur Zeit der Aufklärung erinnert man sich der Renaissance und, darüber hinaus, des Altertums. Vom Altertum aber bis zur Renaissance und zum 18. Jahrhundert erweckt der Philosoph, der Mensch der Vernunft, also der freie Mensch, Mißtrauen, insofern er es wagt, die allgemein angenommenen Anschauungen in Frage zu stellen. Der Prozeß des Sokrates ist das Beispiel einer solchen sich stets wiederholenden Situation.

Der Verlauf scheint folgender. Das einzige Kriterium der Werte ist die Vernunft, die darauf besteht, alles ihrem Richterspruch zu unterwerfen; sie ist wesentlich Kritik und führt die allgemein angenommenen, auf die Tradition gestützten Anschauungen zu einem kritischen Bruchpunkt, zur Krise. Daher die konservative Reaktion seitens der Autoritäten der Gesellschaft.

Dieses Schema, das bei vielen nur Muster *(pattern)* bleibt, ist übertrieben vereinfacht. Aber der Verlauf bleibt ja, wie wir bereits gesehen haben, dabei nicht stehen, da in einem gewissen Moment die Krise sich als Verlust der Kriterien definieren läßt. Aber wir wollen nicht vorgreifen.

4. Gewisse Kommentatoren unterstreichen zu Recht die für das Denken Hegels so große Bedeutung der Französischen Revolution als Träger neuer Hoffnungen und dessen, was daraus folgt: die Schreckensherrschaft, Napoleon. Denn das Ideal, das der Philosoph anstrebt, setzt das Bewußtsein einer Krise voraus, eines Konfliktes, den er als Kampf des Glaubens mit der Aufklärung, der alten mit der neuen Welt bezeichnet. Und

wenn er nun die Notwendigkeit fühlt, ihre Versöhnung herbeizuführen (bei ihm ist das ein Schlüsselwort), so geschieht dies, weil er sich als Erbe dieser Aufklärung betrachtet; er ist Zeuge ihres relativen Mißerfolges: Der Sieg war nicht vollständig: Durch die Romantik mit ihrer Theologie des Gefühls ist er sich des bleibenden Charakters dessen, was er „Glauben" nennt, bewußt geworden. Die Aufklärung hat eine Spaltung im Geiste hervorgebracht, eine sicherlich wohltuende Spaltung, denn die Geschichte schreitet in dialektischer Weise vorwärts, niemals rückwärts. Aber der Geist kann nicht in der Spaltung beharren, in der Krise, die nur eine Stufe in ihrem ganzen Verlauf darstellt. Um der Krise zu begegnen, muß man also die entgegengesetzten Begriffe versöhnen. Und da der Gegensatz sich kulturell äußert, d. h. in der Geschichte, muß man den Grund in der Geschichte suchen. Man kann die Geschichtsphilosophie, die den Mittelpunkt des Hegelschen Denkens ausmacht, als den Versuch einer Antwort auf die Krise bezeichnen. Diese Antwort soll nicht nur das philosophische Denken auf ein bisher wenig beachtetes Gebiet anwenden, sondern die Idee der Vernunft selbst neu durchdenken. Das Absolute oder die Vernunft als das Ergebnis seines eigenen dialektischen Werdens in der Geschichte, die so einem Denkprozeß gleichgesetzt wird[7].

Alles Vernünftige ist wirklich, alles Wirkliche vernünftig: das Axiom gilt an erster Stelle für die kulturelle geschichtliche Wirklichkeit. Bemerkenswert ist, daß hier dem neuen Begriff der Vernunft ein neuer Begriff der Wirklichkeit entspricht; mit anderen Worten: Vernunft und Wirklichkeit haben nicht länger eine evidente Bedeutung. Ihr Sinn wird immer problematischer. So ist die Hegelsche Versöhnung nur scheinbar, die Krise nur verschleiert, bald wird sie offen zutage treten.

[7] Gewiß, auch andere Motive spekulativer Art spielen in diesem Neudurchdenken mit: Die Überwindung der Kantschen Problemstellung, das Problem des Einen und Vielfältigen, nicht zuletzt die philosophische Auswertung des trinitarischen Modells, das der Dogmatik entliehen ist.

Als Hegel den Konflikt, der diese Versöhnung forderte, auf der Ebene von Glaube und Wissen situierte, hatte er gemerkt, daß die moderne Krise das Christentum als Hintergrund der abendländischen Kultur nicht außer acht lassen konnte. Daher die große Bedeutung der Religionsphilosophie in seinem Werk. Die Krise hat eine religiöse Dimension. Behalten wir diesen Punkt im Auge.

Die Nachfolger Hegels werden einmütig die vorgeschlagene Versöhnung als eine Pseudo-Versöhnung brandmarken. Das nach-hegelsche Denken wird durch das immer klarer werdende Bewußtsein einer nicht gelösten Krise geprägt. Was auch immer von den Veränderungen zu halten ist, mit Feuerbach wird der Rationalismus der Aufklärung neu bestätigt. Wie zur Zeit der Aufklärung will Feuerbach für einen Humanismus kämpfen, dem es gelungen sein wird, die Ursachen der Krise zu überwinden. Die Lösung besteht darin, aus der christlichen Theologie eine Anthropologie zu machen, wobei man behauptet, die wahre Natur dieser Theologie erkannt zu haben. Kierkegaard greift die Herausforderung auf: Das Individuum, als Glaubender, bestätigt sich in der Einmaligkeit seiner Existenz gegenüber einer Vernunft, deren abstrakte Universalität keinen Einfluß auf die Wirklichkeit hat. Den von der Aufklärung beeinflußten Behauptungen steht als Versuch einer Antwort ein Thema entgegen, dessen Bedeutung immer größer werden wird: der Prozeß der Vernunft. In einer dem Christentum feindlichen Perspektive wird Schopenhauer seinerseits diesen Prozeß weiterführen. Der zutiefst polemische Charakter all dieser Stellungnahmen darf nicht übersehen werden. Er ist ein Anzeichen der Krise.[8]

5. Die Hegelsche Versöhnung sollte sich auf der doppelten Ebene der Religion und des Staates abspielen. Kierkegaard verbindet ihr Scheitern in bezug auf die Religion, Marx in

[8] Über diese Bewegung in ihren Zusammenhängen siehe K. Löwith, *Von Hegel zu Nietzsche*, Stuttgart [5]1964.

bezug auf den Staat, wobei letzterer gewisse Tendenzen der Aufklärung radikalisieren wird. Denn auch für Marx betätigt sich der Verstand durch die Kritik. Aber es handelt sich hier um eine Kritik, die nicht nur anklagt, sondern gewillt ist, Taten zu setzen, die zur Praxis wird, d. h. mit anderen Worten: zur Revolution. Es ist Aufgabe der Vernunft als Praxis, die Wirklichkeit zu verwandeln, d. h. authentisch zu gestalten. In diesem Sinn deutet Marx die berühmte Identität des Vernünftigen und des Wirklichen.

Marx kritisiert die Bloßstellung der Ideologien, Systeme von Anschauungen und Werten, weil diese nicht sind, was sie zu sein vorgaben, sondern weil sie nur Klasseninteressen widerspiegeln und weil die Spaltung (diese andere Bezeichnung für Krise) der Gesellschaft in feindliche Klassen die Selbstentfremdung des Menschen aufzeigt. Die Kritik an der klassischen Volkswirtschaft (das Thema des *Kapitals*) gehört zu diesem Vorhaben: Diese Lehre ist Klassenideologie, und weil sie mit Hilfe einer nicht klar durchgeführten, aber einer Notwendigkeit gehorchenden Begründung Interessen verteidigen will, wählt sie falsche Kriterien: So spricht sie z. B. von einem „natürlichen Gesetz“, d. h. „Ewigen Gesetz“, das nicht verändert werden kann, was den Konservativen zu einem guten Gewissen verhilft und die Opfer zur Resignation führen soll. Die Kriterien sind falsch, nicht, weil sie wissenschaftlich irrig, sondern weil sie Lügen sind, weil sie aus dem Wunsch (einem Impuls) entspringen, sich und andere mit einer Illusion zu täuschen.

Dem Marxschen Gedankengang liegt also das Bewußtsein der Krise, der Selbstentfremdung des Menschen zugrunde. Dieses Bewußtsein weckt die Absicht, die Krise zu lösen. Der „historische Materialismus“ besteht, so gesehen, in der wissenschaftlichen Erkenntnis (der einzigen, die diesen Namen verdient) der kapitalistischen Gesellschaft, die unentrinnbar der Katastrophe entgegengeht und notwendigerweise von der sozialistischen Gesellschaft abgelöst werden wird. Diese Wissenschaft entspricht also der Vernunft in der Geschichte. Marx greift auf seine Weise das Vorhaben Hegels wieder auf.

Neu im Vergleich zu Hegel ist, daß an die Stelle des philosophischen Verstehens die „Praxis" tritt. Da es um das Werden der Gesellschaft geht, ist die Vernunft wesentlich praktische Vernunft oder besser, in Praxis umgewandelte Vernunft. Die Kritik wird zur revolutionären Praxis.

Die Krise muß daher intensiv gelebt, provoziert, gefördert, betont werden. Sie gehört zum Fortschreiten der Vernunft in der Geschichte, denn die Praxis selbst ist wissenschaftlich.[9] Man sieht den Zusammenhang der Ideen: Die Forderung nach Vernunft in der Geschichte, d. h. der Gesellschaft, im dialektischen Prozeß ihres Werdens betrachtet, rechtfertigt die Wissenschaftlichkeit des Marxismus und folglich die Wissenschaftlichkeit des Handelns derjenigen, die sich auf diese Lehre berufen. Die Krise ist akut und muß immer akuter werden; die Dialektik braucht den Widerspruch, aber der Bruch ist nur ein Moment im Prozeß, der ein Prozeß der Vernunft ist. Dieser Prozeß sichert die Einheit, die Kontinuität, welche die Dramatisierung der Momente niemals zerreißen kann. Welche Spannung auch immer zwischen den Extremen bestehen mag, so ist doch a priori die Gefahr einer Auflösung ausgeschlossen.

Die Krise als Spaltung, die „Versöhnung" fordert, bleibt also wesentlich relativ. Die Kritik, die sie anprangert und so verstärkt, entspricht dem Moment der „Negativität" der Vernunft. Denn in dem Maße, in dem sie dialektisch ist, enthält die Vernunft als notwendige Stufe das Negative oder die Kritik. Es stellt sich jedoch die Frage: Aufgrund welcher Kriterien wird Kritik geübt? Marx antwortet darauf, eine konsequente Kritik sei eine radikale Kritik.

„Radikal sein ist die Sache an der Wurzel fassen. Die Wur-

[9] Es wäre diesbezüglich interessant zu untersuchen, Lehren, die nichts sind als ungeprüfte und unprüfbare theoretische Konstruktionen, den Anspruch auf Wissenschaftlichkeit erheben, wie es z. B. im Marxismus der Fall ist.

zel für den Menschen ist aber der Mensch selbst. Der evidente Beweis für den Radikalismus der deutschen Theorie, also für ihre praktische Energie, ist ihr Ausgang von der entschiedenen *positiven* Aufhebung der Religion. Die Kritik der Religion endet mit der Lehre, daß der *Mensch das höchste Wesen für den Menschen* sei, also mit dem *kategorischen Imperativ, alle Verhältnisse umzuwerfen,* in denen der Mensch ein erniedrigtes, ein geknechtetes, ein verlassenes, ein verächtliches Wesen ist ...“[10]

In diesem Bekenntnis zum Humanismus muß hervorgehoben werden, daß der kritische Gedankengang von einer positiven Behauptung ausgeht. Was ist dieser auf die Stufe der höchsten Wesenheit erhobene Mensch? Das Proletariat? Diese entscheidenden Fragen stellt Marx nicht, denn er ist davon überzeugt, daß der Mensch sich integral selber verwirklichen wird, indem er die durch die Wirtschaft bewirkte Entfremdung aufhebt.

Mit Marx sind wir also noch in der Tradition der Aufklärung. Trotz des angestrebten revolutionären Paroxismus ist seine Kritik nicht so radikal wie die des „Verdachts“ bei Nietzsche. Denn mit der Behauptung, der Mensch sei die Wurzel oder die Grundlage, verbietet sich Marx die Frage über die Natur dieser Grundlage. Wenn der Mensch selber Grundlage ist, braucht er nicht „begründet“ zu werden. Aber die Frage wird sich nicht ständig umgehen lassen. Die Kritik wendet sich alsdann der Wurzel zu. Und sogleich wird sie Kritik ohne Kriterien, was eine Potenzierung, wenn nicht sogar eine Verabsolutierung der Negativität enthält. Sie ist dann nicht mehr eine Stufe im dialektischen Prozeß der Vernunft, sondern identifiziert sich mit dieser Vernunft selbst. Aber was kann das außerdem noch bedeuten? Die Krise ist nicht mehr eine Phase des geschichtlichen Werdens; sie wird jetzt, wenn nicht

[10] Zur Kritik der Hegelschen Rechtsphilosophie, Einleitung (K. Marx, *Die Frühschriften*, Bd. 1, Leipzig 1932, S. 272).

die kulturelle Wirklichkeit selber, so doch wenigstens das Leben des Geistes bestimmen. Herrscht nicht bei den Vertretern der Frankfurter Schule und in der links gerichteten Weltanschauung diese nihilistische Auffassung der Vernunft als Negativität? Die Vernunft als Negativität hat keine Aussageweise außer der Kritik als Herausforderung. Darüber kommt sie nicht hinaus. Auf einer ersten Stufe greift sie das an, was sie die feststehende Ordnung nennt; worauf dieser unklare, affektgeladene Slogan anspielt, das scheint die ganze positive Wirklichkeit zu sein. Bei scharf denkenden Geistern allerdings sollte die Logik des Gedankenganges zu einer zweiten Stufe führen, in der sich die Vernunft gegen sich selber richten und sich aufgrund dieser selbstmörderischen Tätigkeit definieren müßte. Deshalb habe ich den Ausdruck „nihilistisch" gebraucht. Diese letzten Bemerkungen sollen ein Hinweis auf die Krise im zeitgenössischen Sinn sein, die auch noch aus andern Quellen gespeist wird als aus dieser Extrapolation der Negativität.

Aber kommen wir zu Marx zurück: von der Aufklärung bis zu ihm hat die Krise eine relative Bedeutung. Sie deckt einen *status quo* auf, der auf dem Irrationalen beruht, und auf den das Zeitalter der Vernunft folgen soll, das man einführen will. Dieses Zukunftsbild beruht auf einem unbestreitbaren Glauben an die Vernunft. Aber gerade diese wird in Frage gestellt. Dort fängt die Krise im modernsten Sinn an. Der Prozeß kommt nicht überraschend. Die vorhergehenden Anmerkungen haben gezeigt, daß eine Identitätskrise die *Zerstörung der Vernunft* vorbereitet.[11]

[11] So lautet der Titel eines bedeutenden Werkes von Georg Lucacs, in dem der marxistische Denker den Vorstoß des Irrationalen beschreibt und ihn als eine progressive Zersetzung des bürgerlichen Denkens deutet. Neben ausgezeichneten Ausführungen enthält dieses Werk unerhört ungerechte Urteile über zeitgenössische Denker wie Jaspers. Andererseits beschleunigt das Werk letzten Endes die Zerstörung der Vernunft, indem es sie mit der Stalinistischen Orthodoxie identifiziert.

Georges Cottier

III. Nietzsche

Zusammen mit dem Thema der Kritik hatte die Aufklärung das Thema des Fortschritts entwickelt. In der moralischen wie in der materiellen Ordnung geht die Menschheit einen Weg des Fortschritts. Bei traditionellen Schriftstellern jedoch, Gegnern der Französischen Revolution oder Zeugen der politischen, gesellschaftlichen oder wirtschaftlichen Umwälzungen des 19. Jahrhunderts, taucht der Begriff der „Dekadanz" auf. Man spürt gleichzeitig den Verlust der Werte und die Intensität der gegenwärtigen Konflikte, und man kommt auf den Gedanken, daß die Zivilisationen, die einen Höhepunkt an Gleichgewicht und Erfolg erreichen, verletzbar bleiben, sich nur mit Mühe und für kurze Zeit in diesem privilegierten Zustand halten können, und schließlich dem Gesetz des Niederganges unterworfen sind. Der geschichtlichen Beurteilung ist diese Überzeugung nicht fremd: die Zivilisationen sind sterblich, und schon Montesquieu hatte, wie man weiß, „von der Größe und dem Niedergang der Römer" gesprochen. Die Geschichtsphilosophie Hegels beschreibt die dialektische Bewegung eines Werdens, das Fortschritt ist, aber Dekadenz und Niedergang als wichtiges Moment aufweist; so folgen sich die Zeitalter, jedes in seiner Einzigartigkeit. Das Bild des Lebendigen, das die Etappen: Geburt, Wachstum, Reife, Niedergang, Tod im Kreis durchläuft, übt hier seine Anziehungskraft aus. Später wird sich die Lebensphilosophie nicht nur mit dem Phänomen der Dekadenz befassen, sondern dieses auch in einer biologischen Perspektive interpretieren. In dem Maße, wie Nietzsche von der Lebensphilosophie beeinflußt ist, teilt er diesen Standpunkt. Die Lebensphilosophie wird auch, unter vielen anderen, Oswald Spengler beeinflussen.

Wollte man sich jedoch auf diesen Gesichtspunkt beschränken, so ließe man sicher das Wesentliche von Nietzsches Philosophie außer acht. Als großer Psychologe, der mit oft erstaunlich scharfem Blick die abendländische Kultur analysiert, hat er eine Diagnose von dem angestellt, was er „Nihilismus" nennt.

Öffnen wir hier eine Klammer in bezug auf eine Frage der Interpretation. In welchem Maße ist eine Diagnose der Krise abhängig von der Vorstellung, die man sich macht über normale Verwirklichung, vollkommene Entfaltung und das Menschenglück. Nietzsche, der sich selbst Schüler des Philosophen Dionysius nennt, glaubt, daß man bis zur letzten Konsequenz des Nihilismus gehen muß, um ihn zu überwinden.

Der Nihilismus ist so für ihn eine Art Vorspiel zur Entdeckung des Übermenschen und der ewigen Wiederkehr. Das positiv angestrebte Endziel ist durch die dazu hinführende negative Phase bedingt. So ist es wohl der Gegensatz zum Übermenschen, der den nihilistischen Menschen definiert. Mit anderen Worten: Die Diagnose der Krise würde nur für den gelten, der Nietzsches Gesichtspunkte in seiner Totalität anerkennt. Die hier hervorgehobene Schwierigkeit würde – *mutatis mutandis* – auch für andere Diagnosen gelten, die von anderen Gesichtspunkten ausgehen. Dieser Schwierigkeit würden wir entgegenhalten, daß in einer gegebenen Diagnose zwei Ebenen zu unterscheiden sind: einerseits die Beobachtung gewisser Kulturerscheinungen wie Skepsis, und andererseits die Erklärung, die man davon gibt. – Auf dieser zweiten Ebene diktiert die Philosophie Nietzsches als Philosophie des Willens zur Macht gewisse Urteile. Ihre Ablehnung entkräftet aber nicht die auf der ersten Ebene durchgeführten Analysen.

Tatsächlich ist die von Nietzsche gestellte Diagnose vielfältig und nuanciert. Das Ressentiment, das Schuldgefühl, das asketische Ideal, welche die Sklavenmoral der Herrenmoral entgegenstellt, sind Ursachen der Dekadenz. Das Christentum hat diese Moral nur wieder aufgenommen und schärfer betont; die Dekadenz geht ihm voraus. Sie ist schon bei den Griechen am Werk. Sokrates ist ihr eminenter Vertreter. Aber wer Dekadenz sagt, sagt: historischer Prozeß, Werden. Mit anderen

Worten: Es war nicht immer so. Man muß also die Ursachen der Krankheit suchen, ihre „Genealogie“ aufzeichnen.

Aber die Moral weist auf andere Faktoren hin: auf die Metaphysik und die Religion, zwei Begriffe, die einander nahe stehen. Übrigens hat *Dekadenz* verschiedene Bedeutungen.[12] Nietzsche bezeichnet dann den normalen Werdegang des Alterns, aber auch eine ethische Krankheit, die charakteristisch für den Sieg der Schwachen über die Starken ist. In dieser Hinsicht schafft die Dekadenz Werte, aber es handelt sich um morbide Werte.

Im Rahmen dieser Auffassung beschreibt Nietzsche, als genialer Psychologe, die vielfältigen Symptome der Krankheit. Er analysiert nacheinander das moralische und religiöse Verhalten – und hier deckt er mit seinen Kritikern, wie die großen Moralisten es vor ihm taten, viele Verzerrungen auf – die Motivierung der modernen Wissenschaft, zuerst erfaßt anhand der historischen Wissenschaften und des Historizismus, dann im modernen Ideal des Wissenschaftlers.

Das Gebiet des Sozialen entgeht seiner Forschung auch nicht; so greift er den Sozialismus an, in dem er eine durch Ressentiment hervorgerufene Ideologie der Vermassung sieht.

Schließlich deckt er bei den Philosophen dieselben Krankheitssymptome auf.

Hier stellt sich der Nihilismus als Höhepunkt der Dekadenz dar; er ist das Schicksal der abendländischen Metaphysik und des Christentums; denn die griechische Philosophie, die Philosophie Platons, und der „Platonismus für das Volk“, nämlich das Christentum, sind identisch. Denn nach Nietzsche besteht die Hauptlüge des Platonismus in der Behauptung, es gebe „zwei Welten“: die Welt des Scheins, der Sinne, der Veränderlichkeit einerseits – und andererseits die „intelligible“ Welt, die Welt der Wahrheit. Die Krise, die sich zum Nihilismus

[12] Man lese darüber G. Morel, *Nietzsche,* Introduction à une première lecture, Analyse de la Maladie, Paris 1971, S. 321, bes. 289 ff.

zuspitzt, ist also wesentlich eine Krise der Wahrheit, da die christliche Wahrheitsmoral sich gegen den christlichen Gott wendet, der die Grundlage der Wahrheit ist. Im Namen der Behauptung „Gott ist die Wahrheit“ hat das Christentum den Sinn für die Wahrheit geschärft. Gerade dieser Wahrheitssinn nun wendet sich gegen die Behauptung, aus der er hervorgegangen ist, und deckt so in ihr die erste Lüge auf.[13]

Pessimismus, unvollständiger Nihilismus, passiver Nihilismus, aktiver Nihilismus bezeichnen die fortschreitenden Etappen dieses Nihilismus, der mit Plato beginnt: Die Behauptung, es gebe eine intelligible Welt, wird von Nietzsche als Verleumdung, Herabsetzung, Angriff gegen die diesseitige Welt, auf das „Leben“[14] gedeutet. Vergegenwärtigen wir uns auch, daß der Nihilismus als Vorbereitung zur Umwertung aller Werte geplant ist.

In dieser Perspektive untersucht Nietzsche eine gewisse Anzahl moderner philosophischer, geistiger, moralischer Haltungen und möchte zeigen, daß sie durch die Notwendigkeit ihrer inneren Logik zum Nihilismus führen. Aber die Diagnose zwingt uns nicht, die Philosophie Nietzsches selbst anzunehmen.

An der Wurzel des Nihilismus ist der Tod Gottes: Das Ereignis „Gott ist tot“ bedeutet, daß „der Glaube an den christlichen Gott unglaubwürdig geworden ist“. Es stellt den Mittelpunkt des Nihilismus dar, denn „in Gott ist das Nichts vergöttlicht“[15].

Nietzsche definiert den Nihilismus als die „radikale Ablehnung von Wert, Sinn und Wünschbarkeit“. Deshalb ist der Nihilismus wesentlich Krise des Grundwertes, d. h. Krise des Wahrheitssinnes. So erleben wir die Umkehrung des „Gott ist die Wahrheit“ in dem fanatischen Glauben „alles ist falsch“.

[13] Vgl. die wichtige Nr. 357 der *Fröhlichen Wissenschaft.*

[14] Vgl. G. Janoska, *Zur Geschichte des Nihilismus,* in: Studia Philosophica XXIX (1969), S. 1–18.

[15] *Die Fröhliche Wissenschaft*, bes. 125 und 126.

In demselben Moment wird eine moralische Interpretation der Welt unmöglich. Es gibt keine Gesetzmäßigkeit mehr, nichts hat einen Sinn: daher das Mißtrauen, und die Frage, „ob nicht *alle* Weltauslegungen falsch sind".

Dann bemüht sich Nietzsche, die fundamentale Krise der Wahrheit deutlich zu machen. Sein Gedankengang ist komplex. Einerseits zieht er mit Klarsicht die letzten Konsequenzen aus gewissen Behauptungen, deren verborgene Voraussetzungen er mit Hilfe des methodischen Mißtrauens aufdeckt, aber in denen er andererseits die Wahrheitskrise diagnostiziert aufgrund einer ihm eigenen Wahrheitsauffassung, die man mit Recht als extremen Nominalismus oder „Konventionalismus" qualifiziert hat[16]. Es gibt keine absolute Natur der Dinge, kein „Ding an sich". Dem Wert der Dinge entspricht keine Wirklichkeit: Er ist nur ein Symptom der Macht dessen, der die Werte setzt „Eine Simplifikation zugunsten des Lebens". Die Formen, die wir einsetzen, um das „Chaos des Mannigfaltigen" (der Ausdruck ist von Kant) zu organisieren, sind keine Kategorien a priori, im transzendentalen Subjekt verankert, von allgemeinem Wert. Sie sind das Mittel einer einfachen Organisation zum Zweck der praktischen Bedürfnisse. Der Dingcharakter, die „Dingheit" ist vielleicht nur unsere Schöpfung, und Nietzsche formuliert die Hypothese, daß es nur Subjekte gibt – daß „Objekt" nur eine Art Wirkung von Subjekt auf Subjekt ist, ... ein Modus des Subjekts: *„Das Subjekt allein ist beweisbar"*[17]. In dieser Perspektive wird die Logik eine willkürliche Konditionierung des Subjekts.

„Parmenides hat gesagt: ‚man denkt das nicht, was nicht ist; wir sind am anderen Ende und sagen: was gedacht werden kann, muß sicherlich eine Fiktion sein'[18]."

Die Philosophie des „als ob" von Vaihinger, welche die

[16] Vgl. die diesbezüglichen Bemerkungen von Georg Janoska, art. cit. S. 6 ff.
[17] Ibid. S. 7.
[18] Ibid. S. 8.

Ideen als Fiktionen im Dienste des Organismus definiert, schließt sich an diesen Aspekt des Gedankenganges von Nietzsche an. Man bemerke, wie auf diese Art und Weise die Philosophie Nietzsches ein Element extremsten Nominalismus enthält, das im schroffen Gegensatz steht zur Lehre vom Willen zur Macht, welche die Totalität der Welt zu umfassen behauptet.[19]

Von dieser Wahrheitserklärung aus, dieser von allen Formen der Erkenntnis am wenigsten wirksamen Form[20], stellt Nietzsche seine Diagnose über die hauptsächlichsten Äußerungen des modernen Denkens; so z. B. in dem wichtigen Fragment *Die fröhliche Wissenschaft:* „Inwiefern auch wir noch fromm sind", wenn er die ethischen und metaphysischen Grundlagen der modernen Wissenschaft erforscht, indem er radikale Fragen stellt: „Wille zur Wahrheit", „das könnte ein versteckter Wille zum Tode sein". Oder noch: „Wenn nichts sich mehr als göttlich erweist, es sei denn der Irrtum, die Blindheit, die Lüge – wenn Gott selbst sich als unsere längste Lüge erweist."

Was man auch immer von der der Fragestellung zugrunde liegenden Wahrheit denke – auf die Radikalität kommt es an; darin wird deutlich, um was es in der nihilistischen Krise geht.

Denn in dem Maße, in dem er der Erbe von Drohungen ist, die das moderne Denken bestimmen, hat Nietzsche dessen Logik bis zu ihrer äußersten Konsequenz durchgeführt und dessen verborgenste Voraussetzungen aufgedeckt. So ist er in der Wissenschaft wie in der Moral bis zur Grundlage des kulturellen Lebens vorgedrungen, nämlich zur Wahrheit. Um diese Grundlage geht es nun in der Krise. Wir werden so an die Schwelle der wesentlichen Probleme geführt, die meta-

[19] Vgl. ibid. S. 9 und *Die fröhliche Wissenschaft.*

[20] Vgl. ibid. Nr. 344 und unsere Studie *Nietzsche et le problème de la vérité,* Nova et Vetera, Genf 1964/3, S. 161–186.

physischer Natur sind. Und die Frage, der man nicht ausweichen kann, ist diese: Verlust, Versuchung oder Vergessen der Wahrheit? Wenn wir uns mit dieser Frage auseinandersetzen, bietet uns dann die von Nietzsche diagnostizierte nihilistische Krise die Chance einer Lösung?

IV. Husserl und die Krise der Wissenschaften

7. Zuerst in einem im Mai 1935 in Wien gehaltenen Vortrag[21], dann in einem umfangreichen Werk, das er nicht vollenden konnte, hat sich Edmund Husserl gründlich mit der Krise der europäischen Wissenschaften auseinandergesetzt.[22]

Der Titel kann im doppelten Sinn von Krisis verstanden werden. Der eigentliche Sinn ist Erschütterung: da Husserl jedoch gleichzeitig einen streng kritischen Gedankengang vorschlägt, um die erste Bedeutung des Humanismus wiederzufinden, kann man aus dem Titel auch den Sinn von Urteil herauslesen. Denn Husserl befragt die Wissenschaften, da sie am deutlichsten den europäischen Humanismus verkörpern, der in voller Krise steht. Eine Krise des Humanismus greift natürlich auf die Philosophie über. Was bedeutet die Wissenschaft für die menschliche Existenz? Solange der Positivismus und seine Illusion vorherrschten, hat man sich diese Frage nicht gestellt.

Am Ausgangspunkt stand, nach Husserl, die Krise der Psychologie, der es als Wissenschaft nicht gelang, das Problem

[21] Freud hatte 6 Jahre früher, 1929, ebenfalls in Wien *Das Unbehagen der Kultur* veröffentlicht. Dieses Werk ist viel berühmter, aber ich halte das von Husserl für entscheidender.

[22] Edmund Husserl, *Die Krisis der europäischen Wissenschaften und die transzendentale Phänomenologie,* in: Gesammelte Werke VI, Den Haag ²1962, XX–559; Der erste Teil wurde von Edmond Gerrer ins Französische übersetzt, in: Les Etudes Philophiques 1949, n⁰ 2, S. 127–159, n⁰ 3–4, S. 229–301.

der Subjektivität zu lösen. Und sofort wurde die Frage nach dem Sinn der Objektivität gestellt.

Husserl ist sich der Berufung des Philosophen und der daraus entspringenden Verantwortung zutiefst bewußt: der Philosoph lebt für die Wahrheit. In diesem Sinn ist er ein „Beamter" der Menschheit, denn das *telos,* das er verfolgt, ist gerade das der menschlichen Forschung. Daher kommt seine tiefe Betrübnis, denn er stellt den Untergang der Objektivität fest.

Am Anfang des Weges, den wir mit dem Philosophen gehen werden, steht die Voraussetzung der teleologischen Einheit der modernen Philosophie seit Descartes. Wenn Krisis herrscht, dann deshalb, weil das wahre *telos* falsch verstanden wurde; man muß es also neu entdecken.

Anscheinend hat Husserl sich nicht eingehend mit dem Denken des Mittelalters beschäftigt. Daraus folgt, daß er das Problem der Einflüsse des christlichen Glaubens auf die Philosophie und auf die Auffassung vom Menschen nicht in Betracht zieht. Das Erscheinen der modernen Philosophie fällt nämlich in die Renaissance, die an den Humanismus der Antike wieder anknüpft. Was man erforscht, ist eine philosophische Art der Existenz, d. h. gegründet auf Vernunft und Freiheit. In dieser Perspektive erscheint die Philosophie als die Wissenschaft, die die Ganzheit des Seins umfaßt. Auf diese philosophische Frage verlangt man nun von der Wissenschaft im modernen Sinn eine Antwort. Die einzelnen Wissenschaften werden als Zweige, als Glieder der universalen Philosophie angesehen. Der moderne Humanismus ist also ein Humanismus der Vernunft, und seine Förderung wird als der Übergang von der latenten zur evidenten Philosophie in ihrer *entelechie* verstanden. Was das Adjektiv „europäisch" betrifft, so darf es nicht im engsten Sinn verstanden werden. Faktisch bedeutet es universell.

8. Hier tritt nun eine moderne Neuerung in Erscheinung: Die Lösung der universellen Probleme wird der Mathematik an-

vertraut. Sie ist es, die Auskunft gibt über ein unendliches, rationales Universum, dem eine universelle Wissenschaft entspricht.

So wird das humanistische Ideal der Philosophie von der Mathematik übernommen. So entsteht die Idee einer mathematischen Naturwissenschaft, und diese Natur wird ihrerseits als ein mathematisches Universum aufgefaßt. Dies alles ist seit Galilei unbestreitbar, der nicht von der unmittelbaren, vorwissenschaftlichen Erfahrung ausgeht, sondern von der mathematischen Evidenz, deren wissenschaftliches Ideal in der Geometrie zum Ausdruck kommt. Die Erfahrung selbst ist eine reine Erfahrung, die sich auf das Gebiet der reinen idealen Formen bezieht, die man a priori konstruieren kann. So ist das Universum ein einheitliches Ganzes, in dem das Gesetz der Kausalität spielt. Dieses Universum ist Gegenstand einer Evidenz a priori, die, so fügt Husserl hinzu, eine Abstraktion ist. Man weiß, daß die konkrete Welt den mathematischen Ideen entspricht. Es ist also möglich, Hypothesen aufzustellen und, wie wir gesehen haben, die Welt zu konstruieren. Direkt oder indirekt ist das ganze Universum mathematisierbar, und von daher bestimmt die Mathematik die Objektivität der Welt.

Es vollzieht sich ein Übergang vom Stadium vorwissenschaftlicher Erfahrung zu einer idealisierten Form. Und dieser Übergang, den man kaum beachtet, ist seltsam. Welches ist denn die Motivation des Galilei? Diese Frage beantworten heißt, das Seltsame des Übergangs hervorzuheben. Galileis Stellungnahme zur Welt erlaubt die Verallgemeinerung des Maßes. Sie bezieht sich auf eine idealisierte, als unendlich verstandene Welt. All das wird nicht in einer abstrakten Überlegung behauptet, sondern in der Verwirklichung einer Idee gelebt, dank immer vollkommenerer Methoden. So wird das Spiel der Hypothesen und Nachprüfungen bis ins Unendliche weitergeführt. Aber die beherrschende Idee bei Galilei bleibt eine Hypothese.

Wenn man einmal diesen Weg eingeschlagen hat, geht man, dank einer Zurückführung auf Formeln, auf eine Mathemathisierung des Lebens und eine universelle Formalisation zu. Als erster ahnt Leibniz die Möglichkeit einer Wissenschaft von allgemeinen Formeln, die „etwas im allgemeinen" bezeichnen, die *mathesis universalis*.

Je mehr man nun in der Anwendung dieser Methode voranschreitet, desto mehr wird diese Wissenschaft eine Kunst, eine Technik, die (als Begleiterscheinung) ihren *Ursprung vergißt*. So vollzieht sich mit Galilei eine Verdrängung der wirklichen Welt durch die idealisierte Welt. Aber der ursprüngliche Sinn findet sich in der Vorgeometrie, noch gegenwärtig in der Vermessung auf dem Boden der unmittelbar sichtbaren Welt. Die Evidenz, mit der man es zu tun hat, ist mehr eine *scheinbare*.

Da die Tradition nach Husserl ein Vergessen des Ursprungs ist,[23] handelt es sich darum, auf die vorwissenschaftliche Lebenswelt zurückgreifen. Die Täuschung bestand darin, daß man eine Methode für das wahre Sein hielt. Die Lebenswelt wurde mit Ideen bekleidet.

Was man „objektive, wirkliche, wahre" Natur nannte, war faktisch eine Entstellung der Wirklichkeit.

Husserl hat keineswegs die Absicht, sich der Wissenschaft entgegenzustellen, aber nach ihm muß man sich dessen bewußt werden, daß Galilei zugleich entdeckt und verdeckt.

Man muß also eine ursprüngliche, authentische Bedeutung wiederfinden, die verborgen ist (Husserl spricht in bezeichnender Weise vom „verborgenen Grund"), durch Rückbeziehung auf die Lebenswelt und auf den Menschen, insofern er *Subjekt* ist. Bemerkenswert ist, daß bei Husserl, wie schon bei Dilthey, das Leben nicht einen beschränkt biologischen Sinn

[23] Vgl. zu diesem (und zum letzten) Thema Husserls die Abhandlung von Merleau-Ponty, *Le philosophe et son ombre*, in: Eloge de la philosophie et autres essais, Paris 1960, S. 241–287.

hat. Es ist auch Leben des Geistes! Es entspricht der tiefen Wirklichkeit in seinem Hervorquellen und seiner Unversehrtheit.

9. Welche Folgen ergaben sich und ergeben sich noch aus der Begründung der Wissenschaft durch Galilei und der Abstraktion, die sie voraussetzt? Man beachte zuerst die Entwertung des vorwissenschaftlichen Lebens zugunsten der mathematischen Natur.

Husserl bemerkt dann, daß es zwei Formen der Mathematik gibt, eine, die in der Unmittelbaren Evidenz des *a priori* erfaßt wird, und eine andere, die in bezug auf die Einzelbestimmungen durch Induktion entdeckt wird und die also *a posteriori* ist. Um den Sinn der ersten historischen Grundlage zu finden, muß man auf die sich selbst offenbarende Welt zurückgehen. Das heißt, daß die Methode retrospektiv sein wird: man wird die Geschichte der modernen Philosophie befragen. In der Tat sind die zwei Folgen, die wir hervorgehoben haben, Zeichen, Symptome. Es gibt etwas noch Bezeichnenderes: In der neuen Auffassung wird die Natur ein materielles, wirkliches und geschlossenes System, das von den *Subjekten* abstrahiert. Daher kommt seit Descartes der Frage des Dualismus eine solche Bedeutung zu. Die Wirklichkeit teilt sich in Welt und Bereich der Psychologie, obwohl Gott das Prinzip der Vernünftigkeit der Welt ist. Und wenn es sich darum handelt, den Bereich zu erkennen, nimmt man an, daß er einer rationalen Gesetzmäßigkeit nach mathematischem Muster gehorcht. Man schreibt der Seele eine Art Sein zu, das im Prinzip dem Sein der Natur ähnlich ist. Diese Auffassung findet sich bei Descartes und bei Spinoza. Erst die englischen Philosophen nehmen das Ungenügen der rationalen Psychologie wahr. Die Krise bricht mit dem Skeptizismus von Hume und Berkeley aus. Die Modelle der Rationalität und zugleich der Philosophie als objektive, allgemeingültige Wissenschaft sind zutiefst getroffen. Deshalb hat der moderne Skeptizismus eine Radikalität, die der alte Skeptizismus nicht hatte.

Es vollzieht sich eine Umkehrung: Die wissenschaftliche Objektivität verwandelt sich in transzendentale Subjektivität. Wir müssen hier auf die Bemerkung zurückgreifen, die wir in bezug auf Nietzsche machten. Die Krise wird von Husserl in der Perspektive seines eigenen Zieles interpretiert, und dies ist die Untersuchung des *transzendentalen Ego*. Verwirft man diese Perspektive, so bleiben die Analysen und die Diagnose, die Husserl vorschlägt, dennoch bestehen.

Husserl hebt die Wichtigkeit der zweiten und dritten Cartesianischen Meditation hervor, in der die Erkenntnis auf absolute Weise auf die Evidenz begründet erscheint. Descartes hat wahrgenommen, daß die *Epoche* es möglich machen muß, die Apodiktizität des Ichs herauszuschälen. Trotzdem verbirgt sich ein Widerspruch in seinem Gedankengang: Von dem Moment an, wo das *Ego* als *„mens"*, *„animus"*, *„intellectus"* definiert wird, rückt das psychische Ich an die Stelle des transzendentalen *Ego*. Dieses Ich ist also auch „welt(lich)", ein Ding dieser Welt. Die Zweideutigkeit, die das Denken Descartes' verbirgt, ist der Ausgangspunkt der zwei verschiedenen Wege, die seither die Philosophie eingeschlagen hat: Rationalismus und Empirismus. Letzterer will, seit Locke, das Denken auf die einzige unmittelbare Evidenz der inneren Erfahrung gründen. Sofort werden Objektivität, Kausalität, Subjekt und Mitmensch in Frage gestellt. In bezug darauf spricht Hume von *Fiktionen*. So gelangt man zu einem Solipsismus, der nichts weniger bedeutet als den Bankrott der objektiven Erkenntnis. Die Objektivität ist in ihren Grundfesten erschüttert.

Kant reiht sich in den Rationalismus ein, und in diesem Sinn will Husserl ihn nicht einseitig in Beziehung zu Hume allein interpretieren. Er hat die erste große wissenschaftliche Philosophie seit Descartes begründet, indem er die Grundlage zur transzendentalen Subjektivität schuf. Gemäß der tiefen

Teleologie der modernen Philosophie, die es wiederzufinden gilt, hat er verstanden, daß die erste Quelle der Objektivität auf der Seite des Subjekts gesucht werden muß. Dies ist wenigstens die Überzeugung Husserls, dessen Denken trotz seiner außergewöhnlichen Kraft nie aus dem Kreis des *Cogito* und seiner Problematik hinauskommt. Daher die Untersuchung, die die ganze Bewegung der *Krisis* beherrscht: Husserl will eine direkte *Erfahrung des Transzendentalen* erreichen. Man kann bezweifeln, ob es ihm gelungen ist. Aber dies für ihn wesentliche Thema würde uns von dem unseren wegführen. Hier gerät Husserl in eine Sackgasse.

Das Suchen nach der Transzendentalität des *Ego* hat die Entdeckung der Transzendentalität des (analogen) Seins verhindert, aus der jede Transzendentalität hervorgeht. Von dieser äußerst wichtigen Feststellung abgesehen, kann man nicht bestreiten, daß die Analyse Husserls, wenn er über die Geschichte der Philosophie meditiert, von äußerster Genauigkeit ist.

Daß die moderne Wissenschaft, aus einem humanistischen Ideal entstanden, ihre Ursprünge vergessen hat, erklärt die Radikalität der Krise. Es besteht eine Krise der Wissenschaft, d. h. Krise der Objektivität, d. h. im wesentlichen eine *Krise der Vernunft*, von der die Aporien der modernen Philosophie seit Descartes bloß Äußerungen sind. Daher die Notsituation des Philosophen, der sich der Größe seiner Berufung bewußt ist.

V. Schlussfolgerungen

10. Die wenigen wichtigen Zeugnisse eines Bewußtseins der Kulturkrise bei den Philosophen, die wir hervorgehoben haben, genügen für unseren Zweck. Man könnte natürlich noch weitere anführen, aber eine solche Ergänzung würde zweifellos die Schlußfolgerung, zu der wir gekommen sind, nicht ent-

kräften. Das Krisenbewußtsein macht verschiedene Etappen durch, die, sogar wenn sie sich chronologisch überschneiden, logisch gegliedert sind.

Schuld daran ist jedenfalls die Vernunft. Sie betont zunächst ihre Autonomie gegenüber dem christlichen Glauben. Sie will allein, auf Grund ihrer eigenen Evidenzen, das ganze System des Wissens und der ethischen, religiösen, sozialen Werte bestimmen. Die völlige Rationalisierung wird als eine Emanzipation der menschlichen Vernunft verstanden. Und wenn es in der Aufklärung eine Krise gibt, so wird sie als die notwendige Bedingung dieser Emanzipation verstanden. Man muß zunächst alles zerstören, was nicht Vernunft ist und was ihr im Wege steht.

Gleichzeitig erkennt diese Vernunft sich selbst adäquat und erschöpfend in der wissenschaftlichen Vernunft. Dort liegt der Keim zu einer anderen Krise, der Krise der Objektivität, der Wissenschaft und der Wahrheit. Denn die Vernunft lebt einen zunächst verschleierten Widerspruch. Als Vernunft ist sie universell, aber sie schließt sich in ein Spezialgebiet des Wissens ein.

Die Begrenzung wird nicht wahrgenommen, weil die Wissenschaft eine phantastische Expansion kennt und vor sich ein unbegrenztes Feld sieht, eine Nicht-Begrenzung, die in einer bestimmten Ordnung Geltung hat. Kant hatte zweifellos ein lebendiges Bewußtsein der Nicht-Übereinstimmung zwischen der Universalität der Vernunft und der besonderen Universalität auf dem Gebiet der Wissenschaft. Bei Hegel wird die Dialektik des Verstandes und des Begriffsvermögens danach trachten, die Schranke der Begrenzung zu durchbrechen. In diesem Sinn wollte Hegel die Metaphysik wiederherstellen, aber in diesem Punkt wird sein Versuch scheitern.

Andererseits wird die Vernunft, die sich dem Glauben widersetzt hatte, vom Irrationalen angefochten, das manchmal den Namen „Leben“ trägt. Manche preisen dieses Irrationale und verkünden, mit Schopenhauer und Nietzsche, die Vernunft sei nicht mehr die höchste Fähigkeit des Menschen.

Nietzsche hat die Aufmerksamkeit noch auf einen anderen Punkt gelenkt: Mit dem Aufschwung der historischen Wissenschaften denken jetzt viele, die Ideen und die Werte seien der Zeit unterworfen und also relativ. Daher ein neuer Skeptizismus.

So wollte die Vernunft, gegen den Glauben, alles auf sich zurückführen; außerdem muß sie den irrationalen Kräften entgegentreten, dem Leben, der Kraft, der Tat usw., die die Oberhoheit der Vernunft bestreiten und sie relativieren.

Die Auswirkungen dieser Zweifel, dieser Gegensätze, diese unüberwindbaren Schwierigkeiten führen dahin, daß die Vernunft sich selbst in Frage stellt. Was bedeutet Rationalität? Die Vernunft versteht sich selbst nicht mehr, weder in bezug auf sich noch in bezug auf das Sein. Die Tatsache, daß die wissenschaftlichen Errungenschaften sich vermehren, daß aber gleichzeitig die Zivilisation der teuflischen Versuchung des Nihilismus zu erliegen droht, illustriert diese dramatische Situation: die Vernunft ist in ihrer Ausübung mächtiger denn je, doch blind ihrer eigenen Natur und ihrer Finalität gegenüber. Wo es sich um die Vernunft handelt, kann die Frage nur universell und radikal sein. Sie bezieht sich auf sämtliche Gebiete, wo die Vernunft eine Rolle spielt: von der Möglichkeit einer Offenbarung bis zur Ethik über die Bedeutung der Wissenschaft. Die Krise betrifft also die Fragen nach dem Sinn.

Aber gerade wegen ihrer Radikalität und Universalität bietet diese Krise vielleicht eine Chance: die der Metaphysik.

Ich möchte hinzufügen, daß, wenn auch die Krise der Vernunft ein wesentliches Element der zeitgenössischen Krise ist, das Wirken anderer Faktoren, seien es geistige und somit transrationale, seien es soziale und politische, jedoch nicht übersehen werden darf. Antworten auf die Krise wird es erst geben können, wenn die Vernunft ihre metaphysische Basis in der Intelligibilität des Seins wiederentdeckt. Andernfalls wird die Vernunft einer Pflanze ohne Humusboden gleichen, in der zum letzten Male der Saft aufsteigt, ehe sie vor Trockenheit verdorrt.

Diskussion zum Vortrag von Georges Cottier

Das Krisenbewußtsein in der modernen Philosophie

Doms: Mit den sonst interessanten Ausführungen des Referenten sind wir ganz auf die Ebene der *ratio* geraten. Liegt aber nicht davor die Tatsache, daß durch die Offenbarung, durch das Christentum, durch die Person Christi eine neuartige Wirklichkeit gegeben ist, die es zunächst einmal anzuerkennen gilt, bevor man weiter über die *ratio* reflektiert?

Cottier: Für diese Bemerkung des Theologen bin ich sehr dankbar. Persönlich bin ich überzeugt, daß mit Christus eine neue Wirklichkeit erschienen ist. Mein Thema war aber: Die heutige Krise in der Sicht des Philosophen. Zu Ihrer Frage würde ich sagen: Dadurch, daß sie sich zur ‚natürlichen Religion' bekannte, hat die Aufklärung diese neue Wirklichkeit abgelehnt. Man wollte unter Umgehung oder sogar Ablehnung dieser neuen Wirklichkeit, welche das Christentum gebracht hat, einen neuen Humanismus begründen. Man kann aber dem Menschen außerhalb des Christentums nicht gerecht werden.

Nietzsche z. B. sieht das Christentum als Gegner, weil er es für eine falsche Auffassung der Wahrheit verantwortlich macht. Ihre Frage zeigt, wie sehr die heutige philosophische Krise innerhalb des Horizontes des Christentums liegt. Das wirft das ganze Problem der christlichen Philosophie sowie das der Rationalität der Offenbarung und der Theologie als Wissenschaft auf. Beide sind sehr wichtige Fragen.

Schieb: Ich bin zu wenig in der modernen Philosophie bewandert, hätte aber gern noch eine Auskunft zu den Querverbindungen von Husserl zu Galilei. Sie werden verstehen, daß

Galilei und das Problem seiner Rehabilitation immer noch die Naturwissenschaftler und Ingenieure beschäftigen.

Cottier: Wenn Husserl über Galilei spricht, dann wohl, weil er ihn als Begründer der neuen, auf der Mathematik aufgebauten Wissenschaft sehr schätzt. Das Verhältnis von Galilei zur Kirche läßt er aber gänzlich außerhalb der Betrachtung. Bei Husserl findet man überhaupt keinen Angriff auf das Christentum. Er betrachtet die religiöse Seite der Krise gar nicht. Von einem laizistischen oder antichristlichen Galilei kann bei ihm nicht die Rede sein.

Thum: Es scheint mir, man müßte auch noch berücksichtigen, daß es in der Auseinandersetzung zwischen Christentum und Aufklärung schließlich um verschiedene Auffassungen von Vernunft und Vernünftigkeit geht. Die christliche Theologie kennt und sucht ja den *intellectus fidei,* also, in einem allerdings nicht mehr gängigen Sinne: eine vernünftige Einsehbarkeit der Glaubenswahrheiten. Wenn man die theologische Inspiration von Hegels Philosophie bedenkt, läßt sich mit einem gewissen Recht sagen, daß in seinem absoluten Wissen der Gedanke des *intellectus fidei* die Vernunftkonzeption der Aufklärung wieder überholt hat. Zur Frage von Herrn Schieb möchte ich bemerken, daß Husserl Galilei als ‚entdeckenden und verdeckenden Genius' zugleich gewürdigt hat, weil er in seinen Augen der Initiator eines Objektivismus gewesen ist, der einen methodisch-experimentellen Erfahrungsmodus an die Stelle der Anschauung des ursprünglich Wahren und eine künstlich konstruierte, sinnentleerte Welt an die Stelle der in Selbstgegebenheit offenbaren Lebenswelt habe treten lassen.

Schieb: Wenn wir hier über das Bewußtwerden der Krise sprechen und Husserl sich ihrer offenbar bewußt wurde, dann muß doch der Wechsel der Auffassung, der im Begriff ‚Krise' steckt, nämlich die Spannung zwischen Christentum und Aufklärung, zwischen Kirche und Galilei auch Husserl irgendwie zum Bewußtsein gekommen sein. Oder war das, wogegen Galilei damals auftrat, eine *quantité négligeable*?

KEILBACH: Husserl sah sich veranlaßt festzustellen, alle ihm bekanntgewordene Philosophie sei noch keine Wissenschaft, denn alles in ihr sei umstritten und unbestimmt. Den Grund dafür sah er darin, daß die Philosophie ihre eigene Methode noch nicht gefunden habe. Er entwickelte deshalb die sogenannte phänomenologische Methode, um die Philosophie erstmalig als Wissenschaft zu begründen. Ich erinnere an Husserls Worte: „Dem Anspruch, strenge Wissenschaft zu sein, hat die Philosophie in keiner Epoche ihrer Entwicklung zu genügen vermocht." – „Alles und jedes ist hier strittig, jede Stellungnahme ist Sache der individuellen Überzeugung, der Schulauffassung, des ‚Standpunktes'." – Husserls phänomenologische Philosophie bedeutet die Überwindung des Psychologismus. Ausgehend von den mathematischen Werten, zeigt er, daß es objektive Gegebenheiten gibt, die unabhängig von der psychologischen Gesetzmäßigkeit ihre Geltung haben. Ich glaube nicht, daß Husserl auf die hier aufgeworfene Frage nach den Verbindungslinien zu Galilei eingegangen ist. Er kam einfach von der Mathematik und sah in den von ihr behandelten Größen einen Weg, die philosophischen Aussagen in ihrer objektiven Gültigkeit zu begründen, ohne allerdings damit einer Metaphysik das Wort reden zu wollen.

LUYTEN: Anläßlich des Falles Galilei von einem Konflikt zwischen Wissenschaft und Christentum schlechthin zu sprechen, scheint mir doch eine gehörige Übertreibung zu sein. Irgendwie sind die Geister durch diesen Fall traumatisiert. Eine historisch-objektive Betrachtung führt hier wohl zu einem weniger pathetischen, aber gerechteren Urteil.

Was übrigens Husserl anbelangt, so weiß ich, daß er sich am Ende seines Lebens stark vom Katholizismus angezogen fühlte. Den letzten Schritt hat er nicht zu tun vermocht, weil es ihm schwerfiel, die Tatsache der Offenbarung mit seiner Phänomenologie in Einklang zu bringen.

DOLCH: Das Krisenbewußtsein, wie es sich in der Aufklärung artikuliert, scheint mir *qualitativ* anders zu sein als das früherer Generationen. Diese wußten freilich auch von einer ‚Krise' menschlichen Denkens und Handelns – Krise nun aber im ursprünglichen Sinne verstanden als Urteil *Gottes* (bzw. Urteil aus dem *Glauben*). Die Aufklärung legt jedoch ihren Überlegungen die Option zugrunde, der Mensch vermöge im Licht *seiner Vernunft* die Grundstrukturen des Menschen, des Menschlichen und damit auch des Geschichtlichen zu erkennen. Von dieser Position aus urteilt, ‚kritisiert' die Aufklärung das Tatsächliche, mißt sie dieses an der allgemeinen Konzeption. An solch ein Messen, Kritisieren hat der antike oder mittelalterliche Christ nicht gedacht. Erinnern wir uns z. B. der *querelle des anciens et des modernes*. Mit welch einer Naivität (so urteilen wir heute!) bejahte man damals eine Ansicht als wahr, weil sie modern war, und beurteilte man eine andere als falsch allein deshalb, weil sie traditionell war.

Wiederum *qualitativ* andersartig scheint mir das moderne Krisenbewußtsein, insofern dieses aus einem tiefen Mißtrauen in bezug auf das Vermögen der Vernunft entspringt: Die Diagnose- bzw. Kritikversuche der Aufklärung (und der nachfolgenden Zeit) ruhen nicht auf zureichendem Fundament! Ja: Wir haben gar kein derartiges Fundament!

COTTIER: Was die Beziehung zwischen Aufklärung und *intellectus fidei* betrifft: Ich bin mir bewußt, etwas willkürlich bei der Aufklärung angefangen zu haben. Je mehr man sich mit Geschichte befaßt, desto besser merkt man, wie sehr jede geschichtliche Situation durch die vorausgehende bedingt ist. Die Aufklärung ist einerseits eine Folge der Entdeckung der *scienza nuova* durch Galilei, andererseits aber ist sie durch die Religionskriege bedingt. Der für die Aufklärung so typische Anti-Offenbarungsaffekt findet sich auch bei ehrlich suchenden Menschen, die durch die Religionskriege tief erschüttert sind. Um die Universalität, die Grundlage für einen richtigen Frieden, die der Glaube nicht hat herbeiführen können – Zeuge:

die zerstrittene Christenheit –, zu begründen, ist man auf die reine Vernunft angewiesen. Selbstverständlich begrenzt sich die Vernunft der Aufklärung dadurch bewußt, daß sie den *intellectus fidei* ablehnt. Diese theologische Implikation ist äußerst wichtig. Man weigert sich, im Glauben eine Vernunftsdimension anzunehmen. Man klagt den Glauben an und macht ihn für die Religionskriege verantwortlich. Die Aufklärung zeigt so etwas wie einen missionarischen Zug: Sie erscheint fast wie eine neue Religion, die an die Stelle des Christentums tritt, ein wenig wie heute der Marxismus.

Was Galilei betrifft, so hat Kollege Luyten schon geantwortet. Wie Herr Keilbach ausführte, beabsichtigte Husserl, aus dem Subjektivismus und Psychologismus durch die Fundierung der Philosophie als Wissenschaft herauszukommen. Für ihn ist die Krise wissenschaftsimmanent. Sie beschäftigt ihn und erfüllt ihn mit Sorge. Als er seinen Vortrag in Wien (1935) hielt, war Hitler schon an der Macht. Vergessen wir auch nicht, daß er selber Jude war. Das erklärt den dramatischen Ton seiner Ausführungen. Die Tatsache, daß er sich dem Christentum näherte, dürfte darauf hinweisen, daß er seine Beurteilung der Lage als ungenügend empfand.

Die von Herrn Dolch aufgeworfenen Fragen sind sehr wichtig. Ich sagte schon, daß ich etwas willkürlich bei der Aufklärung angefangen habe. Meine Aufgabe war es aber, über die moderne Philosophie zu reden. Schon die Reformation war eine Zeit der Krise. In der griechischen Antike gibt es die Krise der Philosophie mit Sokrates, der sie übrigens zu überwinden versuchte. Immer wenn der Mensch nachdenkt, kommt es zwangsläufig zu Krisen, weil Dinge in Frage gestellt werden. In diesem Sinne ist die Krise eine Begleiterscheinung der Geschichte des Denkens. Nun, das Neue Testament eröffnet eine neue Dimension der Krise, sowohl indem es vom Antichrist, als auch wenn es von Erneuerung spricht. In Christus hat die letzte Zeit begonnen. Bewußt habe ich diese Komponente des Problems außer Betracht gelassen, weil ich zum philosophischen Aspekt des Problems Stellung nahm. Als Christ müssen wir aber das, was das Neue Testament sagt, mit einkalkulieren, und dann wundert es uns nicht, daß es Krisen gibt. Wenn der Antichrist in der Geschichte am Werk ist, dann gehört die Krise als innerer Bestandteil zur Geschichte des Christentums. Vielleicht stoßen wir uns zu sehr an den Krisen: Hat doch das Neue Testament uns gewarnt, daß es sie immer geben wird. Dabei geht die theologische Dimension der Krise viel tiefer als die philosophische. In diesem Sinne hat Herr Dolch ganz recht.

Auch seine Bemerkung über die Alten und die Modernen ist hochinteressant. Sie zeigt, wie relativ hier die Dinge sind. Trotzdem hat Husserl wohl recht, wenn er das Neue, das die moderne Wissenschaft gebracht hat, hervorhebt. Seit der Renaissance ist es dem gebildeten Menschen klar, daß sich eine neue, früher unbekannte Auffassung von Wissenschaft durchsetzt. Das erklärt auch, warum man das Neue für besser hält. Es ist der Wissenschaft wesentlich, daß sie Neues entdecken will. Der junge Wissenschaftler weiß – wenigstens was den Umfang angeht – mehr als seine Vorgänger. Bei einem Wissenschaftstyp wie Philosophie und Theologie verhält sich die Sache umgekehrt. Wegen der Bedeutung, die Lebenserfahrung und Weisheit hier zukommt, haben die Älteren den Jüngeren etwas voraus. Diese Umkehrung hat eine sehr große kulturelle Bedeutung, die bis in die Massen hineinreicht. Heute weiß ein 13jähriger mehr über Raumfahrt als sein Vater, den er dann auch etwas abschätzig betrachtet. Das spielt z. B. bei der Kontestation sicher eine Rolle.

Was nun die Diagnose der heutigen Krise betrifft: Auf die theologischen Aspekte werden wir später noch zurückkommen müssen. Heute neu scheint mir Folgendes: Dort, wo Renaissance und Aufklärung in der Wissenschaft das tragende Fundament für einen Humanismus sahen, finden wir heute, daß dieses Vertrauen in die Wissenschaft – und in die Technik – verlorengegangen ist. Nehmen wir z. B. die Hippies. Hier begegnen wir einer Auflehnung der Jüngeren gegen unsere Gesellschaft. Es ist aber bemerkenswert, daß sich ihre Auflehnung sowohl gegen altbewährte christliche Ideen als auch gegen höchst moderne Errungenschaften der Wissenschaft richtet. Die heutige Krise scheint mir vor allem eine Vertrauenskrise zu sein; man glaubt nicht mehr daran, daß die Wissenschaft einen echten Humanismus begründen könnte. Das gibt der Krise auch ihren irrationalen Charakter.

Steiner: In den letzten Worten des Vorredners scheint mir der Ausgangspunkt für die Wahl des Themas unserer diesjährigen Tagung angedeutet zu sein. Da im Titel das Wort ‚Krise' steht, sollten wir uns von Anfang an über seinen vielfältig schillernden Inhalt klarwerden. Der Sache nach hat es Krisen sicherlich nicht erst nach der Galilei-Episode oder im Gefolge der Aufklärung gegeben, sondern sicherlich auch im Altertum, im Alten Testament und in den zwei Jahrtausenden der Christenheit. Nicht übersehen werden sollte die Existenz von echten Krisen in den Bereichen des persönlichen Lebens. Wir werden uns also während dieser ganzen Diskussionen bewußt sein müssen, wie schillernd das Wort ‚Krise' ist und wie leicht es sich über die verschiedensten Dinge stülpen läßt. Besonders wichtig bei einer Tagung unseres Institutes wären natürlich Krisen, die sich irgendwie auf die Berührungsfelder zwischen Naturwissenschaften und Theologie beziehen.

Cottier: Das Wort ‚Krisis' kann in verschiedensten Bedeutungen gebraucht werden. So spricht man z. B. von der Pubertätskrise im psychologischen Sinn. Hier sprechen wir aber von einem sozialen Phänomen. Die Krisen, von denen das Alte Testament berichtet, beziehen sich auf die Untreue Israels. Die Propheten bemühen sich, das Volk wieder zur Treue zu bekehren. Eine solche Argumentation kommt bei den heutigen Jüngeren überhaupt nicht mehr an. Das ist eben das neue Faktum: herkömmliche Kulturwerte werden in Frage gestellt und kritisiert. Die Krise besteht darin, daß ein bestehender Konsensus auf einmal zusammenbricht. So hört man heute

z. B. Jüngere, die von der Einehe nichts mehr wissen wollen. Sie sind für eine ‚Kommune‘, nicht für die Ehe. Eine frühere – unsere – Generation hat auch ihre Schwierigkeiten gehabt, die Ehe wurde aber nicht in Frage gestellt. Das heißt nicht unbedingt, daß die Leute damals besser waren. Neu ist aber, daß auf einmal die Institution selber abgelehnt wird. Man verwirft ein Prinzip. Das ist die eigentliche Krise. Und da drängt sich die Frage von Husserl auf: wo liegt die Wurzel einer solchen Haltung?

Ich habe mich gefragt, ob hier nicht die kritische Haltung – die in der Wissenschaft voll berechtigt ist, weil sie auf ihr basiert – der entscheidende Faktor wäre. Man glaubt auf einmal nicht mehr, daß eine solche kritische Haltung zur Wahrheit führen kann. Wenn ich mich auch an die Theologen gewandt habe, dann, weil ich persönlich überzeugt bin, daß die Krise in der Kirche eine Folge der allgemeinen Krise in der heutigen Welt ist. Das ist meine persönliche Ansicht. Sicher kann man sagen, daß die Krise in der Kirche eine Folge der weltweiten Krise der Vernunft ist.

BONÉ: Ich habe das gleiche Anliegen wie Herr Steiner und möchte dazu eine informative Frage stellen. Sie betrifft die letzte Phase der heutigen Krise: das In-Frage-Stellen der Vernunft selber.

Kann man noch genauer bestimmen, ob es sich hier um ein psychologisches Phänomen handelt (Sie sprachen vorher von einem Wiedergewinn von vitalen und existentiellen Werten): die Betonung von durch einen zu engen Rationalismus vernachlässigten existentiellen Werten. Oder aber geht es vielmehr um ein epistemologisches Problem: das In-Frage-Stellen vom Wert der Vernunft selber?

COTTIER: Ich meine, es handelt sich um beides. Ich würde sogar noch einen dritten Faktor hinzufügen. Nehmen wir die heutige Jugend als Beispiel: sie beklagt sich, Gefangene eines Systems zu sein. Sie kritisiert den Rationalismus insoweit, als sie ihn für die technische Organisation verantwortlich macht.

Von dieser Seite fällt man die Vernunft an. Ich habe von der Vernunft bei Husserl gesprochen. Vielleicht wäre es genauer, hier von Rationalismus zu sprechen. Die Vernunft muß man verteidigen. Die Jungen kennen aber die Vernunft zu ausschließlich in der Form des Rationalismus. Dieser führt zu einer mehr von der Technik als von der Wissenschaft beherrschten Gesellschaft. Demgegenüber verteidigen sie eine gewisse Spontaneität. Jüngst wohnte ich einer *Avantgarde*-Aufführung mit provozierenden naturalistischen Szenen bei. Man merkt sehr gut, daß hier gegen alles, was Organisation, Tradition und Disziplin ist, reagiert wird. Wir haben es mit einer Art neuen Rousseauismus zu tun: wahr ist, was spontan ist.

Bei der Vorbereitung dieses Vortrages habe ich Freud gelesen. Wenn ich auch davon in meinem Vortrag nicht gesprochen habe, so meine ich doch, daß ein vulgarisierter Freudismus wenigstens zum Teil für die heutige Entwicklung verantwortlich ist. Auch Freud meint, das Spontane und Unbewußte sei das Authentische, während die Kultur nur eine dünne Oberflächenschicht wäre. Die Kultur ist repressiv, wie Marcuse sagt. Jeder Befehl, jede Disziplin ist Repression. Die Authentizität des Lebens liegt in der Spontaneität. So meint wenigstens ein Teil der heutigen Jugend.

Nun gibt es zweifelsohne auch eine epistemologische Krise. Diese berührt aber nur ein begrenztes wissenschaftliches Milieu.

Von den Geisteswissenschaften habe ich gar nicht gesprochen. Ich habe vor kurzem einem Soziologiekongreß beigewohnt, der mich als Philosoph sehr getröstet hat. Die Verwirrung war noch größer als an einem philosophischen Kongreß. Die Soziologen wissen nicht, was Soziologie ist; ebensowenig die Psychologen, was Psychologie ist.

Husserl hat wohl recht, wenn er meint, man hätte die Methoden, die sich in den Naturwissenschaften bewährt haben, überall anwenden wollen und hätte dabei feststellen müssen, daß sich eine ‚Rationalisierung' dieses Typs nicht überall durchführen läßt. Das wäre die epistemologische Krise.

Nun zum dritten Punkt. Wenn Nietzsche behauptet, man brauche eine absolute Begründung der Wahrheit, hat er nach meinem Dafürhalten recht. Husserl meint in einem gewissen Sinn das gleiche mit seiner Kritik des Positivismus. Nun besteht der Positivismus gerade darin, den absoluten Begriff der Wahrheit auf der Ebene des Relativen zu verwenden. Wer in einer relativierten Welt lebt, wird früher oder später das Absolute, das seiner Relativierung zugrunde liegt, ablehnen. In diesem Sinne wäre die heutige Krise ein Bewußtwerden der im Positivismus enthaltenen Geisteshaltung.

Nietzsche verband die Krise des Wahrheitsbegriffes in den Wissenschaften mit der Krise der metaphysischen Wahrheit und letztlich mit dem „Tod Gottes". Wer Gott leugnet, muß konsequenterweise mit der Leugnung der Wahrheit enden. So hätte die heutige Krise auch einen tiefgehenden religiösen Grund. Im § 344 von *Die fröhliche Wissenschaft* stellt er die Frage: In welchem Maße sind auch wir noch fromm? Auch der Wissenschaftler ist noch ein religiöser Mensch, denn er widmet sich der Wahrheit. Das ist sicher christliches Erbe. Sobald er aber seine Kritik des Christentums radikal durchführt, sieht er, daß er auch den Wert der Wissenschaft aufgeben muß. Das ist sehr wichtig.

Luyten: Ich möchte zunächst noch einmal schnell auf die von Herrn Dolch aufgeworfene Frage zurückkommen: Warum man auf einmal die Neuen gegen die Alten ausspielt. Tatsächlich ist es so, daß lange Zeit das, was die Alten sagten, als überlegen galt. Vergessen wir nicht, daß man aus einem kulturellen Tiefstand kam und um jede Weisheit froh war, die man in alten Dokumenten entdecken konnte. Die Scholastik lebt noch weitgehend aus dieser Haltung. Mit dieser Hilfe entwickelt sie ein imposantes Denkgebäude. Sie erreicht einen Höhepunkt und, wie das in der Kulturgeschichte öfter geschieht, bricht dann irgendwie an der eigenen Vollkommenheit zusammen. Der kreative Impuls ist abgesättigt und wird dadurch gelähmt. Das zu geschliffene System hat müde gemacht. Es ist innerlich ausgehöhlt mangels neuen kreativen Antriebs (Nominalismus). Wir sehen das auch in der Kunst: gerade als die Gotik ihren Höhepunkt erreichte, wird man der Sache überdrüssig. Der kreative Impuls kommt da nicht mehr auf die Rechnung und wendet sich neuen Möglichkeiten zu.

Erleben wir das nicht auch wieder heute? Wie damals aus Reaktion gegen das vom Glauben her denkende Mittelalter das Vernunftdenken hochgespielt wurde – was tatsächlich eine einseitige Verengung des Denkens war: Verlust des *intellectus fidei* –, so ist heute eine Reaktion bemerkbar gegen das noch weiter eingeengte naturwissenschaftliche Denken. Bei aller Anerkennung dessen, was die Naturwissenschaft an neuen Erkenntnissen gebracht hat, wird es immer klarer, wie sehr wir es hier mit einer eingeengten Erkenntnisweise zu tun haben. Das führt zur Reaktion eines gewissen *Irrationalismus.* Was man unter diesem Irrationalen versteht, ist meistens nicht sehr klar. Wichtig ist der Versuch, aus dem zu engen Rahmen des naturwissenschaftlichen Rationalismus auszubrechen.

Cottier: Ich würde noch zwei Dinge hinzufügen. Es gibt nicht bloß die Verengung des Horizontes durch die Wissenschaft: darüber hinaus hat man das Gefühl eines gewissen Scheiterns der Wissenschaft. Im Volk hat hier die Atombombe eine enorme Rolle gespielt. Vor der Atombombe meinte man – und man meint es z. T. auch heute noch –, daß die Wissenschaft dem Menschen das Glück bringen würde. Heute ist man sich der Tatsache bewußt, daß die Wissenschaft auch gefährlich ist. Das ist, glaube ich, neu. Man ist zwar weiter Optimist, sieht aber die Gefahr der Wissenschaft. Das erklärt wohl die Revolution der Jugend oder der dritten Welt. Bevor man die Wissenschaft kannte, hielt man gewisse Probleme einfach für unlösbar; es handelte sich um Naturnotwendigkeiten. Wenn man aber überzeugt ist, die Wissenschaft könne eine Erhöhung des Lebensstandardes herbeiführen, wird man ungeduldig und rebelliert. Unglück und Elend werden nicht länger einfach hingenommen, weil man meint, die Wissenschaft könne das alles ändern. Natürlich müssen wir versuchen, die Welt besser zu machen. Eine der schwierigsten Aufgaben scheint es wohl zu sein, den Menschen Geduld beizubringen. Was einige besitzen, weil es machbar ist, wollen sofort alle haben. In früheren Kulturen waren die kulturellen Reichtümer selbstverständlich einer Elite vorbehalten; sie waren nicht allen zugänglich. Heute stünden sie prinzipiell allen zur Verfügung, faktisch aber nicht. Daher ein Unbefriedigt-Sein, das wohl eine der wichtigsten Ursachen der heutigen Krise sein dürfte.

THUM: Unsere Frage dürfte in ein allgemeineres Problem einmünden, das allerdings kaum mehr auslotbar erscheint: in das Problem von Sein und Freiheit, Immer-schon-Sein und frei ergreifbarer Möglichkeit. Reflexion und wissenschaftliche Objektivierung lassen das ‚Sein' als bestimmte Seinsform gegenüber anderen Möglichkeiten sehen und unterstellen es damit der Bewertung und der Kritik nach verschiedenen Gesichtspunkten, auch dem der ‚rationalen', utilitaristischen Zweckmäßigkeit oder einer rationalen Ökonomie des Lustgewinns usw. Die Erfahrung der Inadäquatheit dieser Objektivierungen bietet dann aber wieder Anhaltspunkte für Gegenbewegungen im Zeichen der Rückkehr zum Ursprünglichen.

HEUTS: Ich möchte eine Informationsfrage stellen. Wenn die heutige Krise wirklich eine Revanche des Irrationalismus ist – was ich meinen möchte –, haben wir dann die sich daraus ergebenden Fragen scharf genug gestellt? Bedeutet diese Revanche eine Gefahr für die Wissenschaft oder sogar für unsere Gesellschaft, wie Herr Steiner andeutete? Oder beinhaltet sie eine Möglichkeit zur Bereicherung der Wissenschaften, wie Kollege Luyten zu meinen scheint? In beiden Fällen dürfte es äußerst wichtig sein, das irrationale Element genau zu definieren. Eine Definition, die bloß von einem Leugnen der Rationalität spricht, ist wohl ungenügend. Kann man die Irrationalität nicht noch anders als auf diese negative Art und Weise definieren? Haben die heutigen Philosophen es versucht? Wenn ja, wie? Gibt es Versuche, den Wert des Irrationalen in der Wissenschaft oder im menschlichen Leben zur Geltung zu bringen?

Übrigens liegt dies in der Linie der von Herrn Boné gestellten Frage.

Cottier: Ich würde auch meinen, daß die Frage des Irrationalen eine sehr wichtige ist.

Um zu begreifen, was geschehen ist, müssen wir auf eine Bemerkung von Herrn Luyten zurückkommen, der von einer Verengung der Vernunft sprach. Die Vernunft, um die es hier geht, ist – wie auch Husserl gut gesehen hat – ausschließlich die der Galileischen Naturwissenschaft. Die Frage, die sich dabei unmittelbar aufdrängt, ist wohl: wie weit reicht die Vernunft? Im Lichte dieser Fragestellung hat man bald gesehen, daß verschiedene traditionelle metaphysische Werte in diesem naturwissenschaftlichen Rahmen keinen Platz mehr haben.

Schon Kant beruft sich auf einen ‚Glauben', wenn er von der praktischen Vernunft spricht. Damit dürfte schon ein irrationaler Faktor gemeint sein. Jacobi – ein hochinteressanter Denker – führt die metaphysischen Werte der Tradition als Gefühl (also etwas Irrationales) wieder ein. Der Grund dafür ist evident: was er *ratio* nennt, ist die begrenzte Vernunft der Naturwissenschaft. Vieles, was im Namen des Irrationalismus gesagt wird, ist im Grunde richtig. Denn die Vernunft ist zu eng geworden und kann mit einer Menge Gegebenheiten nichts mehr anfangen. Sicher, in einer Seinsphilosophie hat der Begriff irrational keinen Sinn. Das Sein ist intelligibel. Es gibt Grade der Intelligibilität, nicht aber Irrationalität im eigentlichen Sinn.

Der Begriff irrational ist ein neuer Begriff, Gegenstück zum Rationalismus. Und der Rationalismus seinerseits engt die Vernunft in zu enge Grenzen ein. Irrationalismus ist ein vielschichtiger Begriff. Bei Jacobi hat er metaphysische Bedeutung

(z. B. Fragen der Gotteserkenntnis, der Seele). Bei Nietzsche und Schopenhauer findet man eine andere Auffassung, in der Aggressivität gegen die Vernunft mitschwingt. Das Irrationale wird hier fast zum Biologischen als Gegenspieler der Vernunft. Bei den christlichen Denkern wird der Glaube als irrational aufgefaßt; was ein nicht ‚unwichtiger' Aspekt der Krise sein dürfte. Für den Fideismus, eine Art Demission der Vernunft, gibt es keinen *intellectus fidei.* Ich würde meinen, daß heute nicht wenige Christen Fideisten sind. Daher die Betonung von der Wahl, der Entscheidung, m. a. W. des voluntaristischen Elementes im Glauben. Über das rationale Element weiß man nichts mehr zu sagen. Soviel zum Irrationalismus im Denken.

Was nun den Einfluß auf das menschliche Leben betrifft, so kommt es natürlich darauf an, in welchem Sinn man vom Irrationalen spricht. Versteht man es wie Jacobi, dann ist sicher Irrationales im menschlichen Leben am Werk. Man könnte auch auf die Entdeckung des vom Rationalismus vernachlässigten affektiven Lebens hinweisen. Denken wir an Scheler oder an die Existenzialisten. Es bleibt aber, daß man von einem zu engen Vernunftbegriff ausgegangen ist. Thomas unterscheidet *intellectus* und *ratio.* Letztere ist nur eine Tätigkeit des *intellectus.* Heute hat die *ratio* alles an sich gerissen; man hat den *intellectus,* der sie trägt, vergessen.

LUYTEN: Mit dem, was Herr Cottier zum Begriff Irrationalismus ausgeführt hat, bin ich ganz einverstanden. Gelegentlich macht man aus diesem Wortgebrauch eine rein terminologische Frage und meint, es sei nicht sehr wichtig, ob man von ‚metaphysisch' oder von ‚irrational' spricht. In die Terminologie wird aber meistens auch ein bestimmter Begriffsinhalt hineinverfrachtet. Und wenn man z. B. Religion oder Metaphysik als irrational abtut, heißt das, daß sie in das Emotionale oder Nicht-Mehr-Intellektuell-Faßbare abgeschoben werden, eben weil man das ‚Rationale' als Monopol des naturwissenschaftlichen Denkens auffaßt.

Übrigens muß auf eine andere Verengung des Rationalismus hingewiesen werden. Der Mensch wird leicht zu exklusiv auf das Verstandesmäßige reduziert. Keime davon sind zweifelsohne schon in der Scholastik vorhanden. Die menschliche Problematik wird denkerisch bewältigt, bleibt dann aber leicht im Bereich des denkenden Menschen stecken. Ist die Krise, die wir heute mitmachen, nicht z. T. ein Versuch, aus zu engen denkerischen Kategorien auszubrechen, um ein weiteres, existenzielleres Lebensgefühl zum Durchbruch zu bringen? Liegt das nicht deutlich im Existenzialismus eingeschlossen? Auch in einer gewissen Abkehr vom ‚begrifflichen' Denken und einem Hochspielen des Symboldenkens?

Schließlich möchte ich Herrn Thum noch eine informative Frage stellen. Er meinte, in jeder Krise stecke nicht bloß ein Element des Abrückens vom Gegenwärtigen und so ein Drang zur Erneuerung, sondern auch ein Zurückgreifen auf frühere Situationen, die irgendwie als Ideal gesehen werden. Könnte er uns dieses Moment der Repristinierung in der heutigen Krise zeigen?

THUM: Der Ausdruck ‚Repristinierung' ist vielleicht nicht ganz passend für das Anknüpfen und Wiederaufnehmen von Älterem und Ursprünglicherem, das, vermutlich aus innerer Notwendigkeit, in den revolutionären Zukunftsentwürfen geschieht. Es ließen sich viele Beispiele anführen, wenn ich auch befürchten muß, daß meine raschen, ungenauen Formulierungen nicht ganz überzeugen. Die gegenwärtige *Counter-culture*-Bewegung etwa trägt die Erinnerung zurück bis zum sogenannten Naturmenschen, dessen Lebensform sie wiederzufinden und zu wiederholen sucht. Was die Aufklärung betrifft, ist ihre starke Anlehnung an den antiken Stoizismus bekannt; man könnte vielleicht noch untersuchen, ob nicht auch die Weise, in der sie die neuentdeckte mechanische Naturgesetzlichkeit verstanden und erlebt hat, vom stoischen Gedanken der göttlichen Weltvernunft beeinflußt ist. Der Protest der Existenzphilosophen gegen das philosophische Systemdenken ist unter Berufung auf Sokrates erhoben worden. M.

Heideggers Überholung und ‚Verwindung' der Metaphysik unterstellt sich selbst dem Kriterium, ob sie imstande sei, die ursprüngliche Seinserfahrung zur Sprache zu bringen, von der das abendländische Denken ausgegangen ist. Nach Heideggers Interpretation der Geschichtlichkeit des Daseins ist übrigens die Zusammengehörigkeit des Sich-Entwerfens auf die Zukunft und des Zurückkommens auf die Gewesenheit wesensnotwendig.

ALSZEGHY: Ich glaube, wir können voraussetzen, daß die Krise ein Zustand des Menschen ist, der der bewußten Reflexion vorausgeht, sich zuerst in der Kultur bzw. im Strukturwandel der Gesellschaft kundgibt, und sich erst in der letzten Phase des Bewußtwerdens als ein philosophisches Ereignis offenbart. Nun könnte man in bezug auf die Theologie ganz ähnlich fragen, wie das Bewußtwerden der Krise in der Theologie zum Ausdruck kommt. Auch der Einfluß der faszinierenden Erfolge der Naturwissenschaft auf die Philosophie entspricht dem Einfluß des naturwissenschaftlichen Denkens auf die Theologie. Einerseits wird infolge des glänzenden Erfolges der naturwissenschaftlichen Forschung das philosophische und das theologische Denken gewissermaßen abgewertet; andererseits werden infolgedessen die Denkformen der Naturwissenschaften auch in der Philosophie und in der Theologie überbewertet, ja manchmal verabsolutiert. Ich denke besonders an die Überbetonung des begrifflichen und schlußfolgernden Denkens und an das Mißtrauen der intuitiven Erkenntnis, den erfahrungsmäßigen und den werttheoretischen Gesichtspunkten gegenüber, die irgendwie immer auch in das Affektive hineinragen. Der Vergleich eines beliebigen modernen Theologen etwa mit Bonaventura oder Anselm veranschaulicht klar genug die dadurch verursachte methodologische Verschiebung. Nun kann aber auch eine Rückwirkung der durch die Naturwissenschaften beeinflußten Denkweise auf die Glaubenskrise festgestellt werden. Wer nur die begriffliche klar und univok formulierte Aussage als intellektuell vollwertig anerkennt, wird Schwierigkeiten haben, die in der Sprache des Glaubens ausgedrückten Glaubenswahrheiten in die Gesamtstruktur seines intellektuellen Lebens einzufügen (oder manche wichtige Ansichten seines Lebens in seiner religiösen Stellungnahme zu orten); ja, er wird die intellektuelle Legitimierung seiner eigenen religiösen Haltung problematisch finden, was wieder die Glaubenskrise verstärkt. Eine ähnliche Wechselwirkung zwischen der allgemein menschlichen Krise und Glaubenskrise kann in bezug auf die Wertung der Institution und Autorität nachgewiesen werden. Die Autoritätskrise ist ein soziologisches Phänomen, das in der Philosophie und auch in der Theologie rationell durchleuchtet ist. Infolge der dadurch hervorgerufenen Schwächung der in Frage gestellten Autorität entstehen wieder neue Probleme, die mit der Glaubenskrise eng verbunden sind.

COTTIER: Das sind alles sehr schwierige Fragen. Was für Folgen hat die Krise der Wissenschaft gehabt ...

STEINER: Gibt es denn eine Krise der Naturwissenschaften?

COTTIER: Sagen wir vielleicht: es gibt eine Krise der Wissenschaftlichkeit, nicht der Wissenschaft. Die Erfolge der Naturwissenschaften haben sicher ihren Einfluß auf die Philosophie gehabt. Ich würde meinen, daß Husserl richtig sieht, wenn er sagt, die Wissenschaft hätte sich anfänglich als eine Weise des Existierens, als einen Humanismus verstanden. Das hat der Philosophie einen Minderwertigkeitskomplex eingetragen. Ein Beweis dafür ist, daß die Wissenschaftskritik die Philosophie sofort angesteckt hat. Schon Descartes, der die Wirksamkeit der mathematischen Methode erkannt hat, wollte seine Philosophie eben nach dieser Methode aufbauen. Spinoza ist in dieser Hinsicht wohl am bezeichnendsten. Die wahre Philosophie wird *more geometrico* entwickelt. Denn die einzige ernsthafte Methode, die zu Ergebnissen führte, war damals die Geometrie. Ständig begegnen wir in der Geschichte der Philosophie dieser Anziehungskraft, die die Wissenschaft auf die Philosophie ausübte. So sagt z. B. Auguste Comte: Die

Philosophie sei durch Soziologie, im positivistischen Sinn zu ersetzen. Auch für Marx ist die Philosophie abgetan und wird durch den historischen Materialismus ersetzt. Das alles zeigt eine Vertrauenskrise der Philosophie, welche meint, nur dann überleben zu können, wenn sie die Wissenschaften nachahmt. Nun sind aber die Wissenschaften, nach dem Ausdruck von Husserl, *per definitionem* regional – während die Philosophie von Natur aus universal ist. So gerät dann die Philosophie in einen inneren Widerspruch. Hegel hat, glaube ich, dieses Problem gut gesehen. Er wollte eine rationale Wissenschaft, die im Sinne der Griechen, wirklich universal wäre. Ob ihm das gelungen ist, steht auf einem anderen Blatt geschrieben. Ich würde es sehr bezweifeln; dafür hat er die Naturwissenschaften zu sehr vernachlässigt. Das ist wohl die schwache Seite der Hegelschen Philosophie. Das geht übrigens in die gleiche Richtung wie Ihre Bemerkung über den Zusammenhang der Krise in der Philosophie mit der in der Theologie.

Was nun die zweite Frage betrifft: Stets hat sich die Theologie der Philosophie bedient. Im Augenblick, da das philosophische Instrument in der Krise ist, ist es die Theologie automatisch auch, wenn sie es auch nicht wahrhaben will. Es ist bemerkenswert, wie manche Theologen versuchen, die Philosophie durch eine andere Wissenschaft zu ersetzen, speziell durch die Exegese. Es wäre höchst interessant, über das epistemologische Statut der Exegese nachzudenken. Auch da hätte Nietzsche uns manches zu sagen (die geschichtlichen Wissenschaften betreffend).

Als geschichtliche Wissenschaft vermag die Exegese, genau so wie alle philologischen Disziplinen, bloß Vermutungen auszusprechen. Das führt uns zu einem anderen Aspekt der Wissenschaftskrise – und so kommen wir zurück zur Frage des Irrationalismus; es wäre dringend nötig, den Begriff des Wahrscheinlichen erneut aufzuwerten. Jede Disziplin möchte nach dem Muster der Mathematik zu streng exakten Ergebnissen gelangen. Man findet das in der Linguistik – wo es auch so ziemlich gelingt – in den historischen Wissenschaften, in der Soziologie, in der Psychologie, in der Exegese. Ich würde nun meinen, daß ein Ersetzen der Philosophie mit ihren metaphysisch sicheren Begriffen durch eine konjekturale Wissenschaft von vornherein die Krise zuspitzt. Heute gibt es eine große Anzahl Theologen, die meinen – was ich persönlich sehr bestreite –, die Philosophie sei bloß eine Sprache. Sie sprechen der Philosophie jeden wissenschaftlichen Charakter und den Begriffen jeden von der Sprache unabhängigen Wert ab. Die Philosophie wird zur reinen Rhetorik. Ein wichtiger Aspekt der heutigen theologischen Krise ist wohl, daß auch die Theologie Rhetorik geworden ist. Sie nimmt sich heraus, sich verschiedener, prinzipiell gleichwertiger Sprachen zu bedienen, was zum theologischen Pluralismus führt. Theologie wird zur Text- und Sprachanalyse.

Da nun aber die Sprachen wandelbar und vielfältig sind, fühlt sich die Theologie nicht mehr an eine eindeutige Begrifflichkeit gebunden, wie das beim Gebrauch der Philosophie der Fall war. Vielleicht ist das etwas überspitzt ausgedrückt, aber da scheint mir die Krise zu liegen.

Man sieht die Philosophie nur noch als Sprache, man spricht von einer pluralistischen Theologie als von einem anzustrebenden Ideal. Das hängt alles zusammen. Entschuldigen Sie, wenn ich etwas polemisch gegen die Theologen werde.

LUYTEN: Die Ausführungen von Herrn Cottier treffen sicher das Wesentliche. Vielleicht spielt aber noch ein anderer Faktor hinein. Wir haben bis jetzt die zu enge Konzeption der Rationalität, wie sie in der Naturwissenschaft besteht, in den Vordergrund gestellt. Ein wichtiges Element, das dem naturwissenschaftlichen Denken Prestige eingetragen hat, ist die Verifizierbarkeit ihrer Aussagen. Das hat die Philosophie irgendwie traumatisiert. Ist nicht der Existenzialismus ein Versuch, eine philosophische Spielart der Verifizierbarkeit zu realisieren? Nur solche Begriffe dürfen verwendet werden, die eine existentielle Bedeutung haben. Und von der Philosophie ist das auf die Theologie übergegangen. Wie oft hörte ich von jungen Theologiestudenten in letzter Zeit: Mit einem Dogma, das uns existenziell nichts sagt, können wir nichts anfangen. Das wird dann nicht notwendigerweise geleugnet, wohl aber auf ein Nebengeleise ausrangiert. Nun soll ein Dogma zweifelsohne Lebenswert besitzen. Die Gefahr ist aber groß, allzu menschliche Kriterien des existenziell Relevanten anzulegen und so das Dogma auszuhöhlen. – Trifft dieser Aspekt nicht irgendwie auch die von Herrn Alszeghy aufgeworfene Frage nach der Verquickung von Naturwissenschaft, Philosophie und Theologie?

KEILBACH: Was Herr Cottier mit den Worten „die Philosophie ist *ipso facto* in der Krise“ sagen will, bedeutet, daß es zum *métier* des Philosophen gehört, immer wieder zu den Ursprüngen zurückzukehren, darum auch den Gegenstand der Philosophie selbst in Frage zu stellen und neu zu bedenken. Jede andere Wissenschaft kann von Voraussetzungen ausgehen, deren Rechtfertigung nicht *ihre* Aufgabe ist. Kein Geringerer als Arthur Liebert verwies auf dem internationalen „Descartes-Kongreß“ (Paris 1937) auf die Ausnahmestellung der Philosophie gegenüber allen anderen Wissensdisziplinen. Die Frage nach dem Gegenstand der Philosophie müsse immer irgendwie offen bleiben, um die Besinnung auf diesen selbst stetsfort wachzuhalten; eine Notwendigkeit, die sich aus der Natur der Sache ergibt. Was ich jetzt, im gegebenen Zusammenhang, meine, ist nur folgendes: Man möge das Wort von der Krise der Philosophie nicht übertreiben. Die rechtverstandene Krise gehört einfach zur Erstbesinnung über Philosophie.

STEINER: Gilt das auch für die Theologie?

KEILBACH: Das kann ich jetzt in der Schnelligkeit nicht einfach mit Ja oder Nein beantworten. – Es wurde heute verschiedentlich auf das Wort *intellectus fidei* Bezug genommen, ein Wort, das selbst unter den Theologen verschieden interpretiert werden kann; man sollte darum näher auf seinen legitimen Sinn eingehen. Dabei würde sich das Eingehen auf Ihre

Frage von selbst nahelegen. Natürlich wird man von einer Theologie im Hinblick auf die Glaubensbegründung sagen dürfen, daß sie sich im Ringen um die Lösung dieser Frage auf ihren eigenen Ursprung zurückwenden muß; damit aber stellt sie sich selbst in Frage. So verstehe ich die Frage, die mir Giovanni Gentile im Examen gestellt hat, ob nämlich in Sachen der Glaubensbegründung für die Bejahung einer Theologie der scholastische Realist (Objektivist) und der neuzeitliche Idealist in der gleichen Position seien bzw. die gleichen Chancen hätten. Es kommt schon darauf an, von welchem philosophischen Ansatz aus Theologie in Gang gebracht werden soll.

Boné: Ich weiß nicht, ob meine Intervention klärend wirken wird. Ich bin aber erstaunt, daß wir nur von der Krise in Philosophie und Theologie reden. Vorher hat Herr Cottier versehens von einer Krise der Wissenschaft gesprochen, worauf Herr Steiner prompt bemerkt hat, es gäbe keine Krise der Wissenschaft. Herr Cottier hat dann zwischen einer Krise der Wissenschaftlichkeit und der Wissenschaft unterschieden. Ich möchte doch die Frage stellen, warum wir von der Krise in der Philosophie und der Theologie, nicht aber von der Krise der Wissenschaft reden. Wenn ich richtig verstanden habe, hat Herr Cottier am Anfang seiner Ausführungen gezeigt, wie die Krise mit dem Bewußtsein eines gemeinsamen Schicksals zusammenhängt. Ohne diese Komponente hätte man nur eine Polemik, eine Diskussion auf rein intellektueller Ebene. Herr 'Sigmond[1] seinerseits hat darauf hingewiesen, daß der Glaube in jeder Krise mitspielt, wenigstens an einem gewissen Punkt ihrer Entwicklung. Diese zwei Aussagen konvergieren: Das Schicksal, von dem die Rede war, impliziert notwendigerweise

[1] Da Herr 'Sigmond bei der Tagung nicht anwesend sein konnte, war eine Diskussion seines Vortrages nicht möglich. Die Anwesenden nahmen aber Kenntnis von seinen Ausführungen, auf die ab und zu in den Diskussionen Bezug genommen wurde. Den Wortlaut des Vortrages findet man auf Seite 198–212.

den Glauben. Auf der Ebene der Wissenschaft nun ging es normalerweise nicht um eine Schicksalsfrage, nur um ein Problem des Erkennens. Sicher, auch die Physik hat Auseinandersetzungen zwischen verschiedenen Schulen gekannt; das Schicksal der Menschheit stand aber z. B. bei der Quantentheorie nie zur Diskussion, nicht einmal das der Physiker. Deshalb lehnen wir es auch ab, da von einer Krise der Wissenschaft zu reden. Wenn wir heute ein gewisses Mißtrauen der Wissenschaft, der Wissenschaftsplanung, der Wissenschaftlichkeit gegenüber feststellen, dann betrifft das nicht die Wissenschaft als solche, z. B. die Quantentheorie oder die Genetik, sondern vielmehr die Anwendungen, die man von der wissenschaftlichen Erkenntnis machen kann. Man hat viel von der Atombombe gesprochen und von der Krise, die sie im allgemeinen Empfinden ausgelöst hat. Warum wohl? Ist es nicht darum, weil man instinktiv spürte, daß hier das Schicksal der Menschheit im Spiel war?

In der gleichen Linie möchte ich Herrn Cottier fragen, warum er meint, die Theologie sei automatisch in dem Maße in der Krise, wie sie auf die Philosophie aufbaut. Wäre es nicht logischer zu sagen, die Theologie sei in der Krise, unabhängig von ihrer Verbindung mit der Philosophie, gerade weil sie es mehr als jede andere Erkenntnis mit der Schicksalsfrage zu tun hat.

Cottier: Zur ersten Frage. Irgendwie kann man sagen, die Philosophie sei stets in der Krise; es kommt dann aber darauf an, was man unter Krise versteht. Handelt es sich um das In-Frage-Stellen der Fundamente unseres Denkens, dann ist die Philosophie seit Sokrates in der Krise, und zwar in einem höchst positiven Sinn. Bei der heutigen Krise aber, von der wir reden, handelt es sich um etwas ganz anderes. Die Philosophie selber verliert den Boden unter den Füßen: Sie hat kein Fundament mehr.

Was nun die Krise der Wissenschaft betrifft, dürfte Husserls Denken hier klärend wirken. Er betrachtet die Mathematik als ein System, in dem man ins Unendliche Hypothesen aufstellen kann, die, dank der Natur des Systems, immer verifizierbar sein werden. Die Wissenschaft, wie sie praktisch von den Wissenschaftlern ausgearbeitet wird, kann mehr und mehr das Bewußtsein ihrer Voraussetzungen verlieren. Deshalb gleicht der Wissenschaftler immer mehr dem Techniker: Er begnügt sich damit, eine Methode, mathematische Formeln, anzuwenden. Dabei produziert er gute Wissenschaft, erreicht Resultate, verifiziert sie; trotzdem aber bleibt ihm die Wissenschaft als menschlicher Entwurf verschlossen. So kommt man zur jetzigen paradoxen Situation, die ein konstitutives Element der Krise ist. In diesem Sinne habe ich von Wissenschaftlichkeit gesprochen. Bei der Krise geht es nämlich um das, was der Mensch sucht, wenn er Wissenschaft treibt. Es geht um die menschliche oder humanistische Bedeutung der Wissenschaft. Das hindert die Wissenschaft übrigens nicht daran, immer größere Erfolge zu zeitigen. Sie ist nicht in der Krise in dem Sinne, daß die Wisenschaftler keine Entdeckungen mehr machen würden; im Gegenteil! Man erreicht immer verblüffendere Resultate. Warum aber betreibt man Wissenschaft? Das weiß man immer weniger. Am Anfang war man überzeugt, die Wissenschaft würde zum Glück des Menschen beitragen. In diesem Sinne hängt die Wissenschaft mit dem menschlichen Schicksal zusammen. Und da liegt die Krise.

Übrigens sollen wir bedenken, daß *die* Wissenschaft nicht existiert; es gibt nur die Einzelwissenschaften, mit denen wir es in der Praxis zu tun haben. So ist das Gebiet des Wissenschaftlers von vorneherein begrenzt. Nur unter dieser Bedingung ist Wissenschaft sinnvoll und möglich. Wie Husserl aber richtig bemerkt, hat man gemeint, die neue Wissenschaft von Galilei sei eine Philosophie, d. h. ein Universalwissen. Dieser falsche Anspruch ist Ursache der Krise, nicht aber der konkrete Ausbau der Wissenschaft. Soweit die Wissenschaft Universalwissen sein will, berührt sie die Schicksalsfrage und ist, wie Philosophie und Theologie, in der Krise. Die wissenschaftliche Methode zwingt nicht zur Rückkehr zu den Ursprüngen, wie das in der Philosophie der Fall ist. Man kann Wissenschaftler, sogar ein großer Gelehrter sein, ohne Epistemologe zu sein.

Sicher, der Wissenschaftler muß sich seiner Methode bewußt sein; Epistemologie aber gehört nicht notwendigerweise zum großen Wissenschaftler. Oder, sind wir da nicht einverstanden?

Boné: Sie haben soeben gesagt, es handle sich nicht um *die* Wissenschaft, sondern um die Wissenschaften. Verstehe ich Sie richtig, wenn ich interpretiere: Da gerade diese Einzelwissenschaften bis zu einem gewissen Grad eine Abstraktion oder Reduktion des betrachteten Gegenstandes sind, lösen sie diesen aus seinem Schicksal-Zusammenhang.

Cottier: Die Wissenschaft abstrahiert tatsächlich von der Beziehung ihres Gegenstandes zum Universalen; das ist sogar Bedingung für ihr Gelingen. Dieses Abstrahieren ist übrigens durchaus berechtigt. Ein Problem stellt sich aber in der Soziologie und der Psychologie und in allen Wissenschaften, die den Menschen zum Objekt haben.

Mit dem, was Sie über die Anwendung der Wissenschaft in der Technik sagten, bin ich durchaus einverstanden.

Was nun aber die Theologie betrifft, da möchte ich, daß Herr Alszeghy als Theologe antwortet. Von der Philosophie her würde ich sagen: Wenn Sie die Aussage, die Theologie sei in der Krise, weil es die Philosophie, ihr Werkzeug, ist, als unvollständig beanstanden, dann haben Sie recht. Damit ist nur *ein* Grund der Krise in der Theologie angegeben und wahrscheinlich nicht einmal der tiefste. Man müßte übrigens viel mehr, als man es gewöhnlich tut, zwischen Glaube und Theologie unterscheiden. Es will mir nämlich scheinen, daß eine Krise in der Theologie, als menschliche Wissenschaft, nicht notwendigerweise eine Krise des Glaubens mit sich bringen muß. Existenziell wird es schwer sein, beide ganz auseinanderzuhalten. Der Glaube als Annahme von Gottes Wort ist nicht fatal bedroht durch eine philosophische Krise, die nur das Instrument, mit Hilfe dessen man das Wort Gottes interpretiert, betrifft. So ist es *de iure*, da haben Sie recht. *De facto* kann es aber ganz anders aussehen. Sie betonen zu Recht, Theologie sei *intellectus fidei*, Nachdenken im Horizont des Glaubens. Ich würde aber näher präzisieren: eines gelebten Glaubens. Wo das Leben, das Schicksal des Menschen in der Krise steht, da ist ganz sicher die Theologie existenziell am meisten betroffen, da sie in einem vitaleren Bezug zur Krise steht.

Man könnte die weitere Frage aufwerfen: Muß man selber in der Krise stehen, um sie besser verstehen zu können? Die heutige Theologie scheint es zu meinen. Nach meinem Dafürhalten wäre die Theologie von Rechts wegen am ehesten in der Lage, die Krise zu beheben; faktisch ist sie heute die von der Krise am meisten betroffene Wissenschaft. Man könnte sich fragen warum. Wegen der existenzielleren Stellung der Theologie ist es normal, daß die Krise sie mehr trifft, unabhängig von der philosophischen Krise. Ich bin Ihnen für diese Korrektur, die mir sehr wichtig scheint, dankbar.

ALSZEGHY: Ich möchte auf die Frage zurückkommen, wie sich die philosophische Krise zur theologischen verhält. Freilich kann man das auch folgendermaßen auffassen: Die Theologie stellt fest, daß die Philosophie ihr nicht die notwendigen epistemologischen Werkzeuge oder Strukturen gibt, um sich zu verstehen. Vielleicht kann man sich das auch noch anders vorstellen. So wie die großen Erfolge der Wissenschaften in der Philosophie eine Krise hervorgerufen haben, weil die Philosophie instinktiv – wie Sie es sehr richtig gesagt haben – eine wissenschaftliche Methode anwenden wollte. Vielleicht kann man auch sagen, daß die Theologie (besonders, meiner Ansicht nach, die neuscholastische Theologie) zu sehr mit der Philosophie verbunden war, und daß erst die Krise der Philosophie vielen Gläubigen bewußt gemacht hat, daß Theologie und Philosophie doch nicht dasselbe sind.

Noch mehr: Eben die Krise der Philosophie hat die Theologen wieder darauf aufmerksam gemacht, daß ihre Arbeit nicht darin besteht, philosophisch bewiesene Aussagen aus der Offenbarung neu einzuschärfen, neu zu beweisen, weiterzuentwickeln und anzuwenden. Aufgabe der Theologie ist es, meines Erachtens nach, den Glauben der Kirche durch ein kritisches Rückfragen nach den Quellen unter dem Aspekt der gegenwärtigen kulturellen Lage neu auszusprechen. Das bedeutet freilich nicht, daß es nicht zu rechtfertigen sei, ein philosophisches System zu verwenden, um theologische Einsichten auszudrücken. Nur muß es immer klar bleiben, daß die Geltung der dogmatischen Aussagen nicht von der Wahrheit der als Denkform verwendeten philosophischen Elemente abhängig ist, und daß ein Glaubensinhalt auf eine ganz andere Weise denkbar wird als eine naturwissenschaftliche Feststellung oder eine philosophische Behauptung.

Ich bin Herrn Keilbach dankbar, daß er in dieser Beziehung auf die Problematik des *intellectus fidei* hingewiesen hat. Ich bin der Meinung, daß der Ausdruck *fides quaerens intellectum* keineswegs bedeutet, daß die Glaubensaussagen in sich oder mit Rücksicht auf die naturwissenschaftlichen bzw. philosophischen Wahrheiten legitimiert werden sollen. Die erste Bedeutung dieses Ausdruckes ist, die theologischen Einsichten denkbar zu machen, also begrifflich auszudrücken, zu erhellen und ihre Beziehungen aufzuweisen. Die Theologie kann darin selbstverständlich naturwissenschaftliche und philosophische Strukturen gebrauchen, ohne die Geltung der eigentlich theologischen Einsichten dadurch legitimieren zu wollen.

Die zweite Bedeutung des Ausdruckes *fides quaerens intellectum* betrifft eben die Legitimation. Die erste Phase der Legitimierung gehört zum Bereich der Fundamentaltheologie: Man weist nach, daß die lebendige Wirklichkeit der christlichen Verkündigung (mit Rücksicht auf die Eigenschaften ihres Inhalts, ihre Wirksamkeit usw.) sich als glaubwürdig nachweist. Glaubt man aber das Ganze – und das ist die zweite dogmatische Phase der Legitimierung –, so kann man analytisch nachweisen, daß das konkrete geschichtliche Ereignis der Offenbarung und der Verkündigung die gläubige Annahme gewisser Aussagen Bedingung für ihre (psychologische) Authentizität und (logische) Folgerichtigkeit ist.

Cottier: Was Herr Alszeghy ausführte, scheint mir sehr wichtig zu sein: Die theologische Epistemologie soll nicht eine Nachahmung der philosophischen sein. Zunächst, weil die Theologie, als *intellectus fidei,* von der Offenbarung, vom Wort Gottes, das eine historische Tatsache ist, ausgehen muß. Die Theologie fußt auf historischen Gegebenheiten, was für die Philosophie nicht zutrifft. Auch darin dürften Sie recht haben, daß man zu sehr philosophische Systeme, d. h. nicht bloß philosophische Grundbegriffe, sondern ihre systematische Verarbeitung als solche in die Theologie aufgenommen hat. Heute ist der Theologe vorsichtiger im Benutzen von Systemen.

Wenn Sie aber sagen, es handle sich darum, den Glaubensinhalt denkbar zu machen, aber auf ganz andere Weise als in der Philosophie, habe ich Mühe, das zu verstehen. Sind die philosophischen Auffassungen wahr, dann kann man doch keine doppelte Wahrheit haben. Ich kann mir nicht denken, woher der spekulative Theologe Begriffe holt, wenn nicht aus der Philosophie. Menschliche Begriffe sind entweder spontan oder schon ausgearbeitet. Und in diesem Falle gehören sie in die Philosophie, auch wenn das nicht ausdrücklich gesagt wird.

Alszeghy: Wenn man jeden exakt bestimmten Begriff philosophisch nennt, dann kann selbstverständlich keine Wissenschaft ohne philosophische Begriffe auskommen . . . Die religiöse Ethnologie bearbeitet aber ganz wissenschaftlich Bewußtseinsinhalte, Aussagen und Erfahrungen, ohne die Begriffe irgendeinem philosophischen System zu entnehmen; eine auf ein bestimmtes philosophisches System aufgebaute religiöse Ethnologie wäre methodisch verfehlt. Nun sind die christliche Offenbarung und die Äußerungen des in der Kirche sich entwickelnden religiösen Lebens oft in der Denkform der

Dichtung, des Mythos, usw. aufgesetzt; selbst die Weisheitsliteratur teilt ihre Lehre meistens in Symbolen, Bildern und Vergleichen mit. Die Theologie entziffert diese Aussagen und verkündet sie in die heutige Problemwelt hinein. Dabei bildet sie manche Begriffe selbst, manche übernimmt sie aus der Psychologie, aus der Soziologie, und freilich auch aus den verschiedenen Philosophien. Aber warum nur aus diesen, oder sogar nur von einer einzigen?

STEINER: Ich möchte zurückkommen auf die Frage: Gibt es eine Krise der Naturwissenschaften? Höchstens doch im Sinne der Anwendung ihrer Ergebnisse, worüber wir sicher von Herrn Staudinger mehr hören werden. Dies, und manches andere bedeutet aber eine Krise für den Naturwissenschafter, nicht für die Naturwissenschaften.

Für den gläubigen Naturwissenschafter stellt sich m. E. vor allem das folgende Problem: Er kann mit jedem beliebigen Kollegen der ganzen Welt ohne weiteres über fachliche Probleme diskutieren und damit rechnen, daß seine sachlichen Argumente verstanden und akzeptiert werden. Das gilt aber nicht für philosophische oder gar theologische Dinge. Warum kann ich einem naturwissenschaftlichen Kollegen nicht meine Überzeugung überzeugend klarmachen?

Auf der anderen Seite wird jeder Naturwissenschafter zugeben, daß es in seinem persönlichen Leben eine ganze Menge von Dingen gibt, die mit Naturwissenschaften nichts zu tun haben. Man kann *für* die Naturwissenschaften leben, nicht aber ‚Naturwissenschaft leben'.

ARENS: Das gilt für jede Wissenschaft, nicht nur für die Naturwissenschaft ...

STEINER: Vielleicht gilt es auch für die Philosophie, kaum aber doch für die Theologie.

DOLCH: Herr Steiner sagte eben, es sei doch bedrückend, daß sich Naturwissenschaftler ohne Schwierigkeiten in ihren wissenschaftlichen Aussagen verstehen können, daß jedoch diese Verständigungsmöglichkeit aufhöre, wenn es um philosophische Probleme gehe. Trifft das zu? Und wenn ja, was können wir daraus entnehmen? Wir kennen aus dem Neuen Testament die Aufforderung zur ‚*metanoia*‘, zum ‚Umdenken‘. Was ist damit gemeint? Wir verstehen sie im allgemeinen als Appell zur Wende unserer Gesinnung, des moralischen Verhaltens. Ist jedoch nicht viel mehr gemeint? Vielleicht dies, ja gerade dieses, daß wir ‚umdenken‘ sollen, wenn wir sagen, wie großartig ist doch die naturwissenschaftliche Forschung, da hier sicher bewiesen werden kann; wie armselig demgegenüber ist doch das Philosophieren, da hier nichts sicher bewiesen werde? Könnte es nicht so sein, daß die eine Art des Sich-Verständigens und Sich-Verstehens auf der Grundlage des Experimentes der *äußere* Rand von Verstehen überhaupt, wo der Mensch als personales Wesen noch gar nicht beansprucht wird, und nicht dessen *Mitte* ist? Haben wir nicht in der Neuzeit in der Nachfolge naturwissenschaftlichen Beweisens die Ordnung der Dinge umgekehrt und das Letztrangige fälschlicherweise zum Erstrangigen gemacht? Bekundet sich Gottes Herrlichkeit wirklich vor allem in der Gesetzlichkeit der Natur oder nicht doch qualitativ höherrangig dadurch, daß er den Menschen anspricht, sich in dessen Fragwürdigkeit, ja Finsternis hinein begibt? Das ist alles nicht ‚*experimentaliter*‘ beweisbar. Verdeutlicht diese Nicht-Beweisbarkeit nicht eine Uneinholbarkeit, ein unendliches Überholthaben?

STEINER: Das echte Problem besteht aber für mich darin, daß ich meinem Fachkollegen gegenüber kaum mehr tun kann, als darzulegen, daß ich meinen Glauben, meine religiöse Überzeugung eben ‚zufällig‘ durch meine Eltern, durch meine Erziehung mitbekommen habe, ihm aber keine auch für ihn gültigen Argumente geben kann.

DOLCH: Dieses Unvermögen soll uns verdeutlichen, daß das, was wir nicht beweisen können, mehr ist, unendlich mehr ist.

STEINER: Ist dieses Unvermögen eine wirkliche Unmöglichkeit? Es bleibt der für mich zunächst nicht ganz befriedigende

Rekurs auf den ‚Anruf Gottes', den ich, nicht aber der andere – warum nicht auch er – erhalten habe.

DOLCH: Karl Barth gibt da eine präzise Antwort: Damit wir wenigstens so erkennen, daß Gottes Gnade für unser Denken ein Uneinholbares, ein *Geschenk* ist. Ich bin kein begeisterter Anhänger von Karl Barth, möchte aber im Moment ihm folgen: Das Tiefste, was Gott uns schenkt, wird uns zunächst nur in der Hohlform des Nichtverstehens, des Staunens geschenkt. Wenn Sie aber fragen, wie die Theologie die Botschaft einem Außenstehenden klarmachen kann, dann würde ich sagen: Zuerst in der Weise der Bezeugung, dann in der eines intelligiblen Angebots: „Ich lebe in dieser Welt und aus ihr und ich rege dich an, es gleichfalls zu versuchen bzw. zu tun."

BONÉ: Vielleicht können wir hier die Theologie von Herrn 'Sigmond gebrauchen: Er spricht über Kriteria und die Legitimation der Kriteria.

LUYTEN: Aber dann die Annahme auch noch.

BONÉ: Ja, aber für die Legitimation der Kriteria in den Wissenschaften gebrauchen wir die Evidenz und in der Theologie, oder besser gesagt im Glauben, nicht so sehr die Evidenz, sondern die Annahme von Werten. Und das ist etwas Persönliches. Sie können das nicht evident machen; ein Wert ist keine Evidenz.

DOLCH: Wenigstens kann man ihn nicht *so* deutlich beweisen wie etwa eine wissenschaftliche Wahrheit.

BONÉ: Kann man sie auch zwingend machen? Ein Wert muß angenommen werden oder nicht; aber Sie können sie nicht aufzwingen.

DOLCH: Das meinte ich, als ich sagte, daß man vom anderen Zustimmung zum Satz von Pythagoras, nicht aber zu einem Wert als Wert verlangen kann.

STEINER: Aber: Kann man es überzeugend darlegen? Die letzten Sätze im Referat von Herrn 'Sigmond könnte man doch leicht so verstehen, daß es ein Wertsystem geben muß, wenn anders das Leben einen Sinn haben soll. Was diesem Wertsystem zugrunde liegt, erhält damit leicht die Nutzfunktion eines Ordnungsfaktors. Man wird überlegen müssen, ob nicht auch mit einem verdünnten Humanismus, ohne Gott und Religion, wenigstens erreicht werden könnte, daß sich die Menschheit mit den Ergebnissen der Naturwissenschaften nicht selbst zugrunde richtet.

Vielleicht könnte daran angeknüpft werden, daß in jedem personalen Leben ein Sinn ist, der aus den Naturwissenschaften nicht herausgeholt werden kann, der nicht mathematisch bewiesen, aber doch rational einsichtig gemacht werden kann.

KEILBACH: Das ist aber doch nur ein Zeichen, daß das Seiende oder das Wirkliche nicht einfach auf das Quantitative zurückgeführt werden kann, sondern im Grunde viel reichhaltiger ist. Und wenn Sie das nun unbedingt mit der Begrifflichkeit des Quantitativen in den Griff bekommen wollen, werden Sie leer ausgehen.

STEINER: Ich will das ja gar nicht, aber ich suche noch immer nach möglichen Wegen, einem Naturwissenschaftler-Kollegen meine Glaubensüberzeugung so verständlich machen zu können, wie es mir bei naturwissenschaftlichen Tatsachen möglich ist. Ich weiß nicht, ob hier das von Herrn Dolch gebrachte Barth-Zitat die letzte Antwort ist. Ich möchte nicht zu früh resignieren.

KEILBACH: Aber Sie verwenden hier diese Kategorien dafür. Es ist doch gerade bei den Naturwissenschaftlern so, daß sie sich gerne der anderen Methode verschließen, schon im voraus. Der Naturwissenschaftler kommt eben mit dieser Vorstellung und sagt: Auf meinem Gebiet sind die Sachen so und so zu ordnen; das stimmt; das greift ineinander und das sieht jeder ein; das läßt sich nachvollziehen und nur das gilt als Erhellung. Wir müssen uns aber doch sagen lassen, daß es das Seiende auch noch in der anderen Struktur gibt, in der Freundschaft, im Vertrauen, in der Liebe usw.; sie sind mit dem Quantitativen nicht zu messen.

Dolch: Habe ich mich resignierend geäußert? Ich meine Nein! Wenn ein Christ darunter leidet, deß er einem Mitmenschen seinen Glauben nicht so gesichert als wahr vorstellen (,vordemonstrieren') kann, daß er ihn wie eine einsehbare, wissenschaftliche Wahrheit bejaht, dann ist das wahrhaft leidvoll – aber innerhalb eines (menschlich gesprochen) unendlich größeren ,Leidens': Will denn nicht Gott alle Menschen in und durch Jesus Christus retten? Er zwingt aber keinen hinein in die Herde Christi. Er respektiert die personale Entscheidung des einzelnen – sogar dessen *Nein* zu ihm! Innerhalb dieses ,Leidens', dieses Geheimnisses steht das Verstehens-Leiden der Menschen untereinander und macht uns als Hohlform jenes deutlich.

Luyten: Herr Kollege Steiner nimmt es mir sicher nicht übel, wenn ich sein Votum gerade als Exempel für die Verengung des Rationalen nehme, von der vorher die Rede war. Sie wollen, daß wir die Botschaft in die Kategorien des Rationalen, das Ihre Kollegen verstehen, hineinzwingen. Das geht nun eben nicht, weil in der Botschaft etwas ausgesprochen ist, was nicht in naturwissenschaftlichen Kategorien eingefangen werden kann.

Übrigens zwischen dem, was Sie als Naturwissenschaftler rational nennen, und dem, was Herr Dolch mit überrational meint, liegt noch ein weites Gebiet des Rationalen, das eben philosophisch aufgearbeitet werden kann. Leider sind gerade naturwissenschaftlich gebildete Geister von ihrer Methode her für solche philosophische Denkprozesse nicht oder kaum zugänglich. Das ist aber eben die Verengung, gegen die wir ankämpfen müssen. Ich meine, wir sollten nicht versuchen, die Botschaft in die Sprache der Naturwissenschaft zu übersetzen, – was uns übrigens doch nicht gelingen würde – sondern vielmehr dem Naturwissenschaftler zeigen, daß es einen weiteren Horizont menschlichen Denkens gibt, in den er sich hineinbegeben muß, will er die Heilswahrheiten der Botschaft vernehmen.

Es wurde gesagt, die Naturwissenschaft sei nicht in der Krise. Ist nicht das gerade ein Element der Krise, daß sie meint, nicht in der Krise zu sein? Man hat sich dadurch herausgewunden, daß man zwischen Wissenschaft und Wissenschaftlichkeit unterschieden hat. Wenn ich es geradeheraus sagen darf, so scheint mir das eine faule Ausrede. Was eine Naturwissenschaft ohne Wissenschaftlichkeit wohl wäre, ist mir ein Rätsel! Und sind die Naturwissenschaftler wirklich so rührend einig? Nehmen wir z. B. das vielbesprochene Buch von Monod: *Le hasard et la nécessité.* Gerade die Biologen als Naturwissenschaftler sind sich in der Beurteilung von Monods Gedankengängen keineswegs einig. Für die einen gilt Monod als Musterbeispiel eines konsequent denkenden Wissenschaftlers, während die anderen ihn der Unwissenschaftlichkeit bezichtigen. Ich meine, daß gerade in der Auffassung, was Naturwissenschaft eigentlich ist und vermag, bei den Naturwissenschaftlern tiefgehende Unterschiede bestehen, die nicht weniger schwer wiegen als Meinungsverschiedenheiten zwischen Philosophen oder Theologen.

Was übrigens das Schicksalhafte der Naturwissenschaft betrifft, kann man sie aus dem menschlichen Schicksal nicht so leicht ausklammern. Sicher steckt die Naturwissenschaft von vorneherein methodische Grenzen ab. Das bedeutet doch wohl im Grunde nichts anderes, als daß der Naturwissenschaftler sich bewußt in einen Engpaß begibt. Wer sich aber in einen Engpaß begibt, soll wissen, daß er wieder herauskommen muß. Daß die Naturwissenschaftler das weitgehend vergessen haben, dürfte ein nicht zu unterschätzendes Moment der heutigen Krise sein.

Heuts: Damit bin ich sehr einverstanden, und zwar gegen Herrn Steiner. Ich bin gar nicht so optimistisch, daß ein Naturwissenschaftler sagen könnte, mit einer Anzahl von Fakten kann ich eine Theorie beweisen. Das kann man niemals. Man kann nur eine Anzahl von Fakten anführen, die das Gegenteil beweisen. Dann muß ich diese Theorie fallenlassen. Das ist alles.

STEINER: Das ist doch die Funktion einer Theorie.

HEUTS: Nein, keineswegs!

DOLCH: Ein m. E. klassisches Beispiel für das, was wohl Herr Heuts meinte, scheint mir der Briefwechsel zwischen A. Einstein und M. Born zu bieten, da sie über die Grundlagen ihrer Deutung der Quantenphysik diskutieren. So sehr sie die Einzelheiten, die konkreten Gleichungen z. B., einmütig bejahen, so sehr entfernen sie sich in ihren Hintergrundvorstellungen, die sie auf ihre Gottesvorstellung zurückführen: Einstein wirft Born vor, er glaube an einen ‚würfelnden Gott', Born hinwiederum Einstein, er identifiziere illegitimerweise die grundlegende Weltgesetzlichkeit mit Gott (Spinozas *Deus sive natura!*).

KEILBACH: Aber dann reden Sie auch nicht mehr als Naturwissenschaftler.

STEINER: Die Physik ist weitergegangen, und zwar sehr gut sogar.

DOLCH: Das trifft zweifelsohne zu; ist jedoch jetzt nicht der Fragepunkt. Jetzt geht es um die Wahrheit der Behauptung, Naturwissenschaftler könnten sich in Sachen ihrer Wissenschaft immer verständigen, und alles, worüber man sich nicht einigen könnte, läge außerhalb dieser Wissenschaft. Ich meine, diese Behauptung trifft nicht zu! Schon innerhalb des eigenen Wissenschaftsgebietes gibt es verschiedene Bereiche, sicherlich einen des unbezweifelbar Faktischen bzw. logisch-stringent Erschlossenen, aber ebenso einen, in dem subjektive Momente mitbestimmen. Und keinem gelingt es, diese Bereiche *adäquat* zu trennen!

HEUTS: Dann kommen wir doch, Herr Dolch, zu unserem Thema zurück: die Krise. Sie behaupten doch gerade, daß das Subjekt in der Naturwissenschaft eine Rolle spielt. Daß solche Männer wie Einstein und Born sich nicht mehr verstehen konnten, kommt daher, daß jeder Mensch vorbestimmt ist, gewisse Wahrheiten zu sehen, auch in der Natur.

Keilbach: Was heißt hier ‚vorbestimmt'?

Heuts: Psychologisch z. B. durch die Erziehung und das kulturelle Milieu.

Thum: Auf Herrn Alszeghy zurückkommend möchte ich bemerken, daß man darauf achten muß, sich in der Frage des Verhältnisses von Theologie und Philosophie nicht so sehr an einer bestimmten philosophischen Richtung zu orientieren. Es scheint mir, daß gerade der Theologe die heutige Krise der Philosophie, ihre Spaltung in unversöhnbare Richtungen, die zudem noch den Eindruck erwecken, ihre Möglichkeiten im wesentlichen erschöpft zu haben, in einem günstigeren Licht sehen kann. Er kann und muß die Fragestellungen, Analysen und Entdeckungen sehr verschiedener Richtungen, von der Sprachanalyse zur Daseinsontologie, hermeneutischen Philosophie und Personologie aufnehmen. Weil er sie sich nicht notwendig gemäß ihrer Ansprüche auf eine absolut grundlegende Bedeutung zu eigen macht, kann er sie als Analysen und Ergründungen bestimmter Ordnungen und Zusammenhänge sehen, die sich gegenseitig nicht ausschließen und sich möglicherweise in der Perspektive der Theologie sogar zusammenordnen. Man wird wenigstens soviel sagen dürfen, daß die heutige katholische Theologie, bei allen philosophischen Einflüssen, denen sie sich geöffnet hat, sich bei weitem nicht in dem Maße als pluralistisch darstellt, in dem das heutige philosophische Denken es ist.

Alszeghy: Gewiß, die Theologie ist sehr weitgehend von neuen philosophischen Strömungen beeinflußt. Doch kann die Gewißheit der theologischen Aussagen nie philosophischen Einsichten entstammen. Ein Philosoph wird normalerweise nicht sein Leben für die Richtigkeit seiner Theorie einsetzen; ein Gläubiger aber sollte bereit sein, ein Märtyrer für seinen Glauben zu werden. Die Gewißheit des Glaubens und der Theologie rührt eben aus ganz anderen Quellen als die philosophische Einsicht. Aber selbstverständlich können philosophische Denkmodelle nützlich sein, den eigenen Glauben besser zu verstehen und begrifflich sauber auszudrücken.

THUM: Wenn ich das eben Gesagte noch etwas weiterführen darf: Ich meine nicht, daß man die Unsicherheiten in der heutigen Theologie aus ihrem Verlust eines festen Rückhalts in einer bestimmten Philosophie herleiten darf. Von der neuscholastischen Philosophie, an die sie sich so lange gehalten hat, ist ja gesagt worden, sie sei entschlafen, ohne daß man es auch nur recht bemerkt habe. Durch die Anknüpfung auch an andere Philosophien scheint mir die Theologie nur gewonnen und Begriffsgerüste erhalten zu haben, die ihr, wenn ich es richtig sehe, eine Exposition als Theologie des geschichtlichen Heilswirkens Gottes, eine bessere Aufschließung der Hamartiologie des hl. Paulus und eine wirklich personologische Durchführung der Trinitätstheologie und der Gnadenlehre ermöglichen. Im Vergleich mit der neuscholastischen Auffassung von Theologie, die sich durch das Wort P. E. Przywaras kennzeichnen läßt, Theologie sei Metaphysik des Übernatürlichen, dürften darin entscheidende Fortschritte liegen, die zugleich, dem früher Gesagten entsprechend, das Alte, d. h. die Glaubensquellen, besser ‚erinnern'.

LUYTEN: Ich möchte im Anschluß an dieses Votum von Herrn Thum noch kurz einen Punkt hervorheben, den Herr Cottier schon berührt hat. Er meinte, man soll unbedingt vermeiden, sich einem philosophischen System zu verschreiben. Soweit das bedeutet, man soll nicht Gefangener eines geschlossenen Systems sein, bin ich natürlich einverstanden. Zum Teil war das bei einer gewissen Neuscholastik der Fall, von deren stillem Hinschied Herr Thum sprach. Man schießt aber über das Ziel hinaus, wenn man jede Systematisierung ablehnt. Philosophisches Denken muß Zusammenhänge aufdecken, d. h. ein System erarbeiten. Ohne zusammenhängendes Konzept ist kein ernsthaftes Philosophieren möglich. Und in diesem Sinne scheint es mir dringend nötig, existenzialistische, hermeneutische und sonstige Impulse im heutigen Denken in ein zusammenhängendes System aufzufangen. Wobei die Systematik der großen seinsphilosophischen Tradition (Aristoteles, Thomas) mir gar nicht so ungeeignet scheint.

KEILBACH: Man kann es im Sinne Nicolai Hartmanns so formulieren: Nicht Systemdenken, sondern Problemdenken, aber Problemdenken in systematischen Denkschritten.

COTTIER: Zum Schluß möchte ich noch betonen, was Herr Boné schon angedeutet hat. Wir sprachen von der Philosophie und von der Soziologie. Ein Drittes müßte man in der heutigen Krise beachten: die Psychologie, und zwar die Freudsche Psychologie. Dies könnte einiges in der jetzigen Krise erklären. Übrigens ist die Freudsche Psychologie der Soziologie nicht fremd. Ich denke z. B. an die Freudsche Interpretation der Kulturprobleme, wie man sie bei Marcuse findet. Wenn dieser nach meinem Dafürhalten auch nicht ein großer Philosoph ist, so ist er doch signifikant für das Empfinden gewisser Jugendlicher. Typisch für die Freudsche Konzeption ist der Gegensatz zwischen dem Lustprinzip, das das Induviduum von jung auf beseelt, und der Zivilisation oder Gesellschaft (beide gehen zusammen), die vom Kind verlangt, auf unmittelbare Befriedigung seiner Gelüste zu verzichten, damit die Gesellschaft möglich sei. Das bedeutet, wie Marcuse sagt, daß alle Kultur und Zivilisation repressiv sei.

Der Einfluß, den diese Theorie ausübt, erklärt manchen Aspekt der Krise der heutigen Jugend. Alles, was universellen Wert hat, soweit es aus der Natur der Sache die Schule, die Gesellschaft, die Kirche überliefert, wird als repressiv abgelehnt, als ob die Authentizität des Individuums ausschließlich vom rein individuellen Begehren abhängen würde. Dieser Aspekt der Sache hätte es verdient, ausführlicher behandelt zu werden. Denn, wie Herr 'Sigmond es für die Soziologie gezeigt hat, gibt es einerseits die soziologischen Theorien, Hypothesen, und andererseits die Soziologie, wie sie im großen Publikum verbreitet ist. Ein ähnliches Phänomen finden wir in der Psychoanalyse. Diese ist eine ehrenwerte Disziplin, die man von gewissen psychoanalytischen Ideen gut unterscheiden muß, die man ins große Publikum wirft, und die zu einem beträchtlichen Teil die Rousseausche Revolte im Namen der Spontaneität erklären.

Zum Schluß noch folgendes: Aus allem Gesagten drängen sich uns zwei äußerst wichtige Fragen auf: Können wir die Bedeutung vom Begriff Vernunft genau festlegen? Und: Welche ist die Beziehung zwischen Vernunft und Glaube? Dort liegt das ganze Problem. Und ich möchte betonen, die Frage betrifft zunächst den Glauben und erst in zweiter Linie die Theologie, denn die Theologie ist eine menschliche Wissenschaft. Um den Glauben aber geht es. Vielleicht bietet uns diese Überlegung den Ausgangspunkt für die nächste Diskussion.

Symbol und aufschließendes Modell

Von Beda Thum, Wien

Da es nicht möglich sein dürfte, den Begriff ‚Symbol' unabhängig von der einen oder anderen Symboltheorie genau zu definieren, ist für den Beginn eine vorläufige Umschreibung angebracht, die zwar in die zu behandelnden Fragen einführt, sich aber in einer möglichst wenig präjudizierenden Unbestimmtheit hält. Man kann die charakteristische Funktion der Symbole darin sehen, als Gebilde der alltäglichen Erfahrungswelt Wirklichkeiten einer irgendwie verschiedenen, sich entziehenden Ordnung zu vergegenwärtigen und ihre Wichtigkeit und Bedeutsamkeit hinführend und andeutend nahezubringen. Sie sind also nicht nur Zeichen, denen es als solchen nicht zukommt, das Bezeichnete durch sich selbst zu vergegenwärtigen, sondern seine gedankliche oder vorstellungsmäßige Vergegenwärtigung hervorzurufen. Sie haben hingegen eine gewisse Verwandtschaft mit den Erscheinungen, die als Selbstdarstellungen von Nicht-Sinnlichem im Medium des Sinnenfälligen definiert werden können. Tatsächlich stehen die religiösen Symbole nach Ausweis der Religionsgeschichte ja auch sehr oft in Zusammenhang mit Erfahrungen, die die Religionsphänomenologie als Hierophanien beschreibt.

‚Symbol' ist mit ‚Sinnbild' eingedeutscht worden, in dem man die genannten Charakteristiken angedeutet finden kann: Eine Bedeutungs- und Sinnhaftigkeit, die einer verborgenen Ordnung des Wirklichen zugehört, sich aber in einem sichtbaren Gebilde anzeigt und darstellt. Bevor man aber der Frage nachgehen kann, ob das in der Übersetzung ausgesprochene Bildverhältnis wegweisend sein kann für ein eindringenderes Symbolverständnis, ist eine Auseinandersetzung mit gewichtigen, nicht zu übergehenden Auffassungen vonnöten, nach denen der ‚Sinn' der Symbole in ganz anderer als der bisher vorausgesetzten Weise anzusetzen und zu orten ist. Sie leiten sich her von Marx, Nietzsche und Freud und wollen in den Symbolen Verkleidungen und Maskierungen sehen, deren wahrer Sinn erst dann aufgedeckt werden kann, wenn das nach üblichem Verständnis in ihnen Symbolisierte als Illusion und eine vom wahren Sachverhalt ablenkende Vortäuschung durchschaut wird. Die Aufgabe der kritischen Vernunft diesen angeblichen Sinnbildern einer höheren Seinsordnung gegenüber bestehe im Nachweis ihrer Ableitbarkeit aus verborgenen, aber eindeutig faßbaren Interessen, Tendenzen und Energien, die in ihnen, ohne sich dem unmittelbaren Bewußtsein in ihrer Natur und Zielrichtung zu erschließen, zum Ausdruck kommen. Nur eine das natürliche Symbolverständnis außer Kraft setzende Deutung vermag den Sinn zu enthüllen, der den Symbolen von der Dynamik und Teleologie ihrer Ursprünge her zukommt. Sie werden darum von den genannten Kritikern gar nicht mehr als Symbole bezeichnet: Für Marx sind sie Schlüsselbegriffe von Ideologien, mit denen das Klassenbewußtsein eine Machtposition zu legitimieren versucht; für Nietzsche Idole, moralische oder religiöse Wertideen, die das Leben sich vortäuscht, um sich Vertrauen einzuflößen; für Freud Repräsentanzen der unbewußten, für das gewöhnliche Bewußtsein unerkennbaren Triebe in der Gestalt von Idealen und Schöpfungen des kulturellen Lebens. Freud gebraucht das Wort ‚Symbol' allerdings in seiner Traumtheorie, aber in einer speziellen Bedeutung als *terminus technicus.* Die Freudschen Symbole sind unkenntliche Abkürzungen archaischer Erfahrungen, die der Traumarbeit als festgelegte, stereotype Siglen und Chiffren zu fertigem Gebrauch vorgegeben sind. Sie werden zwar im Rahmen von Freuds Analysen der Kultur, Moral und Religion im Versuch eines Rückgriffs auf die Vorgeschichte unseres gesellschaftlichen Lebens auch selbst zum Gegenstand genetischer Erklärungen und analytischer Deutungen. Aber im Ganzen orientiert sich Freud in seiner Theorie der Gesellschaft und Kultur am Modell des Traums, für dessen Deutung weniger die Symbole selbst, als die Kenntnis der Verfahrensweisen der Traumarbeit aufgrund der schon gegebenen Symbole entscheidend ist.

In der Auseinandersetzung mit den genannten Erklärungsversuchen des Symbolischen geht es demnach nicht um das Verhältnis der Symbole zu verborgenen, übersinnlichen Sinninhalten. Der Angriffspunkt ihrer Symbolkritik liegt in diesen Sinngehalten selbst oder in der Bewußtseinslage und -verfassung, der sich in den Symbolen ein irgendwie in den Tiefen des Seins begründeter höherer Sinn anzudeuten und zuzuschicken scheint. Das Folgende wird belegen, daß Phänomenologie und geisteswissenschaftliche Hermeneutik in gegebenheitstreuer Explikation des einfachen Bewußtseins das ursprünglich Symbolische in der besagten Weise verstehen, so daß es scheinen kann, in ihren Aufweisen sei ein fester Rückhalt den genannten Kritikern gegenüber gegeben. Allein die auf Desillusionierung und Demaskierung zielenden Analysen würden sich auch von den unabweisbarsten phänomenologischen Aufweisen nicht Halt gebieten lassen, denn ihrem kritischen Standpunkt zufolge können auch die unmittelbaren Gegebenheiten und Evidenzen der Phänomenologie unter dem Zeichen einer falschen oder wenigstens ihre eigentliche Funktion nicht durchschauenden Bewußtheit stehen. Nach Marx ist die individuelle Reflexion durch die idealistische Ideologie des Bürgertums verfälscht und Wahrheit prinzipiell nur in der vollen Bewußtheit des gesamtgesellschaftlichen Prozesses und der Klassenverhältnisse möglich. Noch radikaler sind Nietzsche und Freud. Nach Nietzsche ist unser ganzes sogenanntes Bewußtsein ein phantastischer Kommentar über einen ungewußten Text und erlaubt die ‚Winkelperspektive des Bewußtseins' keinerlei Aussagen, mit denen die Realität berührt würde.[1] Seine Funktion beschränkt sich darauf, unsere Relation mit der Außenwelt zu sein und die Selektion des für den Machtwillen Nützlichen zu leisten.[2] Die genauer ausgearbeitete Bewußtseins- und Ichtheorie Freuds trifft sich im Ganzen mit diesen Thesen Nietzsches. Als Ort der Beziehungen zur Außenwelt ist das Bewußtsein ein Oberflächenphänomen. Die Reflexion hat als innere Wahrnehmung, ebenso wie die äußere, nur Erscheinungen zum Gegenstand. Der ersten Topik zufolge ist das Bewußtsein eine dem System Unbewußtes - Vorbewußtes - Bewußtsein eingeordnete Komponente, nach der zweiten ist das Ich wieder nur eine der Instanzen des als Psychismus bezeichneten Systems, deren Grundsituation die der stets drohenden Überwältigung durch das Es, durch die Anforderungen der Realität und des moralischen Gewissens ist.

Wir finden uns also mit Thesen über die prinzipielle Richtung konfrontiert, in der die Sinnerhellung und das vertiefte Verständnis der Bewußtseinsphänomene überhaupt und des Symbolbewußtseins im Besonderen zu suchen ist, denen zufolge der Weg der Reflexion und Besinnung auf das eigentlich Gemeinte, wie immer er methodisch gesichert werden mag, am Ende nur zu einer weiteren Verstrickung in Selbsttäuschungen und Illusionen führt. Sie besagen ja, daß Sinn und Bedeutsamkeit der Symbole ihren Ursprung vor und außerhalb des individuellen Bewußtseins haben und keine Reflexion und Besinnung dazu führen kann, diese Ursprünge als den Fundus des eigenen Selbst zu ergreifen. Für den Marxismus bestehen diese Ursprünge im gesamtgesellschaftlichen Prozeß, für Nietzsche im Willen zu gesteigerter, organisierter Macht, dessen Abzielungen das Bewußtsein mit seinen Fiktionen von Seele und Geist verkehrt, nach Freud in den metabiologischen Prinzipien von *Eros* und *Thanatos*, die über die metapsychologi-

[1] F. Nietzsche, *Morgenröte*, 2. Buch, Nr. 119; Nachlaß nach K. Schlechta III, S. 672.

[2] Ders., *Nachlaß*, ebd. III, S. 666.

schen Instanzen des Es und Überich hinaus durch eine zweite prinzipielle Scheidung einer aneignenden Erschließung als Grund des Selbst entzogen sind. P. Ricoeur beschreibt darum in seinem Werk *De l'interprétation, Essai sur Freud*[3] die heutige Lage der Philosophie des Symbols als bestimmt durch die Antithetik zweier grundsätzlich entgegengesetzter Deutungsweisen: Einer desillusionierend-reduktionistischen und einer verstehend-restaurativen. Er spricht vom Widerstreit zweier Richtungen der Symbol-Hermeneutik. Nach der Prägung, die der Begriff der Hermeneutik im deutschen Sprachraum erhalten hat, dürfte er allerdings eher dazu zu verwenden sein, den Unterschied der beiden Richtungen zu bezeichnen. Die drei genannten Theorien legen zwar Deutungen und Sinngebungen vor und vermitteln nach dem von J. Habermas gewählten Ausdruck ein explanatorisches Verständnis von Idolen, Symbolen und Mythen, aber man wird in ihnen nicht Auslegungen und Auswortungen eines hermeneutischen Sinnes sehen können, von denen wir erwarten und fordern würden, daß sie das ursprüngliche Symbolverständnis der veränderten Bewußtseinslage des heutigen Menschen entsprechend sinngetreu zu Wort kommen lassen. Auslegung ist Sinnexplikation, sinngemäßes Weiterführen und Sich-Aussprechen-Lassen einer ursprünglichen Bewußtseinsintention, wogegen die besprochenen reduktionistischen Theorien in ihren Deutungen einen Symbolsinn erarbeiten, der auf Ordnungen und Beziehungen zurückweist, die vor aller bewußten Intentionalität liegen. Obschon die Deutungen auf der Basis der marxistischen Gesellschaftstheorie oder der Freudschen Metapsychologie und -biologie nicht dem geisteswissenschaftlichen, hermeneutischen Verstehen zuzuordnen sind, sind sie doch auch nicht, wie es der Diltheyschen Gegenüberstellung entspräche, wissenschaftliche Erklärungen. Was die marxistische Interpretation der gesellschaftlichen Phänomene betrifft, haben Th. W. Adorno und J.

[3] P. Ricoeur, *De l'interprétation, Essai sur Freud*, Paris 1965.

Habermas in ihrer Kontroverse mit K. Popper ihre Antworten gerade darauf begründet, daß eine dialektische Gesellschafts- und Geschichtstheorie nicht nach den für erklärende Hypothesen zuständigen Kriterien beurteilt werden könne. Was die Psychoanalyse betrifft, hat schon in den 50er Jahren eine ausführliche Diskussion in der Zeitschrift *Analysis* ergeben, daß sie ihrer wissenschaftslogischen Struktur nach nicht dem Typus der erklärenden Wissenschaften angehört. In beiden Fällen werden Deutungen vorgetragen, die als solche der hermeneutischen Interpretation näherstehen als der kausalen Erklärung, die aber eben durch ihre Besonderheit für die zumeist ganz an der hermeneutischen Auslegung orientierte philosophische Grundlegung des Verstehens ein neuartiges Problem und entsprechend für eine Theorie des Symbols eine alle weiteren Überlegungen bedingende Grundlagenfrage haben entstehen lassen.

Nun ist ‚Deutung' der die erwähnten antithetischen Richtungen umspannende Begriff. Es liegt also nahe, unser Problem im Blick auf die Kriterien in Angriff zu nehmen, nach denen wir unter verschiedenen möglichen die sich am meisten empfehlende Deutung wählen. Dieser Weg ist von A. de Waelhens in seinem Aufsatz *Le mythe de la démythisation* beschritten worden.[4] Man wird im allgemeinen bei der Wahl zwischen verschiedenen Deutungsmöglichkeiten Weite und Umfang der Sinnwelt maßgebend sein lassen, der ein Phänomen durch eine Interpretation eingefügt wird. Der Marxismus und die Psychoanalyse empfehlen sich tatsächlich vor allem dadurch, daß sie als begreiflich und deutbar erscheinen lassen, was nach der gewöhnlichen Sicht der Dinge als einfach hinzunehmende Gegebenheit der menschlichen Natur oder der sozialen Verhältnisse gelten muß. Sie stellen dem gewöhnlichen Verständnis nicht Beweise seiner Unrichtigkeit entge-

[4] A. de Waelhens, *Le mythe de la démythisation.* Mito e Fede, Archivio di Filosofia 1966, S. 251–262.

gen, sondern Möglichkeiten von Sinnerschließungen auch des zunächst nicht Deutbaren, die automatisch die Richtigkeit und Triftigkeit der Interpretationen relativiert, deren Sinnhorizont sich in diesem Nicht-Deutbaren als enger gezogen erweist. De Waelhens räumt unter diesem Gesichtspunkt die Überlegenheit des Marxismus und der Psychoanalyse ein. Aber er macht ihnen gegenüber geltend, daß sie im Entwerfen der neuen, umfassenderen Bedeutungs- und Sinnordnungen der symbolischen und mythischen Bewußtseinsform verpflichtet bleiben: Der Marxismus mit dem Gedanken einer vollkommenen Gesellschaft, in der alle Antagonismen versöhnt sind, die das Ziel der gesamten geschichtlichen Entwicklung ist und die bisherige Form der Geschichtlichkeit zu Ende kommen lassen wird, Nietzsche mit der im Mythos des Dionysos, des Gottes des gestaltenden und zerstörenden Spiels gedachten Einheit von Wille zur Macht und ewiger Wiederkehr des Gleichen und Freud mit seinem ausdrücklich als solchem einbekannten Mythos des Lebens- und Todestriebs. Die Qualifizierung der Mythen und Symbole als Ausdrucksformen eines falschen oder neurotischen Bewußtseins wendet sich also am Ende auch gegen die Deutungssysteme, die sich anheischig machen, sie als solche nachzuweisen, wenn man nicht ihre Anwendbarkeit und Zuständigkeit beschränkt und sie nur als vergleichsweise fortgeschrittene Rationalisierungen betrachtet, deren Vorstellungen vom letzten Grund der Deutbarkeit wieder die Aufgabe einer aufklärenden Entmythologisierung stellen. Die Heranziehung des Umfangskriteriums bei der Einschätzung von Deutungsweisen und -systemen ergibt also zwar keine Auflösung der Antithese von reduktionistischer Explanation und hermeneutischer Restauration der Symbole, aber doch eine gewisse Synthese in der Annahme der Korrelativität von begrifflich-rationalem und symbolischem Denken. Die beiden Denkformen bezeichnen die Pole eines auf allen Stufen des Erkenntnisfortschritts bestehenden, die allgemeine Situation unserer Bewußtheit kennzeichnenden Spannung zwischen der rationalen Systematisierung unserer Erfahrung und dem Gewahren der unbewältigten Geheimnisse des letzten Wirklichkeitsgrundes, das nicht anders als in Symbolen und Mythen evoziert und mitgeteilt werden kann.

Näher besehen aber geht dieser Vorschlag zu wenig auf die Besonderheit des Symbolischen ein. Es ist bezeichnend, daß für die Qualifizierung der angeführten Vorstellungen vom Prinzip der Sinnhaftigkeit und der Interpretation der Begriff des Mythos angemessener erscheint als der des Symbols. Nach manchen Theorien besagen zwar Mythos und Symbol im Bereich des Religiösen dasselbe.[5] Aber eben an den zur Diskussion stehenden Beispielen wird es deutlich, daß sie auseinanderzuhalten sind, denn offenbar wäre ein nach dem Proto- oder Archetyp der Hierophanien zu verstehendes Symbol nicht geeignet zum Deutungsprinzip sozialer und psychischer Phänomene. Die Rückkehr von der Sprache der Rationalität in die des Mythos bezeichnet die Reviviszenz der existentiellen Anliegen in einer durch die Entwertung und Entleerung der ursprünglichen existentiellen Erfahrungen geschaffenen Lage. Die Wahrheit des menschlichen Lebens, wie unsere kritischen Theorien sie sehen, kann nicht subjektiv, nicht in der Weise einer sich tiefer erschlossenen Selbstheit angeeignet werden. Sie kann nur gegenständlich gewußt werden, als das Insgesamt der gesellschaftlichen Produktivität, als ewig aufbauendes und auflösendes Werden, dessen erste Verleugnung und Verfälschung die Fiktion des Ich und der Selbstheit ist, oder als metapsychologische und -biologische Instanzen und Energien. Aber eben diese Vorstellungen von den Letztgründen des Lebens, die Ich und Selbstheit funktionalisieren oder schlechthin in sich untergehen lassen, stellen dem Kritiker unausweichlich die Frage nach ihrer möglichen existentiellen Be-

[5] E. Cassirer, *Philosophie der symbolischen Formen,* 2. Teil, Das mythische Denken; siehe auch P. Tillich, *Die Frage nach dem Unbedingten,* Stuttgart 1964, S. 205: Mythos als „Inbegriff der Symbole, in denen mittelbar oder unmittelbar das Unbedingte und Transzendente geschaut wird".

deutung und nach dem Verhältnis seiner Subjektivität zu jenen Letztgründen. Der Sinn der beschriebenen Mythisierungen dürfte eben darin liegen, ein solches Verhältnis zu ermöglichen und das der Subjektivität Entfremdete mit Zügen und Eigenschaften vorzustellen, die am Ende doch ein gewisses subjektives Kommunizieren und Teilnehmen gestatten. Zur Bekräftigung dieser Auffassung darf auch Schellings *Philosophie der Mythologie* herangezogen werden, nach der der Mythos nicht einer vernehmenden und sich anfordernlassenden Bewußtseinshaltung zugeordnet ist (die in gewisser Weise auch in der Erfahrung von Hierophanien und im Angesprochenwerden durch Symbole besteht), sondern dem Erahnen und Erfühlen einer Übereinstimmung und Konsonanz mit dem Übernatürlichen in einer innerlich erfahrbaren Weise des Lebensvollzugs. Im Hinblick auf Schellings Gegenüberstellung von Mythos und Offenbarung gesprochen, steht das Symbol der Offenbarung näher als dem Mythos, der seinen Ursprung nicht in einem Wissen von Gott hat, sondern in einem Anwesen des Göttlichen im Menschen.

Die Überlegungen von Professor de Waelhens begegnen sich also nicht genau mit unserem Problem. Sie haben die Zusammengehörigkeit von Deutungen der psychischen und sozialen Phänomene auf der Basis von reflexiv nicht einholbaren Sinnprinzipien mit der Denkform des Mythos aufgezeigt und unsere Problemstellung damit weiter vorgetragen und ergänzt. Die aufzuklärende Antithetik findet ihre Fortsetzung in der Gegenüberstellung von Mythos, zu dem die Reduktion der Symbole zurückkehrt, und Offenbarung, auf die die auf Hierophanien zurückbezogenen Symbole vordeuten.

P. Ricoeur hat unser Problem, mit Bezugnahme vor allem auf Freud, mit größter Gründlichkeit und einer bewundernswerten Verbindung von analytischem Scharfsinn und synthetischer Kraft untersucht. Es muß allerdings ein fragwürdiger Versuch bleiben, in einem kurzen Abschnitt den von ihm in einer eingehenden Interpretation von Freuds Gesamtwerk und durch die Herausarbeitung der Homologien zwischen Freuds Theorien und Hegels Phänomenologie des Geistes gebahnten Zugang zu einer konkreten Phänomenologie des Symbols und Symbolbewußtseins zu beschreiben. Das Problem, das die auf ganz verschiedene Sinnbereiche hin orientierten Symboldeutungen stellen, weist zunächst auf die Frage nach dem Verhältnis zwischen der psychoanalytischen Deutung der Bewußtseinsphänomene im allgemeinen und ihrer verstehenden Explizierung zurück. Ricoeur bestimmt es als das Verhältnis von genetischer Erklärung oder Archäologie des Bewußtseins und der Subjektivität und von Philosophie der reflexiven Selbsterhellung oder Teleologie der Selbstwerdung. Nur dem Anschein nach stehen sich diese beiden Untersuchungsrichtungen und Auffassungen vom Ort der Wahrheit unseres Bewußtseinslebens in ausschließender Gegensätzlichkeit gegenüber. Tatsächlich sind sie dialektisch aufeinander bezogen und gegenseitig komplementär, denn es gibt keine Archäologie ohne Teleologie und umgekehrt, auch wenn die Psychoanalyse als Theorie diese Korrelation kaum zur Sprache bringt und auf der anderen Seite die Reflexionsphilosophen – mit der gewichtigen Ausnahme Hegels und Husserls allerdings – es in der Regel unterlassen, die Selbstergründung bis zu den Voraussetzungen des Selbstbewußtseins zu verfolgen. Diese dialektische Bezogenheit und Verschränkung von Aufdeckung des Archaischen, sei es in der individuellen oder der menschheitlichen Geschichte, und Entwerfen von Leitbildern und antizipierenden Sinngebungen unserer Existenz begründet das Symbolische, d. h. die Überbestimmtheit, den Sinn und Hintersinn in unseren Vorstellungen und sprachlichen Ausdrücken. Die echten Symbole – vorerst allerdings nur die unseres kulturellen Lebens in Gesellschaft. Moral und Kunst, sind gerade dadurch ausgezeichnet, daß sie, indem sie verhüllend und dissimilierend die Energien archaischer Tendenzen und Wünsche erwecken, zugleich den Prozeß und Fortschritt unserer Selbstwerdung vorentwerfen. Sie sind der Ausdruck und Erweis eines fundamentalen Gesetzes unserer Selbstwerdung, daß sie nämlich den Fortschritt ihrer Sinnerschließungen auf dem Boden der ältesten Strebungen und ihrer Zielrichtungen zu erringen hat. Im Hinblick auf die erwähnten metabiologischen Grundlegungen aller Sinnhaftigkeit bei Freud bedeutet diese Interpretationstheorie Ricoeurs eine zweifach entmythisierende Berichtigung: Weder kann das Älteste auf bestimmte Triebimpulse festgelegt werden und läßt es sich durch mehr als Approximationen erfassen, noch ist es abgesehen von seinem *Telos* das letztlich Sinnbegründende. Nur im Rückblick von den die Erfüllung unseres Selbstseins antizipierenden Geistgestalten her kann es auf das hin benannt werden, was es für unsere Existenz besagt. Die Symbolik des Offenbarungsglaubens gehört nach Ricoeur nicht dem von der angegebenen Dialektik bewegten Bewußtseinsleben an, das allein durch eine immanente Selbstbesinnung aufgeklärt werden kann. Weder ist der Schöpfungsglaube aus der Archäologie, noch die Eschatologie aus der Teleologie dieser Selbstbesinnung abzuleiten. Die Glaubensproblematik ergibt sich erst im Horizont einer Ursprungs- und Zielfrage von eigener, überholender Radikalität, deren Berechtigung und Unausweichlichkeit aber nur im Glauben erkennbar ist. Nur weil das Transzendente sich geoffenbart hat und Wort geworden ist, können das Älteste und Letzte unserer Reflexion religiöses Symbol und Vorstellung werden, die uns den radikalen Ursprung aus dem Transzendenten und die eschatologische Erfüllung jenseits aller Ideale der Selbstheit nahebringen.

Die Ansatzpunkte für eine Diskussion und Weiterverfolgung dieser Synthese sind durch zwei Namen zu bezeichnen: In seiner Auffassung vom religiösen Symbol lehnt sich Ricoeur an die Theologie K. Barths an und in seiner Auffassung von der teleologischen, auf die Zukunft gestellten Komponente in der Dialektik der Selbstwerdung an Hegels Phänomenologie. Die Abtrennung der religiösen Symbole von den kulturellen entspricht Barths These von der natürlichen Unerkennbarkeit Gottes und dem Idolcharakter alles dessen, was wir außerhalb des Glaubens an Gottes Offenbarung in Christus an Gedanken und Vorstellungen mit dem Namen ‚Gott' verbinden können. Für unser Problem ist es aber zunächst von größerer Wichtigkeit, daß Ricoeur seine Lösung unseres Problems an Hegels Vorbild orientiert, nach dem das Ziel, das das letzte Sinnprinzip aller Deutungen darstellt, im absoluten Wissen besteht, in dem das Ich oder das Selbst sich als das Sein und das Sein, die geistige Substanz, sich als Selbst begreift. Der Weg durch die Reihe der Bewußtseinsgestalten hat nach Hegel den Sinn, zu der Einsicht zu führen, daß das jeweils entsprechend verschiedenen Horizonten der Erfahrung objektiv Gewußte in Wahrheit nichts anderes ist als der Geist selbst. Der Teleologie auf dieses Selbstergreifen als das Ganze des Seins ist auch die Religion untergeordnet, soweit sie sich Gott als transzendentes Gegenüber vorstellt und also auch, soweit die Mehrzahl der religiösen Symbole für sie von Bedeutung ist. Ricoeur distanziert sich indes von dieser Zielidee und ersetzt sie durch die Forderung einer existenzphilosophisch verstandenen Selbstfindung, die indes für die genauere Erklärung und damit für die Angabe der Weise der reflexen, kritischen Wiedergewinnung des Symbolischen noch einen beträchtlichen Spielraum läßt.

Nun kennt die Reflexion aber ein absolutes Ziel, das, ohne ein Ausdruck von Hybris zu sein, die Teleologie der Bewußtwerdung näher bestimmen kann. Sie kann die Aufgabe ins Auge fassen, die Intentionen verstehend aufzuklären, durch die etwas Gegenstand für unser Bewußtsein ist, um in diesem Verstehen die Wahrheits- und Richtigkeitsnorm für unser Denken und Verhalten zu finden und uns der Vernünftigkeit des Normentsprechenden zu vergewissern. Im Vergleich mit Hegels absolutem Wissen gesprochen: Die Reflexion kann das Ziel verfolgen, nicht den Standpunkt der gewußten und begriffenen Identität von Selbst und Sein zu gewinnen, sondern den der vollen Entsprechung des Selbstverständnisses in allen Weisen des Verhaltens zum Sein mit der Gegebenheit und Erschlossenheit des Seins für unser Bewußtsein. Auf dieses Ziel gerichtet erhält die Reflexionsphilosophie und das hermeneutische Verstehen eine Weite der Aufgabenstellung, die ihr selbstverständlich auch die Aufdeckung falscher Bewußtseinsformen zur Obliegenheit werden läßt. Der Ansatzpunkt aber für eine solche ausdrückliche Sinnerfassung und -vergegenwärtigung der Intentionen ist das Sprechen von den Gegenständen oder dem Worauf der Intentionen, in dem das nicht reflektierte Verstehen der Seinszuwendungen sich expliziert, in einer ersten, grundlegenden Weise sich auslegt und eben darin sich als Verstehen erweist und bezeugt, denn Auslegen oder wenigstens das Vermögen auszulegen und Verstehen sind voneinander nicht zu trennen. Weiterhin ist für diese Reflexion die Herausarbeitung der im Sprechen waltenden Logik von großer Wichtigkeit, weil sich in ihr der Geistcharakter des Selbstseins ausweist, sofern es auf den Wesenssinn und die Sinnotwendigkeit seiner Akte hin reflektiert werden kann.

Hält man nach Untersuchungen Ausschau, die diesem Weg der Reflexion entsprechen, findet man in den Untersuchungen Ian T. Ramseys über die religiöse Sprache einen für unsere Fragen sehr wichtigen Beitrag. Ursprünglich von anderen Fragestellungen kommend – von der Auseinandersetzung mit der analytischen Sprachphilosophie –, hat er Überlegungen vorgelegt, in denen man die Frage, was das religiöse Symbol für unser heutiges Bewußtsein bedeute, in den Grundlinien beantwortet finden kann. Das Zusammentreffen ist weniger überraschend, als es zuerst erscheinen mag, denn daß zwischen der Sprachanalyse Wittgensteins und der philosophischen Hermeneutik, in deren Sinn das oben vorgeschlagene Vorgehen gedacht ist, eine innere Verwandtschaft besteht, ist schon wiederholt aufgezeigt worden. Ramsey läßt diese Konvergenz aber nicht nur erkennen, sondern entwickelt die Ansätze für eine verstehende Reflexion in seinem Bemühen um eine Charakterisierung der menschlichen Situation, der die religiöse Rede zugehört, wobei er Situation in einem so wesentlichen Sinne versteht, daß sie für das Sein des Menschen bestimmend ist. Eines der Hauptanliegen Ramseys liegt darin, das Verständnis für die Besonderheit oder sogar Sonderbarkeit der Logik der religiösen Sprache zu vermitteln, deren Verkennung nach seiner Ansicht in erster Linie verantwortlich zu machen ist für die langwierigen Diskussionen, die sich an religiöse Aufstellungen knüpfen können, oder, in einem positiveren Licht gesehen, die in allen Hochreligionen eine sprachlogisch und dialektisch hoch entwickelte Scholastik hat entstehen lassen, der die Aufgabe zufiel, die grundlegenden religiösen Formulierungen gegen unpassende und verfälschende Weiterführungen im Sinne der umgangssprachlichen Logik zu schützen. Es ist vielleicht nicht überflüssig zu erwähnen, daß Logik nach alter und in der Gegenwart auf verschiedene Weise fortgesetzter Tradition nicht nur formale Logik besagt und daß Ramseys Bemühungen um eine Logik der religiösen Sprache darum auch Überlegungen einschließen, denen eine größere Tragweite zukommt als die einer Syntax der Sprache der Religionen. Allgemein gesprochen haben ihre Ausdrücke die doppelte Aufgabe zu erfüllen, die Situation des Menschen in der Konfrontierung mit dem Göttlichen durch gleichnishaft ähnliche Situationen in der Begegnung mit Welt, Natur und den Mitmenschen nahezubringen und zugleich das Distinktive der Konfrontierung mit dem Göttlichen hervorzuheben. In Varianten, die im einzelnen nicht anzuführen sind, sprechen wir von Religiösem, indem wir verwandte Situationen in Erinnerung bringen, die als Modelle für die Begegnung, das Angesprochen- und Angefordertsein von Gott fungieren können *(disclosure models)* und ein Beiwort als semantischen Operator *(qualifier)* hinzufügen, der angibt, in welcher Richtung wir dieses Modell zu überbieten und transzendieren haben. Es sind diese der religiösen

Sprache eigentümliche Operatoren, wie etwa ‚das oder der Höchste . . .', ‚Wahre', ‚Unendliche', die die Modellvorstellungen in die Schwebe von Ähnlichkeit und ‚je größere Unähnlichkeit', von aufschließendem Gleichnis und verstellender Gestalthaftigkeit versetzen[6].

Nicht alle der von Ramsey vorgeführten Beispiele betreffen unser Problem – es liegt ja auch nicht in seiner Absicht, eine Theorie des religiösen Symbols vorzutragen, sondern die religiöse Sprache im allgemeinen zu analysieren. Ausdrücke wie ‚Erste Ursache', ‚Höchstes Gut' sind zwar geeignet, die typischen Strukturelemente von Modell und qualifizierendem Operator zu illustrieren, aber man wird in ‚Ursache' und ‚Gut' als Modellen kaum religiöse Symbole sehen wollen; sie sind Analogata oder Ähnlichkeiten durch metaphysische Teilhabe. Das Beispiel von Kants ‚unleugbarem Vernunftfaktum' des unbedingten Sittlichen Sollens dagegen, angesichts dessen sich der Mensch in einer Lage vorfindet, die die religiöse Begegnung und die Erfahrung des totalen Angefordertseins durch Gott vorschattet, kann in einer Weise erfahren werden, in der es alle eingangs angeführten Charakteristiken des Symbols besitzt. Die Rede von der ‚Stimme Gottes', die im Gewissensdiktamen spricht, bezeugt die numinose und hierophane Qualität, die der Gewissenserfahrung zukommen kann. Die alten, urtümlichen Symbole von Himmel, Licht, Erde und ähnliches, sind, nachdem die Phänomenologie unserer Lebenswelt uns ihre Bedeutung wieder zu Bewußtsein gebracht hat, ausgezeichnete Paradigmen von Modellen, die uns in die religiöse Situation versetzen können. Die Welt und die Grundkomponenten ihres Baues, die totale Bezogenheit des Menschen als Dasein auf sie und das Umfangen- und Übergriffensein durch sie stehen in unverkennbarer Homologie mit dem Verhältnis des Menschen als Geschöpf zu Gott dem tran-

[6] Ch. Discourse, *Some Logical Explorations*, London 1965; *Models and Mystery*, London 1964; *Religious Language*, New York 1964.

szendenten und immanenten. Das Urteil scheint demnach berechtigt, daß Ramseys Analysen aufweisen können, was religiöse Symbole für das heutige Selbst- und Wirklichkeitsverständnis bedeuten.

Diskussion zum Vortrag von Beda Thum

Symbol und aufschließendes Modell

Alszeghy: Zwei ganz primitive Fragen möchte ich stellen, die vielleicht helfen könnten, den Gedanken von Herrn Thum besser zu verstehen.

Die erste Frage wäre: Ob er uns ein Beispiel nennen könnte, in dem er am besten das religiöse Symbol darstellen könnte. Ganz konkret möchte ich fragen, ob er glaubt, daß die platonischen Mythen (Geburt des *Eros* z. B.) oder auch die evangelischen Parabeln zum Symbol gehören. Die erste Frage wäre also die nach einem Beispiel.

Die zweite Frage wäre: Ob Herr Thum vielleicht auch ausführen könnte, worin er den Unterschied sieht, der zwischen Mythos, Symbol und Analogie besteht. Diese drei Begriffe haben wohl etwas Ähnliches, sind aber sicher nicht identisch.

Thum: Ich denke, daß der Ursprung der religiösen Symbole in den numinosen Erfahrungen liegt, die M. Eliade als Hierophanien bezeichnet hat, und religiöse Symbole also Gegenstände oder Menschengestalten sind, die solche Erlebnisse erwecken oder an sie erinnern können. Beispiele wären also der hl. Fels, die Quelle, der Schoß der Erde.

Alszeghy: Vater?

Thum: Natürlich auch. – Die Mythen sind dagegen Berichte von Taten und Widerfahrnissen gottheitlicher Wesen, die ‚einstmals', in vorweltlicher und vorgeschichtlicher Zeit geschehen, aber als archetypische Vorbilder, Einsetzungen und Grundlegungen der fundamentalen Ordnungen des kosmischen und menschlichen Geschehens in gewisser Weise auch ständig gegenwärtig sind. Die Deutung der platonischen Mythen ist umstritten. Die Parabel ist eine noch einmal andere

Form des religiösen Bildwortes: Sie ist ein indirekter, durch einen Vergleich geschehender Hinweis auf Übernatürliches. Die Aussaat in der Sämannsparabel etwa ist nicht gedacht als Hierophanie eines übernatürlichen Geschehens. Eine genauere Gegenüberstellung würde das Eingehen auf die durch die philosophischen Deutungen des Mythischen aufgeworfenen Fragen erfordern. Vielleicht kann man sagen, daß die Mythen der Ahnung entspringen, das Heilig-Geheimnisvolle der Hierophanien berge in sich einen Sinn, an dem auch Erde und Kosmos, vor allem aber der Mensch in seinem Daseinsvollzug teilnehmen können. Mythen versuchen das Übernatürliche so aufzuschließen, daß der Mensch sich selbst, sein Los und das Weltgeschehen von ihm her verstehen kann. Darum werden sie, wenn dieses mythisch Verstandene sich säkularisiert, Göttergeschichten und erscheinen sie dem aufklärerischen Nachfahren als grob anthropomorphe Vorstellungen von den Prinzipien und Grundkräften des Seins. Das Verhältnis von Symbol und Analogie wirft schwierige Fragen auf. Für eine Reflexion vom Standpunkt eines erweiterten Wissens- und Bestimmungshorizontes aus können sich manche Symbole vielleicht als Proportionalitätsanalogien darstellen und so Metaphern werden. Aber die dafür vorausgesetzte Unterscheidung und Namhaftmachung verschiedener Ordnungen geht über das ursprüngliche Symbolhaftsein hinaus. In den aufschließenden Modellen Ramseys spielt in manchen Fällen eine andere Form der Analogie eine Rolle, die darauf beruht, daß sich der Erkennende zu Erfahrungen und Gegebenheiten verschiedener Ordnung im nämlichen Sinne, sei es fragend, ergänzend oder strebend verhält. Die Analogata resultieren daraus, daß eine gewisse Form der intentionalen Zuwendung auf Verschiedenes appliziert wird. Wir blicken etwa das eine Mal im Horizont der Welterfahrung auf die weltimmanenten Gründe des Geschehens. Aber in einer ‚zweiten Kenntnisnahme' wird uns die Welt im Ganzen noch einmal zu einer Gegebenheit, die auf ihren Grund hin befragt werden muß.

Von der Gleichheit der Bewegung des Ergründens kommt es, daß wir im analogen Sinne von weltimmanenten Gründen und dem ersten Seinsgrund sprechen können, oder daß, nach Ramseys Bezeichnung, ‚letzter Seinsgrund' ein aufschließendes Modell darstellt.

COTTIER: Drei Fragen möchte ich stellen:

1. Welche Beziehung hat das Symbol und die Hermeneutik des Symbols zur Krise.

2. In einer für den Rationalismus so repräsentativen Philosophie wie der von Spinoza, findet man eine ungeheuer scharfe Kritik an der Einbildungskraft. Die Vernunft muß sich von letzterer befreien, weil sie eine Quelle des Irrtums ist.

Denn die Einbildungskraft bewegt sich im Zufälligen, Verworrenen; während Klarheit und Allgemeingültigkeit Eigenschaften der Begriffe, der Ideen, sind.

Erscheint in diesem Zusammenhang der Rückgriff auf das Symbol, speziell bei Freud, so ist das kein Bekenntnis zum Irrationalen, von dem in den vorhergehenden Diskussionen die Rede war. Ist doch für Freud, wie Sie es sehr gut gezeigt haben, alles was zum Bereich des Bewußtseins gehört, sekundär; das Wesentliche seiner Psychologie liegt in der Trieblehre.

Parallel dazu ist zu bemerken, daß die Archetypenlehre von Jung einen interessanten Versuch darstellt, die Universalität der Symbole zu begründen. Und jetzt meine Frage: Werden durch den Rückgriff auf die Symbole nicht die Errungenschaften des modernen Rationalismus: Klarheit und Allgemeingültigkeit in Frage gestellt, welche die Grundlagen der modernen Wissenschaft sind? Haben wir es da nicht mit einem regelrechten Angriff auf den Rationalismus zu tun?

3. Meine dritte Frage wäre folgende: Freud hat sich mit Symbolen und Mythen beschäftigt, weil er sich für das primitive Denken interessierte. Bei der Interpretation von Mythen und Symbolen geht man von dem Postulat aus – denn es handelt sich um ein Postulat – daß die Gefühlssphäre im Menschen wichtiger ist als die Vernunft.

Letztere ist eine späte kulturelle Erscheinung. Ich sehe nur eine Ausnahme – allerdings eine wichtige – in Lévi-Strauß, welcher den Mythos intellektualistisch deutet. Mythos und Symbol sind Metaphern. Wenn wir der Sprache auf den Grund gehen, finden wir in ihr die erste Form der Logik, und zwar die Logik der Metapher. Mit dieser Auffassung steht Lévi-Strauß im Gegensatz zur ganzen modernen symbolistischen Strömung, und stellt so eine gewisse Rückkehr zum Rationalismus dar. In diesem Zusammenhang möchte ich jetzt die Frage aufwerfen: Inwiefern ist das Symbol ein Zeichen für das Weiterbestehen des primitiven Menschen in uns?

THUM: Es sind sehr tiefgehende Fragen, die Sie mir gestellt haben. Was die erste betrifft, so muß ich zugeben, daß ich den Ausfall des Symbolischen in unserem Geistesleben etwas zu selbstverständlich als ein Moment der gegenwärtigen Kulturkrise angenommen habe. Ob zu Recht oder nicht, wird sich, wie ich denke, in der Besprechung Ihrer anderen Fragen zeigen müssen.

Zur zweiten Frage möchte ich zuerst eine Gegenfrage stellen: Kann man heute, nach Kant, nach der Phänomenologie und Existenzphilosophie, die altrationalistische Auffassung und Einschätzung von Vernunft und Imagination noch festhalten? Das Beispiel der angeblich klaren und einsichtigen Idee der räumlichen Ausdehnung und ihres Loses in der nachfolgenden Geschichte der Erkenntnistheorie und der Grundlagenproblematik der Mathematik und der Naturwissenschaften scheinen mir sehr dagegen zu sprechen. Sie sollten aber, wenn ich richtig verstanden habe, eigentlich die Position des heutigen Rationalismus in unserer Diskussion zur Sprache kommen lassen, der ein Szientismus ist und seine erkenntnistheoretische Grundlegung im logischen Empirismus findet. Es ist nicht nötig näher auszuführen, daß dieser Neorationalismus kaum etwas Gemeinsames mit Descartes und Spinoza hat, und daß es nicht leicht wäre anzugeben, was überhaupt sich in ihm vom Gedanken der *ratio* oder der Vernunft erhalten hat. Ich möchte darum zu erwägen geben, ob die Bemühungen um eine Hermeneutik und eine neue Aneignung des Symbolischen nicht nur infolge einer unrichtigen Gleichsetzung des heutigen Szientismus mit dem Rationalismus als Rückkehr zum Intentionalen erklärt werden. Sie sind von der Überzeugung der Möglichkeit und Bedeutung nicht-wissenschaftlicher oder szientistisch nicht annehmbarer Formen der Erfahrung getragen, aber als Deutungen dieser Erfahrungen versuchen sie eher, unverständlich Gewordenes in das Licht der Vernunft zu setzen, als daß sie es gering schätzten.

Auch zur dritten Frage meine ich bemerken zu müssen, daß die Alternative eines Primats des Intellektes oder der Affektivität heute nicht mehr gilt. Kann man eine im Sinne des logischen Empirismus verstandene Wissenschaft, für die, um ein Beispiel zu nennen, die Grundprinzipien der Logik auf Sprachkonventionen beruhen, wirklich den Intellekt vertreten lassen oder andererseits die Werttheorien, weil sie von einem Wertfühlen sprechen, oder die Existenzphilosophie, weil sie zu sagen versucht, was wir in der Angst, der Langeweile usw. eigentlich erfahren, als anti-intellektualistisch qualifizieren?

Ich denke, daß man auch zwischen dem, was der Rationalismus als Imagination bezeichnet, und der Allgemeinheit keinen Gegensatz mehr aufstellen kann.

Es hat sich ja als möglich herausgestellt, eine sehr reichhaltige Phänomenologie der Wahrnehmung und der Sinneserfahrung auszuarbeiten, die intersubjektive Allgemeingültigkeit beanspruchen kann. Es gibt doch ohne Zweifel Formen des Gewahrens und Erfahrens, die jedem zugänglich sind und auch in allgemein verständlicher Weise beschrieben und untersucht werden können, von denen der Rationalismus noch keine Kenntnis genommen hat.

Leider weiß ich über Lévi-Strauß zu wenig Bescheid. Aber trifft er sich in seinem Versuch, die Symbole in gewissem Sinne zu rationalisieren, nicht irgendwie mit den Bemühungen um eine über Freud hinausführende Hermeneutik der Symbole?

COTTIER: Ich meinte mit meiner Frage folgendes: Man hat angefangen, sich mit Mythen und Symbolen zu beschäftigen, als man begann, den primitiven Menschen zu studieren. Das mythische und symbolische Denken wurde als für das primitive Denken typisch angesehen, das im Gegensatz zum rationalen Denken steht. Beide waren also einander entgegengesetzt. Einer der Unterschiede war, daß das primitive Denken sich aus affektiven Impulsen erklärt, während die Vernunft durch die Objektivität – von der wir in den vorhergehenden Diskussionen schon sprachen – charakterisiert wäre. Diese Auffassung findet man bei so ungefähr allen Autoren.

Lévi-Strauß nun macht hier eine Ausnahme, indem er in seiner formalen Analyse der Mythen aufzeigt, daß wir es hier schon mit einer Logik zu tun hätten, und zwar mit der gleichen Logik wie wir sie heute haben; mit dem einzigen Unterschied allerdings, daß diese Logik des primitiven Menschen sich unmittelbar auf die Ebene des sinnlich Wahrnehmenden bezieht. Deshalb führt er den Mythos auf Metapher und Analogie zurück. So kommt man zu einer rein intellektualistischen Deutung. Wenn der Mensch Mythen entwirft, dann weil es sein erstes Bedürfnis ist: zu denken. Wenn alle anderen behaupten, der Mensch erfinde Mythen, weil er sich in einer Notsituation befinde, weil er Hunger habe, usw., so hält Lévi-Strauß das Bedürfnis zu denken für das allererste. So besteht zwischen den primitiven und den modernen Menschen kein grundlegender Unterschied. Diese Auffassung ist aber die Ausnahme von der Regel. Der vorherrschende Trend deutet wohl in die Richtung eines Zurückdrängens der Vernunft zugunsten von Mythos und Symbol. Haben wir es in der Aufwertung des Mythos nicht mit einem Angriff auf die Vernunft zu tun?

LUYTEN: Vorher wurde das Symbol als Überwindung des Rationalismus dargestellt, wobei Herr Cottier in einem geschichtlichen Rückblick auf die Dimension des Irrationalen hingewiesen hat. Könnte man nicht sagen, daß es vor allem das Emotionale ist, das im Symbol mitschwingt? Ich würde das nicht so sehr als irrational ansehen, sondern eher als eine Synthese von Rationalem und Emotionalem. Nehmen wir z. B. die Gleichnisse des Evangeliums. Sie sprechen uns nicht irrational an: Sie sind deutbar, man kann z. B. eine verständliche Predigt darüber halten. Nur ist der Gehalt nicht rein intellektuell, sondern auch emotional faßbar. Ist das Suchen nach einer Symbolsprache heute nicht eine Überwindung eines zu engen Rationalismus? Nicht durch ein Ausweichen ins Irrationale, sondern durch das Hineinnehmen des Emotionalen. So verstanden, hebt sich das Symbol von einer rein intellektuellen Analogie ab. Es hat gewisse Ähnlichkeiten mit der Analogie, mit dem Unterschied allerdings, daß im Symbol das Emotionale mitschwingt.

Ich möchte eine zweite Frage stellen. Sie haben versucht, – ich weiß nicht, ob Sie das auf eigene Rechnung nahmen oder ob es referierend war – das Verstehen irgendwie verständlich zu machen. Ist das nicht ein Versuch, über seinen eigenen Schatten zu springen, was natürlich zum Mißlingen verurteilt ist. Wenn man das Verstehen, z. B. als die Möglichkeit deutet, etwas in anderen Worten auszudrücken, dann bleibt die eigentliche Frage doch unbeantwortet. Sagt man andererseits, das Verstehen läßt es zu, weitere Konsequenzen zu ziehen, so ist das alles, nach meinem Dafürhalten, um den Brei herumgeredet. Haben wir es beim Verstehen nicht eben mit einem Erstverständnis zu tun, das man weiter nicht mehr aufschlüsseln kann?

KEILBACH: Zum Gedanken, daß das Symbol (oder auch der Mythos), wenn ich richtig verstanden habe, bei Lévi-Strauß reduziert wird auf die Metapher und damit praktisch auf die Analogie. Hier liegt ein wichtiger Differenzierungspunkt. Was Sie sagen, trifft nur zu, wenn Sie die *analogia extrinseca* meinen, aber es trifft nicht zu, wenn Sie die *analogia intrinseca* meinen, ganz gleich, ob nach Thomas oder nach Suarez. Das wäre der erste Punkt. – Ein zweiter Punkt betrifft das Verstehen. Alexander Pfänder sagt in seiner Schrift *Die Seele des Menschen* (Halle a. d. S. 1938, S. 8), was mit „verstehender Erkenntnis" gemeint sei, wolle er nicht durch erkenntnistheoretische Untersuchungen darlegen, sondern „durch den Versuch einer verstehenden Erkenntnis selbst" aufhellen. Man ist gar nicht recht imstande, ein solches Bemühen des „Verstehens" abzugrenzen von der Interpretation und der Erklärung. Bei Habermas und Adorno ist es so, daß sie das Modell der Psychoanalyse in der Ausrichtung als Therapie irgendwie zum Grundmodell des Erkennens machen. Es wird aber dabei nicht klar, wieweit sie das als verbindlich voraussetzen. Sie greifen zurück auf Gedankengänge, von denen man nicht mehr weiß, ob sie noch rein beschreibendes, phänomenologisch interpretierendes Verstehen oder aber ein im Stil der Metaphysik betriebenes theoretisches Erklären sein wollen, etwa im Modus der kausalen Zusammenhänge. Mir ist nicht klar geworden, was der Gedanke der Beziehung von Krise und Symbol in der Gegenüberstellung und in der Auswertung im hier behandelten Rahmen besagen soll.

THUM: Was die letzte Frage betrifft, war der Gedanke der folgende: Das übliche Symbolbewußtsein ist, auf theoretischer Ebene gesehen, durch die drei Kritiken in eine Krise geraten, in die Krise nämlich, daß es zum Problem geworden ist, ob wir, wenn wir Gott etwa unter dem Vatersymbol anrufen, uns nicht nur an die überhöhte und in ein Jenseits projizierte Vatergestalt unserer Kindheit wenden oder das Transzendente nach dem Modell bestimmter sozialer Verhältnisse vorzustellen versuchen usw. Wenn die genannten Demaskierungen des Symbolischen das letzte Wort darüber wären, ergäben sich weitwirkende und höchst negative Folgen für alle Formen der Religiosität. Ricoeur hat ebendieses Problem aufgegriffen, und zwar ohne die Bedeutung der psychoanalytischen Erklärungen und Herleitungen zu bestreiten oder auch nur zu vermindern. Er sieht in ihnen eine Archäologie des Symbolischen, deren wahre Bedeutung und Tragweite aber erst im Licht der Theologie der geistigen Entwicklung der Menschheit angegeben werden kann. – Habe ich damit Ihrer Frage entsprochen?

KEILBACH: Ja, so ungefähr.

LUYTEN: Könnte Kollege Thum uns die Verbindung von Archäologie und Teleologie etwas näher erklären?

THUM: Es ist eine heute öfter zu findende Ausdrucksweise, mit der betont werden soll, daß die Erforschung und Kennzeichnung der Ursprünge nicht abgelöst werden kann vom Verständnis der Endbestimmung einer Entwicklung. Die Scholastik kann in ihrer These von der Korrelativität zwischen Wirk- und Zweckursachen eine gewisse Parallele dazu vorweisen.

Sie haben aber noch eine schwierige Frage gestellt, die die Natur des Verstehens betrifft. Man kann das Verstehen als eine Grundform des Erkennens nicht noch einmal von außen her verständlich machen und alles, was dazu gesagt werden kann, wird unvermeidlich den Eindruck erwecken, es ‚gehe um den Brei herum'. Wenn man etwa zu definieren versucht: Verstehen sei Sinnerfassung, wird man weiteren Fragen gegenüber am Ende die Auskunft geben müssen, daß dabei mit ‚Sinn' verstehbarer Gehalt gemeint sei. Wohl aber kann man, was Verstehen impliziert und sozusagen Moment seiner Struktur ist, hervorheben und dadurch seine Eigenart besser zu Bewußtsein bringen. Die Wendungen, in denen ich dies versucht habe, wollten eigentlich nur Heideggers und Gadamers These vom Entwurfscharakter des Verstehens – Verstehen als ‚Sich-Entwerfen auf eigene Möglichkeiten' – am Beispiel des verstandenen Satzes in die Überlegungen einführen. Vielleicht kann dieses Beispiel allerdings noch ein Strukturelement verdeutlichen, das in der besagten These nicht ausdrücklich genannt ist, nämlich die Geistsetzungen, in denen der zu verstehende Sinn seinen objektiven Bestand hat. Verstehen heißt, den durch einen geistigen Akt einem objektiven Gebilde eingestifteten Sinn erfassen und dadurch imstande gesetzt sein anzugeben und auszufalten, was dieses Gebilde im Reich der Geistesobjektivierungen überhaupt besagt.

KEILBACH: Wie muß sich das vom Erklären und Interpretieren abheben? Wenn ich etwas erkläre oder interpretiere, ist es doch so, daß ich auf den betreffenden Sinn eingehe, daß ich ihn angeeignet haben muß, daß ich mich in ihn hineinversetzt habe. Soll das Verstehen etwas anderes sein als das Erklären und Interpretieren?

THUM: Interpretieren scheint mir gerade jenes sinngerechte Weitersprechen-Lassen einer Geistsetzung zu sein, das durch und mit dem Verstehen beginnt. Erklären dagegen wird heute im allgemeinen als Ableitung aus universalen Kausalgesetzen und gewissen Anfangsbedingungen aufgefaßt. Gemäß einer allerdings heute problematisch gewordenen Gegenüberstellung ist Erklärung Sache der positiven, Verstehen und Interpretation Sache der Geisteswissenschaften. Das Recht dieser Unterscheidung wird in der wissenschaftstheoretischen Literatur oft bestritten, zuweilen aber auch verteidigt.

KEILBACH: Das wäre doch ein ganz strenges Verfahren, bei dem ich nicht nur in den Sinn einsteige, der eventuell so oder anders gefaßt werden kann, sondern in dem sich stringente logische Notwendigkeit zeigt. Deskriptive und explikative Wissenschaft lassen sich nicht vollständig voneinander trennen; sie greifen irgendwie ineinander. Jedenfalls sehe ich nicht, wie diese Unterscheidungen uns da weiterbringen. Sie sind irgendwie berechtigt und sie helfen etwas, aber im letzten Griff bleiben sie wieder unscharf stehen.

THUM: In diesem Vortrag habe ich mich auf die Seite der Hermeneutiker gestellt, weil ich meine, daß die Grundlagenfragen der Wissenschaften sowohl wie der Philosophie sich nur in Berufung auf ein Erkennen vom Charakter des Verstehens zu Ende führen lassen. Dies dürfte sogar für die Logik zutreffen, deren Exaktheit Sie der Hermeneutik entgegenhalten. Es scheint mir für die Grundlagen der Logik nur die drei Möglichkeiten der Berufung auf eine Sprachkonvention, auf eine Intuition oder auf das Verstehen des den Sprachzeichen eines Satzes, einer Verneinung, einer Konjunktion usw. durch die entsprechenden Denkakte eingestifteten Sinnes zu geben. Die erste Lösung wird mit der Frage nicht fertig, weil die Aufstellung einer Konvention selber eine logisch funktionierende Sprache voraussetzt, die zweite aber kann schwerlich angeben, wie es Intuitionen z. B. von negativen Sachverhalten geben soll, die dritte dagegen scheint mir die einzig mögliche: das Kontradiktionsprinzip etwa gilt, weil es im Sinn einer Behauptung liegt, ihre Negation auszuschließen.

KEILBACH: Das haben Sie ja schon erklärt.

THUM: Ja, aber ich wollte es anführen, um die Rolle des Verstehens auch in der Grundlegung der Logik mit einem Beispiel zu belegen.

KEILBACH: Es kommt darauf an, woran ich das eine oder das andere aufhänge. Wenn ich mit dem Erklären beginne, sage ich: Wenn ich etwas erklärt habe, so habe ich es verstanden.

THUM: Aber die Logik erklären würde ja heißen, sie als logische Folge irgendwelcher noch allgemeinerer Gesetze aufzeigen.

KEILBACH: Ich führe sie hin zum Verstehen.

THUM: Ich habe den Eindruck, daß wir dem Ausdruck ‚Erklären' verschiedene Bedeutungen beilegen. Im Sinne der Wissenschaftstheorie und auch Diltheys und seiner Schüler genommen, können Erklärungen kein Grundlagenproblem lösen. Sie zeigen Sätze über bestimmte Tatsachen als logische Folgen allgemeinerer Sätze auf, in denen nicht etwa Einsichten, sondern hypothetische Annahmen ihren Ausdruck gefunden haben. So aber kann Logik gewiß nicht erklärt werden.

LUYTEN: Herr Thum, Sie wollten noch das ‚Emotionale' erklären.

THUM: Ja, ich habe schon angedeutet, daß ich der Meinung bin, eine Revision der alten psychologischen Einteilung und noch mehr der gnoseologischen Bewertung des Emotionalen oder Affektiven sei dringend geboten. Schließlich begleitet das Geistige in uns alle unsere Erfahrungen, auch wenn das Affektive in ihnen für das unmittelbare Erleben alles andere verdeckt. Weil dies so ist, können auch Erfahrungen, die wir zunächst nur nach ihrer emotionalen Qualität beschreiben, dem Geistigen in uns Weisen und Dimensionen seiner Ansprechbarkeit und damit seiner wesensbegründeten Bezogenheit zu Bewußtsein bringen, die ihm sonst verschlossen bleiben würden. Reflexion und Nachdenken können diese ersten dunklen Gewahrungen auch begrifflich erfassen und zwar nicht nur als emotionale Qualitäten, sondern durch begriffliche Bestimmungen des Worauf jener wesentlichen Bezogenheiten etwa in einer Ethik, Ästhetik oder einer Religionsphilosophie und Theorie des religiösen Symbols.

DOLCH: Ist nicht jedes Symbol eigentlich ein *religiöses* Symbol? Gibt es auch andere nicht-religiöse Symbole? Kann man Symbole *machen*? Wodurch unterscheidet sich ein Symbol beispielsweise vom Kunstwerk?

Ganz zum Schluß sagten Sie, Herr Thum, die Offenbarung sei strukturmäßig anders als das religiöse Symbol, denn in der Offenbarung spräche Gott im Wort, nur zur Explikation dieses Offenbarungswortes bedürfen wir der religiösen Symbole. Heißt das nicht, sozusagen eine Zweistockwerktheorie zu erzeugen, insofern Gottes Sprechen in diese Welt eben nicht ein Sprechen in diese Welt, *eingehend* in diese Welt (soweit eingehend, daß er ja sich selber inkarniert) ist. Müßte man da nicht distinguieren: Gottes Wort ist wohl nicht nur religiöse Symbolwelt, wie sie z. B. von M. Eliade beschrieben wird.

THUM: Was das erste betrifft: Es gibt natürlich auch nicht-religiöse Symbole und Symbole der Kunst.

DOLCH: Dann verstehe ich aber nicht die Herleitung des Symbols bei Ricoeur aus der Korrelation von Archäologischem und Teleologischem. Das Archäologische ist nicht ein Konkretum einer menschlichen Situation, sondern eine Urbestimmung, soweit ich Freud verstanden habe, des Menschlichen in Grundakten. Die Teleologie betrifft ja auch nicht das konkrete Verlangen eines bestimmten Menschen, sondern Teleologie (Sie hoben es von der Eschatologie ab), ist doch auch etwas, was das Humanum, den Menschen schlechthin betrifft. Wenn diese Spannung von Archäologischem (oder Archetypischem, Archaischem) und Teleologischem das Symbol gleichsam gebiert als, wie Sie sich ausdrückten, Explizierung des Seinsbewußtseins, dann scheint mir jedes Symbol religiös zu sein, in dem Sinn wie der Religionsgeschichtler oder Philosoph Religion versteht.

THUM: Ich denke nicht, daß man so schließen darf. Die menschliche Existenz ist solcher Art, daß sie in verschiedenen Ordnungen und Dimensionen auf bedingende und gewährende, geheimnisvolle Gründe ausblickt, die sie sich dementsprechend auch in Symbolen verschiedener Ordnungen repräsentiert. Ich erinnere an Kants Vernunftideen von Welt und Seele, in denen beiden eine Totalität der Bedingungen gedacht wird, die sich dennoch von der Totalität der Bedingungen alles Möglichen überhaupt unterscheidet. Es ist gewiß schwierig anzugeben, was ein Kunstsymbol symbolisiert und dem Umfassenden, das sich in ihm vergegenwärtigt, einen Namen zu geben; aber es läßt sich mit Bestimmtheit sagen, daß es im allgemeinen nicht Gott ist. P. Claudel beschreibt das dichterische Erlebnis als eine Intuition des Seins, thomistisch gesagt: das *esse commune,* der ‚ersten aller Kreaturen'. Die Psychoanalyse ist die Vorbereitung einer Archäologie auch der Kunstsymbole, die also, wenn man dem Gedanken Ricoeurs folgt, ebenso archäo-teleologisch auszulegen sind, wie die religiösen.

DOLCH: Und der Unterschied zwischen Offenbarungswort und religiösem Symbol?

THUM: Ganz kurz gesagt: Offenbarung im christlichen Sinn ist Selbstzusage Gottes durch das Wort. Das Wort aber in seiner empirischen Gestalt ist Zeichen und nicht Symbol, wie es eingangs erklärt worden ist. Im Symbol west das Übernatürliche an, ohne sich mitzuteilen und aufzuhören das verschlossene Ganz-Andere zu sein; Wort dagegen ist Vergewisserung und Träger einer Selbstmitteilung und der Unmittelbarkeit der Beziehung.

DOLCH: Wir glauben ja, daß wir das, was Gott uns im Wort zuspricht, nicht erkennen oder verstehen, sondern erst aufgrund der Gnade gläubig annehmen und im Glaubensakt vom *verbum* zum Inhalt vorstoßen.

THUM: Ja, wenn man eine Unterscheidung zwischen dem Wort als solchem und seiner Zeichengestalt einführt, in der es der Erfahrungswelt zugehört.

DOLCH: Also könnte auf dem Niveau des Phänomenalen und des natürlich Erkennbaren Gottes Wort auf demselben Niveau sein wie das religiöse Symbol? Wenn anders, wie Sie es taten, zwischen einem religiösen Symbol und dem Wort Gottes schon im Phänomenalen oder im Erkennbaren ein *erkennbarer* Unterschied angenommen wird, dann kann ich von dem Abraham zugesprochenen Wort, dem Isaias zugesprochenen Wort, und dem Worte Gottes, das Mensch geworden ist, keine Linie mehr sehen. Wenn Sie sagen, daß Gottes Wort so, wie es im Alten Testament beschrieben ist, schon auf dem Niveau des Phänomenalen und Erkennbaren anders ist, dann verstehe ich eigentlich nicht, wieso die Fülle des Wortes Gottes sich in dieser Welt präsent machen konnte, daß die Frage völlig legitim war: „Ist das nicht des Zimmermanns Sohn?“.

THUM: Aber mir scheint, Ihre Frage ist doch schon im Neuen Testament beantwortet, daß Christus nämlich das Wort ist, das alle anderen zusammenfaßt.

DOLCH: Wenn Sie von vorneherein Gottes Wort so auf eine andere Ebene als das religiöse Symbol stellen, können Sie diese *Kenosis*, diese Erniedrigung, dieses Sich-Hineinbergen der zweiten Person Gottes in das Weltliche, so daß Menschen dieses menschgewordene Wort Gottes als Realität dieser Welt und *nur* als Realität *dieser* Welt ansprechen, nachvollziehen?

THUM: Gerade Ihr Beispiel scheint mir aber den Unterschied

zu zeigen. Von einem Symbol kann ich wohl sagen, daß das Überweltliche, das Göttliche, irgendwie in der Erscheinungswelt anwesend geworden ist. Aber dieses Gegenwärtig-Sein hat nicht den Charakter eines persönlichen, worthaften Sich-Hineinbegebens, eines Aktes der Liebe, der Selbsterniedrigung usw. Daß Gott im Fels gegenwärtig ist, kann ich vielleicht noch auf meine Bewußtseinslage zurückführen, während Gott sich in seinem Wort in eigener Selbstmitteilung vergegenwärtigt.

Dolch: Ist nicht diese letzte Unterscheidung dogmatisch und nicht phänomenologisch oder philosophisch?

Thum: Ja, aber wie könnte ich überhaupt der biblischen Offenbarung phänomenologisch gerecht werden, wenn ich den Glauben, d. h. ihr Vernehmen und Verstehen ausklammere?

Steiner: Jetzt wird naturgemäß die Diktion eine etwas andere werden. Aber da sind doch einige Fragen, die auch einen Nichtphilosophen und einen Nichttheologen interessieren könnten. Die erste Frage ist eigentlich schon irgendwie von Herrn Dolch gestellt worden. Sie haben ja – und das ist natürlich das gute Recht bei einer solchen Darstellung – den Begriff Symbol in einem relativ engen Sinn genommen, in einem engeren als man ihn im vorwissenschaftlichen Raum gebrauchen würde.

Meine eigentliche Frage ist sehr einfach: Ich erinnere mich an einen Satz, daß religiöse Dinge, Wahrheiten, oft sogar besser als in der rationalen Sprache durch Symbole – Sie haben gesagt, vielleicht in einem Psalm – zum Ausdruck gebracht werden könnten. Und ich habe sehr stark das Empfinden, daß das auch jetzt in einem ‚Symbol' in einer Symbolsprache in der Kunst zum Ausdruck kommt, in der Musik oder in der bildenden Kunst. Oder daß auch die Offenbarung legitimerweise – wenn man das sagen darf – sich in einer Symbolsprache ausdrücken kann.

Das wären Dinge, die mir am Rande aufgefallen sind. Ich weiß nicht, ob sie es überhaupt wert sind, beantwortet zu werden, aber vielleicht habe ich damit gezeigt, daß auch für uns in dieser gewiß sehr schwierigen Materie Dinge drin stekken, die uns interessieren sollten, die uns angehen.

THUM: Was das erste betrifft, stimme ich zu. Eine scharfe Trennung zwischen religiösem und künstlerischem Symbol dürfte nicht möglich sein, ebensowenig, wie eine scharfe Trennung zwischen ästhetischen Werten und Qualitäten des Numinosen möglich ist. Die Ästhetik Kants und Schillers trifft sich im ‚Erhabenen' und ‚Majestätischen' offenbar mit R. Ottos ‚Maiestuosum'. R. Otto hat diesen Beziehungen übrigens ein eigenes Kapitel in seinem Buch *Das Heilige* gewidmet.

ALSZEGHY: Henri Brémond hat diese Dinge auch untersucht.

THUM: Wenn man die gegenwärtige Frage zurückbezieht auf die frühere über Symbol und Wort, erkennt man, daß es zuletzt um das Verhältnis von ‚natürlicher' religiöser Erfahrung und Glauben an den Gott der Offenbarung geht. Ricoeur folgt darin der Theologie Karl Barths, nach der Religion im Verlangen des Menschen, sich Gottes zu bemächtigen, ihre Wurzel hat. Demzufolge behalten nach Ricoeur angesichts des Wortes Gottes nur die Symbole des Sündigen ihre Bedeutung. Die katholische Theologie erlaubt es, das Verhältnis zwischen Religion und Offenbarungsglauben positiver zu sehen und darum auch dem religiösen Symbol eine weiter reichende Bedeutung zu geben.

STEINER: Steckt nicht die Heilige Schrift in ihrer Sprache voll von Symbolen? Oder verstehe ich das Symbol schon wieder in einem viel zu weiten Sinn? Ich gebe nochmals zu, daß Sie natürlich das Recht haben, einen Begriff sehr präzis und enger zu nehmen, als es im üblichen Sprachgebrauch der Fall ist. Das tun wir in der Wissenschaft regelmäßig. Würden Sie das noch anerkennen, noch zugeben?

THUM: Durchaus. Im Hinblick auf die dichterischen Teile des Alten Testamentes läßt es sich ja gar nicht bestreiten.

STEINER: Auch im Neuen Testament, selbst bei Paulus?

THUM: Natürlich.

DOLCH: Im Interesse unseres Institutes möchte ich auf eine Wirklichkeit hinweisen, die einschlußweise in dem Votum von Herrn Steiner genannt war: nämlich auf die Schöpfung. Ist die Schöpfung nicht ein Kunstwerk; und ist die Schöpfung nicht Offenbarung? Wir reden jetzt in einer Engführung, wie sie in der katholischen Theologie üblich geworden ist, immer nur von Gottes Wort und Gottes Offenbarung im Wort im Alten und im Neuen Testament.

Ist denn nicht Schöpfungswirklichkeit auch Offenbarung? Denken wir an das Buch der Weisheit im Alten Testament: Da wird doch die Schöpfung als das Kunstwerk Gottes gepriesen.

STEINER: Es ist sogar mehr.

DOLCH: Ich will damit gar nicht die Einmaligkeit, das unendliche Überragen von Gottes Heilswirken leugnen. Natürlich nicht, aber ich meine, wir sind verpflichtet, nicht so zwei Stockwerke, eine solche Trennung zu machen. Ich unterstelle Ihnen das nicht; es soll zur Klärung der Fragestellung gesagt sein.

STEINER: Mein Votum war nicht als Angriff gemeint. Das war eine ganz offene Frage.

THUM: Schöpfung kann wieder in verschiedenem Sinne begriffen werden. Wenn man sie im vollen Licht des Alten und des Neuen Testaments nimmt, tritt sie letztlich selbst unter den Begriff des Wortes Gottes. Sie ist eine Weise des Sich-Zusprechens Gottes.

DOLCH: Aber das fundamentale Zusprechen, was uns die Möglichkeit seines Wortes im spezifischen Sinn erst ermöglicht.

THUM: Gewiß.

DOLCH: Wenn es keine Schöpfung gäbe, gäbe es keine Offenbarung.

THUM: Ja, aber umgekehrt würden wir sie nicht als ‚Wort' begreifen können ohne die Offenbarung.

ALSZEGHY: Ich glaube, die Welt selbst als Symbol anzusehen, ist ein theologisch fruchtbringender Gedanke. Gott offenbart sich auch in der Welt, auch abgesehen vom geoffenbarten Wort. Darum kann vielleicht auch das Heil derjenigen, zu denen die evangelische Verkündigung nicht gedrungen ist, so verstanden werden, daß sie im Licht der Gnade die Welt deuten, in ihr den heilbringenden Sinn entdecken und an den sich in der Welt offenbarenden Gott glauben. Das ist durchaus denkbar. Ich glaube, auf diese Weise kann man eben die Welt selbst, den Kosmos selbst, als ein symbolhaftes Wort Gottes betrachten. Dies sei nur zur Bestätigung gesagt.

Boné: Im Anschluß an das, was Herr Dolch vorher angeführt hat, möchte ich die Frage stellen: Kann man nicht sagen, das Symbol sei sowohl notwendig als auch legitim? Als notwendig erweist es sich jedesmal, wenn wir von Gott reden. Unser Sprechen über Gott ist notwendigerweise analog. Wenn wir da nicht zu Symbolen greifen, bleiben wir auf der Ebene der reinen Rationalität – um den Ausdruck von Herrn Cottier zu gebrauchen –, und dann ist unser Sprechen inadäquat und oberflächlich. Das Symbol ist also notwendig.

Andererseits ist es auch legitim, zu sagen – und hier komme ich auf die Ausführungen von Herrn Dolch zurück –, Gott offenbart sich nicht bloß in seinem Wort, sondern auch in seiner Schöpfung. Das ist eine theologische Version der metaphysischen Aussage: Alles Wirkliche ist erkennbar. Steht das einmal fest, dann kann jede auch materielle und geschöpfliche Wirklichkeit berechtigterweise als Symbol einer tieferen Wirklichkeit verwendet werden. Wären Sie damit einverstanden?

Thum: Ich würde zustimmen, aber darauf aufmerksam machen, daß das ‚Symbol', wie Sie es eben expliziert haben, schon eher ein *disclosure model* im Sinne J. T. Ramseys ist, d. h. das im Hindurchgang durch Aufklärung, Säkularisierung und Kritik wiedergefundene religiöse Symbol.

Doms: Ich glaube, daß wir doch auch im irdischen Bereich wirkliche Symbole haben: Die Krone z. B. ist ein solches Symbol, ist ein Symbol von Machtfülle, aber auch von legitimer

Autorität usw. Es ist etwas, was sicherlich nicht unmittelbar der religiösen Sphäre angehört. Ich glaube aber auch, daß man irgendwelche Sammelbegriffe wie z. B. Reichtum ausdrücklich von Gott aussagen kann. Solche Dinge sind Symbole, die ursprünglich jedenfalls der weltlichen Sphäre angehören und doch gerade in der Steigerung ganz unmittelbar auf Gott angewandt werden, ohne daß ganz konkrete Dinge der Schöpfung dabei gemeint werden, sondern bloß die größte Fülle menschlicher Möglichkeiten, Wirkmöglichkeiten, wie sie durch Reichtum gegeben sind, die jetzt hier gesteigert werden zum Reichtum Gottes. So scheint mir das so ziemlich ineinander überzugehen, da die Welt in Analogie zu Gott gesehen wird.

Cottier: Mich beeindruckt das Schweigen unserer Naturwissenschaftler in dieser Diskussion. Ich möchte sie bitten, mir zu erklären, warum man von mathematischen Symbolen spricht. Anders gefragt, warum verwendet die Naturwissenschaft mehr und mehr Symbole in dem Maße, als sie sich zunehmend formalisiert. Nun wird aber in der Mathematik das Symbol gerade wegen seiner Eindeutigkeit gewählt. Das heißt dann aber, daß Symbol zwei ganz verschiedene Bedeutungen hat: einmal, wie es in unserer Diskussion verstanden wurde, und dann, wie es in der Mathematik gebraucht wird. Ist es bloß Zufall, daß man in den zwei so verschiedenen Gebieten das gleiche Wort verwendet?

Heuts: Ich habe eine ganz kurze Antwort; sie lautet: Die Mathematiker haben von vorneherein die Terminologie der Philosophen übernommen. Ich glaube, sie haben sich geirrt. Sie hätten es Zeichen und nicht Symbol nennen müssen. Das ist ein Irrtum. Ich weiß nicht, ob Sie, Herr Staudinger, damit einverstanden sind.

Staudinger: Es ist klar, daß das eine unscharfe Ausdrucksweise ist.

Planung und Freiheit der wissenschaftlichen Forschung

Von Hansjürgen Staudinger, Gießen

Ich kann in diesem Kreise die Zustimmung zu der Aussage voraussetzen, daß der Mensch frei in seinem Willen sei, dies zu tun und jenes zu lassen.

Ich halte es andererseits für notwendig, auf die Frage nach der Freiheit des Menschen vor dem Hintergrund unseres Wissens über die genetische Bedingtheit aller lebendigen Erscheinungen, vor dem Hintergrund des neueren Wissens über die Funktion des Zentralnervensystems, der molekularen Grundlagen von Gedächtnisäquivalenten, vor dem umfangreichen Wissen über tiefenpsychologische und soziologische Abhängigkeit unseres Handelns, stets neu nach einer Antwort zu suchen. Doch dieses Unterfangen müßte einer neuen Diskussion vorbehalten bleiben.

ich *Eigenbestimmung*				die anderen *Fremdbestimmung*
Denken, Entwerfen Erfahrung Kenntnis	—>	Plan ↓	<—	öffentliche Meinung Meinung, Information Systemanalyse
Können, Erfahrung	—>	Handeln ↓	<—	Technokraten *Know how*
Wertvorstellung Ethik	—>	Ziel ↓	<—	Notwendigkeiten Wertvorstellungen (Sitte) *Know what*

Planen setzt die Freiheit des Willens zu bestimmten Handlungen voraus. Für den einzelnen Menschen heißt Planen, daß er aus seiner Einsicht notwendige oder wünschenswerte Ziele erkennt und seine Tätigkeit willentlich auf das Erreichen des Zieles ausrichtet. Dabei helfen ihm sowohl bei der Wahl der realisierbaren Ziele als auch bei der Wahl der notwendigen Mittel außer Erfahrung und Wissen auch ethische Grundhaltungen.

Es ist somit klar, daß menschliches Planen, soweit es die eigene Willensverwirklichung anlangt, identisch ist mit menschlicher Freiheit. Planloses Handeln ist einfaches Reagieren auf gegebene Situationen.

Es ist aber auch klar, daß das freie Handeln nach den Plänen der vielen einzelnen auf jeweils verschiedene Ziele hin durch die Interessen der wie immer gearteten Kollektive seine natürliche Einschränkung findet. Auch Gruppen, wie Familien, Gemeinden, Staaten haben Bedürfnisse, deren Erfüllung ein geplantes Handeln von vielen voraussetzt. Das ist klar und schon fast banal. Man muß sich die Zusammenhänge nur immer wieder in Erinnerung rufen, um frei von dem vielen ideologiegeladenen Gerede von heute die fundamentalen und einfachen Zusammenhänge zu sehen. Das Problem der Planung des Handelns und der Zielsetzung in Kollektiven – wie immer sie auch geartet seien – lautet: *Wer* setzt *wie welche* Ziele und bestimmt die Mittel, mit denen sie erreicht werden sollen. In einem moderneren Jargon kann man sagen, es handele sich um das Problem der Fremdbestimmung. Dem einzelnen werden Zielvorstellungen durch Sitten, Gebräuche, durch Verordnungen und Gesetze, durch ökonomische Bedingungen ‚aufgezwungen', er muß sein Handeln mehr oder minder bewußt danach richten, er muß also ‚reagieren'. Je mehr die eigenen Wünsche, Bedürfnisse, ethische Vorstellungen usw., die die eigene Planung, Handlung und Zielsetzung bestimmten, mit den ‚fremdbestimmten' Zielvorstellungen und dem Planen übereinstimmen, desto weniger wird sich für den einzelnen das Gefühl von Zwang einstellen. Ideal also wäre eine völlige Identität der Eigenbestimmung und der Fremdbestimmung, d. h. aber völliger Consensus aller in einem Plan – ‚Utopia'.

Diese einfachen Überlegungen müßten nun vielfach modifiziert und variiert werden, um auf die verschiedenen Gebiete menschlichen Handelns anwendbar zu werden. Im Grunde sind es die Leitlinien für alles ökonomische und politische Handeln. Die Kunst der Politik besteht u. a. doch darin, Zielvorstellungen, die eine Gruppe erarbeitet hat, so plausibel nach außen darzustellen, daß der Konsens einer Majorität gefunden wird.

Diese allgemeinen Ausführungen – sie sind pauschal und in keiner Weise differenziert – bilden meines Erachtens das logische Fundament für alle speziellen Fälle, in denen nach Planung gefragt oder von Freiheit gesprochen wird.

Wenden wir uns nun unserem Thema Planung und Freiheit in der wissenschaftlichen Forschung zu.

Wissenschaftliche Forschung scheint wie künstlerische Entfaltung ganz dem Freiheitsraum der einzelnen zuzuordnen zu sein. Sie sei somit, so wird allgemein gefolgert, nicht planbar. Das ist sicher weithin richtig. Wissenschaftliche Forschung ist darauf aus, Unbekanntes zu erforschen. Das Unbekannte selbst kann also nicht vorweggenommenes Ziel eines Planes sein, so wird man leicht argumentieren, so hört man es immer wieder. Als Beispiel wird dann Flemings Zufallsentdeckung des Penicillins angeführt, das sich natürlich durch beliebig viele ähnliche Beispiele ergänzen läßt. Daß das Beispiel vielleicht nicht besonders gut ist, erkennt man, wenn andere große Durchbrüche in der Wissenschaftsgeschichte herangezogen werden. Max Planck studierte systematisch in genau ‚geplanten' Experimenten die Strahlung ideal schwarzer Körper und fand dabei – allerdings unvorhersehbar – die Grundlagen zu den Gesetzen der Quantenmechanik. Im ‚Freiheitsraum' des einzelnen Forschers steht in aller Regel, muß eigentlich stets ein ‚geplantes Konzept' stehen, ein hypothetisches Ziel, das zu verifizieren oder zu falsifizieren ist. Diese Grundregeln wissenschaftlichen Forschens, insbesondere naturwissenschaftlichen Forschens, sind so häufig durchdacht und abgehandelt worden, daß ich es mir sparen kann, hier weiter davon zu sprechen. Gemeinsame und unwidersprochene Zielvorstellung allen wissenschaftlichen Bemühens war und ist, daß die Wissensvermehrung als solche ein hohes Gut, einen ‚Wert' darstelle. Das ist sicher richtig. Das heißt somit, daß der Wissenschaft wie der Kunst ständig ein Freiheitsraum offengehalten werden muß. Das erlangte Wissen, so wird weiter betont, sei selbst wertneutral; ob Gutes oder Schlechtes damit gemacht werde, sei nicht Sache der Wissenschaft. Auch diese Überlegungen und Argumentationen sind so häufig wiederholt worden, daß sie fast banal wirken. Sie sind auch vermutlich bis zu einer gewissen Grenze richtig. Jedes Handwerkszeug – also nicht nur komplizierte wissenschaftliche Ergebnisse – könne so oder anders verwendet werden. Mit der Axt kann man Balken für ein Haus zurichten, mit der Axt hat Kain Abel totgeschlagen. Mit Dynamit kann man Straßen bauen und Städte in die Luft sprengen. (Das hat schon Alfred Nobel erfahren.) Nicht diejenigen also, die Äxte, Dynamit, Atomspaltung finden, so sagt jedermann in einem solchen Gespräch, seien schuld daran, daß Mißbrauch damit getrieben werde, sondern die anderen. *Wer?* Kain, die Generäle, die Politiker? Stimmt denn das alles so einfach? Vor allem, stimmt es heute noch? Zitat: „Seit der Mensch unwiderruflich zum Bürger einer von ihm selbst produzierten Welt geworden ist, seit er die Macht besitzt, nicht nur tote Waren, sondern seine eigene Welt, seine Lebensbedingungen und damit weithin sein eigenes Schicksal zu produzieren, seit er sich selbst als einem Produkt begegnet, ist seine Zukunft eine andere geworden. Die Zukunft der technischen Welt unterscheidet sich qualitativ von allem, was frühere Epochen Zukunft nannten. Dies können wir wissen, mag auch sonst unser Wissen von der Zukunft noch so problematisch sein." (G. Picht)

In dem Zitat von Picht finden wir einen neuen Aspekt. Auch er ist heute geläufig. Wissenschaft hat nicht nur unser Wissen über die Zusammenhänge (nicht über das Wesen!) dieser unserer Welt vermehrt. Sie ist vielmehr in Technik in weitestem Sinne umgesetzt worden. Sie hat Dinge machbar gemacht, die früher nicht machbar waren. Als Technik ist sie selbst ein Instrument der menschlichen Tätigkeit geworden. Sie ist auf Ziele hingerichtet, die von einzelnen oder von vielen gesetzt sind. Sie selbst ist als Technik, das *know how*, das Pläne verwirklichen hilft. Erneut stellt sich die Frage, wer bestimmt, zu welchem Ziel wissenschaftliches Wissen als technisches Können verwendet wird? Wer bestimmt, wie nach dem Zitat von Picht die Zukunft auszusehen habe? Wer weiß, was von den vielen möglichen Zukünften eine wünschenswerte Zukunft ist. Jeder wird antworten: Die Zukunft muß human, sie muß menschenwürdig sein, sie muß Raum lassen für menschliche Freiheit. Not, Krankheit, Angst, Unterdrückung und was weiß ich, sollen keinen Platz mehr haben. Aber was heißt human, was heißt menschenwürdig, was gerecht usw.? Wer bestimmt in einer pluralen Welt den wirklichen Inhalt solcher rhetorischen Zielvorstellungen?

Eine neue Frage taucht auf. Ist es richtig, daß Wissenschaft oder sagen wir besser Forschung an sich wertfrei ist? Ist die Neugier, dies oder jenes zu erforschen, in sich schon gut oder zum mindesten wertneutral? Ist somit alle Forschung, sofern sie nur gut betrieben wird, auch gleichberechtigt? Gibt es möglicherweise Dinge, die vorrangig zu erforschen wären, weil die Ergebnisse zur Bewältigung vordringlich erscheinender Aufgaben erforderlich sind?

Um diese Fragen etwas zu erhellen, seien folgende Schlaglichter aus verschiedenen, meinem eigenen Fachwissen folgend, vorwiegend biologischen oder medizinischen Forschungsrichtungen gegeben.

In England, aber auch an anderen Stellen, werden Experimente mit menschlichen Eiern durchgeführt. Die Eier wurden *in vitro* mit Sperma befruchtet und unfruchtbaren Frauen in den Uterus implantiert. Dieses Vorgehen ist in manchen – ich weiß nicht in wie vielen – Fällen gelungen. Die Absicht ist gut. Kinderlosen Frauen wird der Wunsch nach einem Kind erfüllt. Dabei wird natürlich auch untersucht, wie lange ein befruchtetes menschliches Ei *in vitro* lebensfähig gehalten werden kann, bis zu welchen Stadien der Entwicklung ein menschliches Embryo *in vitro* aufgezogen werden kann. Die Keime sterben früher oder später ab und werden dann weggeworfen. Gleiche Untersuchungen mit Eiern von Mäusen und anderen Säugern sind schon recht weit gediehen, die Foeten konnten bis zu einem Stadium, in dem bereits ein Kreislauf ausgebildet war und die Zerebration einsetzte, in künstlichen Mäuse-Uteri, also *in vitro* gehalten werden.

Bei gleichartigen Versuchen an Kaninchen ist es gelungen, weibliche und männliche Embryonen zu trennen, die Aufzucht eines Geschlechtes also willkürlich zu bevorzugen. Es spricht nichts dagegen, daß eine solche ‚Geschlechtswahl' auch bald bei Menschen möglich sein wird.

Wie Sie wissen, ist die gesamte genetische Information eines Lebewesens im Zellkern jeder Zelle gespeichert. Jede Zelle jeden Organs enthält also in diploider (gelegentlich auch in höher ploider) Form den ganzen Gensatz, der ursprünglich zur Hälfte aus der mütterlichen Eizelle und der väterlichen Spermazelle durch Verschmelzen bei der Befruchtung zusammengekommen war.

Es war und ist auch heute noch eine in vielen Laboratorien bearbeitete Frage, wie aus einer Eizelle, die alle genetischen Informationen erhält, differenzierte und spezialisierte Zellen, also etwa Nierenzellen, Muskelzellen, Nervenzellen und so weiter entstehen. Die gut begründete Auffassung dazu lautet: In jeder spezialisierten Zelle sind nur wenige Gene aktiv – eben jene, die das Merkmal der spezialisierten Zelle bestimmen. Alle anderen Gene – die überwiegende Zahl also – sind stumm, d. h. sie setzen die in ihnen enthaltene Information nicht in Phaene, in Merkmale, in augenscheinliche Lebensäußerungen um. Sie sind wie ein Text in einem verschlossenen, nicht gelesenen Buch. Die Differenzierung von der omnipotenten befruchteten Eizelle zur spezialisierten Organzelle beruht also auf dem Abschalten, auf dem Stillegen von Genen. Wie das im einzelnen geschieht, beginnt man gerade zu verstehen. Es sind Wechselwirkungen, die von der Umgebung der sich differenzierenden Zelle ausgehen und Gene stillegen, reprimieren. Wenn ein Zellkern aus der Umgebung, die den Großteil der Gene abschaltet, entfernt wird, dann müßten alle Gene wieder dereprimiert, d. h. aktiv werden. Der Versuch ist erfolgreich durchgeführt. Man kann beim Frosch Zellkerne aus Zellen der Darmschleimhaut herauspräparieren und sie in Eizellen, denen der Zellkern entnommen wurde, überpflanzen. Die genblockierenden Einflüsse fallen weg, die Eizelle erhält wie nach einer normalen Befruchtung einen diploiden Kern und entwickelt sich. Das Besondere daran ist, daß dieses Individuum nicht etwa ein ‚Nachkomme' des Frosches ist, von dem der Zellkern aus der Darmschleimhaut entnommen worden ist, sondern eine genetisch völlig identische Kopie – allenfalls am ehesten mit einem eineiigen Zwilling zu vergleichen. Dieses Experiment kann natürlich nicht nur mit einem Ei und einem Zellkern durchgeführt werden, sondern mit mehreren. Viele genetisch völlig gleiche Frösche entstehen. Man nennt dies Klonisierung. Es wird bereits erfolgreich versucht, solche Klonisierungsversuche und andere nahe verwandte Experimente an Warmblütern zu wiederholen. Die genetische Identität hat z. B. auch die völlige immunologische Identität zur Folge. Organtransplantationen von einem Individuum (– kann man noch vom Individuum sprechen? –) auf ein anderes sind dann ohne Komplikation möglich. Liegt es nicht nahe, solche Versuche auch mit menschlichem Material zu machen? (Ich will es mir ersparen, an dieser Stelle ‚Horrorgeschichten' zu erfinden und von x-fachen identischen Kopien von Einstein in der Kühlkammer als Ersatzteillager zu phantasieren!) Im Gegensatz zu der so häufig zitierten ‚genetischen Manipulation' halte ich jedoch die Möglichkeit zur Klonisierung für schneller realisierbar. Vielleicht täusche ich mich. Dennoch sei die Frage gestellt: Wer entscheidet, ob solche Versuche mit diesen Zielen zulässig, sinnvoll, vielleicht sogar notwendig sind? Nur der vielzitierte Spieltrieb, nur die Neugierde, nur der noch so hoch bewertete Wissensdrang einzelner Biologen?

Daß erste Schritte in eine solche *Brave New World* (von Huxley) bereits getan sind, brauche ich Ihnen nicht ausführlich zu beschreiben. Sie wissen, daß in den USA bereits gesetzliche Regelungen für die künstliche Befruchtung mit konserviertem Sperma vorbereitet werden. Sie kennen die Ansichten einiger Nobelpreisträger der Biologie, die bei dem Ciba Symposium *Man and his future* geäußert worden sind: Lange bevor man an biochemisch oder chemisch gesteuerte Genveränderungen denken könne, gäbe es heute praktisch schon die Möglichkeit zu einer genetischen Verbesserung der Menschheit. Man brauche nur das Sperma hochwertiger Männer zu konservieren, genetisch minderwerte aber von der Zeugung durch Sterilisation auszuschließen. Dies kann prinzipiell schon jetzt geschehen. Bald wird man neben den Spermabanken auch Eibanken haben. Daß auch bei offensichtlich ‚hochwertigen' Menschen viele defekte oder mindere Gene vorhanden sind, wurde zum mindesten in jener Diskussion übersehen. Ich glaube auch nicht, daß die Höllenvision der *Brave New World* von Huxley schon bald Wirklichkeit werden wird. Die Verwirklichung eines solchen Planes ist dann doch viel komplizierter. Das aber ist auch im Zusammenhang dieses Referates gar nicht die eigentliche Frage. Es ging mir ja darum, fragend zu prüfen, ob wissenschaftliche Forschung an sich wertfrei sei und erst die Anwendung der Ergebnisse die Moral ins Spiel bringt. Bei der eben als Beispiel herangezogenen künstlichen Befruchtung könnte man freilich zu diesem Ergebnis kommen, denn sie ist in der Landwirtschaft entwickelt worden und ist dort sehr nützlich.

Die gut begründete Sorge, daß es den Virologen bei ihren Untersuchungen über Viren über chemisch oder biochemisch erzeugte Virusmutanten durch Zufall oder mit Absicht gelingen könnte, ein hochinfektiöses, hochpathogenes Virus zu züchten, sei auch hier nur angeführt. Erneut wird das Dilemma deutlich. Kann oder soll man gar den Virologen ihre bislang so erfolgreiche und weithin auch nützliche Forschung untersagen? Sicher nicht! Und doch wird in solchen Laboratorien vielleicht irgendwo eine biologische Superbombe von morgen vorbereitet.

Es schien mir notwendig, anhand dieser wenigen Beispiele erneut darauf hinzuweisen, daß die Anwendung von Ergebnissen der biologischen Wissenschaften uns vor die Fragen stellt, die mindestens so gewichtig sind, wie die Frage nach der Anwendung der physikalischen Wissenschaften beim Bau der Atombombe. Darüber hinaus aber scheint mir nicht *nur* die Anwendung biologischer Forschungsergebnisse problematisch, sondern doch schon die Forschung an sich, z. B. an menschlichen Eiern. Die alte Frage: Darf man alles machen, was man machen kann, könnte variiert werden zur Frage: Darf man alles erforschen, was man erforschen kann. Ich habe die Frage noch nicht beantwortet. Ein einfaches ‚Nein' würde ja eine extreme Einschränkung der Freiheit der wissenschaftlichen Forschung bedeuten. Und wer kann entscheiden, wo die Grenze liegt? Doch sicher nicht schon dort, wo mit menschlichem Gewebe, etwa Hautzellen, experimentiert wird. Wieso aber dann vielleicht dort, wo mit menschlichen Eiern oder Sperma experimentiert wird? Für den Biologen macht das nur den Unterschied, daß es sich einmal um diploide differenzierte, das andere Mal um haploide undifferenzierte Zellen handelt. Die Intentionen sind allemal gut! Solche Versuche werden doch um des Wohles der Menschheit willen gemacht, zumindest aber wird unsere Kenntnis über die Biologie und Pathologie des Menschen erweitert. Sie sehen, wir können und sollen uns die Antwort auf solche Fragen nicht leicht machen.

Im Alltag der Forschungsförderung hat man es nun im allgemeinen nicht mit solch fundamentalen Entscheidungen zu tun. In aller Regel fällt die Entscheidung, welches Forschungsvorhaben gefördert werden soll und welches nicht gefördert wird, einfach an Hand von Kriterien, die größtenteils wissenschaftsimmanent sind. Man fragt, ob ein Forschungsvorhaben gut begründet sei, ob es sich logisch an bereits vorhandenes Wissen anschließe, ob die dafür vorgesehenen Methoden adäquat seien, ob der Forscher die wissenschaftliche Qualifikation habe usw. usw. Die Forschungsförderung verhält sich zumeist ‚reaktiv' und gewährt so der wissenschaftlichen Forschung höchstmögliche Freiheit. Soll das so weitergehen? Kann das so weitergehen? Die Zunahme der wissenschaftlichen Produktion ist exponentiell. Das ist bekannt. Die Mittel, die für Wissenschaft ausgegeben werden, wachsen auch exponentiell, das Sozialprodukt aber langsamer. Daraus ergibt sich von allein die Erkenntnis, daß wissenschaftliche Betätigung nicht mit der gleichen Progression wie bislang weiter zunehmen kann. Die Wachstumskurve wird einem Umkehrpunkt zustreben. Das gleiche gilt auch für die Menschen, die in der Forschung tätig sind.

Wenn man die Zunahme an Biochemikern in den letzten zwanzig Jahren auf das Jahr 2030 extrapolieren würde, so würde sich ergeben, daß, da die Wachstumskurve der Zahl der tätigen Biochemiker steiler als die Wachstumskurve der Gesamtbevölkerung ist, dann alle Menschen Biochemiker wären. Das gilt übrigens für alle technischen und naturwissenschaftlichen Berufe in gleicher Weise. Dieser absurde Hinweis dient nur zur besseren Begründung, daß der wissenschaftliche Progreß sich in naher Zukunft verlangsamen wird. Die Zahl der neu produzierten, meist fast unbekannten und schnell vergessenen Ergebnisse in der wissenschaftlichen Literatur steigt ihrerseits exponentiell mit einem großen Exponentialquotienten an. Als Leser und als Redaktor von wissenschaftlichen Zeitschriften, als Mitglied von Forschungsförderungsorganisationen befällt mich dann bisweilen die etwas ratlos machende Frage: *Wozu?* Diese etwas resignierte Frage ‚wozu' ist also die Umkehrung der vorher geäußerten Sorge, die Anwendung wissenschaftlicher Ergebnisse könne unheilvoll sein. Jetzt beschleicht uns das Unbehagen, weil die vielen Ergebnisse naturwissenschaftlicher Forschung völlig unnütz irgendwo thesauriert werden, keine Anwendung finden, ja nicht einmal eigentlich der Wissensvermehrung dienen, da sie ja unerkannt gespeichert sind (wie abgeschaltete reprimierte Gene), nicht exprimierte Information darstellen. Sehr viele Untersuchungen sind reine Analogiearbeiten, vieles wird ‚geforscht', nur weil man die Methoden gut beherrscht. Zitat: „Wir müssen aufhören, Dinge zu tun, nur weil wir wissen, wie man sie tun kann, und nur weil gerade dies zu erforschen einem von uns Spaß macht." (Sir Theodore Fox, Bresch) Als Beispiel sei wiederum auf ein Gebiet der Biochemie hingewiesen. Man kennt die chemische Konstitution sehr vieler Pflanzenfarbstoffe. Es gibt aber wahrscheinlich noch sehr viel mehr nicht untersuchte Farbstoffe im Pflanzenreich. Soweit man heute sehen kann, sind die Pflanzenfarbstoffe aber wenigen verschiedenen chemischen Verbindungsklassen zuzuordnen. Hat es Zweck, noch weiter den Katalog der chemischen Formeln von Pflanzenfarbstoffen zu erweitern? Man kann es bezweifeln. Man kann aber auf der anderen Seite nicht ausschließen, daß ein Forscher, der sich diesem entlegenen Problem widmet, eine bedeutende Entdeckung macht, z. B. eine unerwartete pharmakologische Wirkung oder eine andere überraschende Eigenschaft an einem solchen Pflanzenfarbstoff findet, oder die Frage wegen ihrer taxonomischen Bedeutung untersucht. Das Beispiel kann beliebig ergänzt, erweitert und vermehrt werden. Tatsache ist, daß heutzutage große Mittel und viel Arbeitskraft und Können an offenbar ‚unnütze' Fragestellungen verschwendet werden. Ob aber die Ergebnisse wirklich unnütz sind, kann niemand voraussagen.

Sicher aber ist auch, daß es viele Fragestellungen gibt, deren Lösung unmittelbar notwendig ist, um einen für jedermann einsehbar notwendigen Fortschritt zu erreichen. Man denke etwa an die Forschung über die Ursachen des Krebses, deren Kenntnis für eine gezielte Therapie notwendig ist. Oder wollte jemand bestreiten, daß die Therapie des Krebses ein wünschenswertes Ziel wäre?

Wenn es also solche, mehr oder minder deutlich erkennbare, vordringliche Forschungsvorhaben gibt, wird es bei den begrenzten Mitteln und bei der begrenzten personellen Forschungskapazität notwendig sein, diese Ziele mit Priorität unter Hintansetzung anderer mit hoher Wahrscheinlichkeit weniger wichtiger Vorhaben zu fördern. Ein solches Vorgehen ist aber bereits ‚geplante Wissenschaftsförderung' – die Einsicht in die Notwendigkeit, bestimmte Ziele zu erreichen, führt zur Konsequenz, andere Ziele nicht zu verfolgen und damit diejenigen, die an diesen anderen, weniger wichtig erscheinenden, Forschungsprojekten arbeiten, ganz oder teilweise von der Förderung auszuschließen. Der Anreiz, für eine bestimmte Forschung Geld zu erhalten, wird für viele Wissenschaftler motivierend für die Wahl ihrer Themen sein. Ist das schon eine Begrenzung der wissenschaftlichen Freiheit? Ja – nicht jeder kann machen, was er möchte; – Nein – keiner wird gezwungen, sich an einem mit hoher Priorität geförderten Projekt zu beteiligen. Ich möchte an dieser Stelle aber, um nicht mißverstanden zu werden, betonen, daß es mir notwendig erscheint, stets einen gewissen ungeplanten ‚Freiraum' für die Forschung zu erhalten. So wie ein Volk sich den Unterhalt von Theatern, Sportplätzen und was weiß ich für ‚unnützen kulturellen' Einrichtungen leistet, so sollten Mittel für ‚zweckfreie' reine Forschung stets vorhanden sein. Das kürzlich mit Mitteln der Stiftung Volkswagenwerk fertiggestellte Radioteleskop in der Eifel zeigt am besten, was mit dieser Forderung gemeint ist.

In den bisherigen Ausführungen wurde immer wieder die Frage gestellt, wer bestimmt eigentlich, was gemacht werden soll, was gemacht werden darf. Wer setzt die Ziele, wie werden die Prioritäten in der Forschung gesetzt, die der Verwirklichung der Ziele dienen sollen.

Das Finden von Prioritäten, die sich auf Zielvorstellungen hin ordnen lassen, ist in den letzten Jahren vielfach theoretisch in allen möglichen Varianten untersucht worden. Das ganze vielfältige, z. T. wortreiche moderne Vokabular der Planungstheorie wäre nun darzulegen und zu erläutern. Dies würde uns jedoch vom Thema abführen. Nur soviel sei gesagt: Planen kann man nur von dem Boden gesicherten Wissens aus. Man braucht also genügend Informationen, am besten ein ganzes Informationssystem. Planen kann das Entwerfen von vielen Möglichkeiten bedeuten. Die Entscheidung, welche der Möglichkeiten realisiert werden soll, setzt Zielvorstellungen voraus.

Wieder die Frage: *Wie* werden in einer pluralen Welt mit ganz verschiedenen Wertmaßstäben Zielvorstellungen gewonnen? Es sind viele verschiedene Verfahren entwickelt worden, nach denen es möglich sein soll, zu ‚objektivierten', demokratisch transparenten Prioritätsmassen zu kommen. So verschieden sie aussehen, so sehr haben sie alle eines gemeinsam. Sie gehen von der Vorstellung aus, daß eine Gruppe von Menschen, seien es Experten, sei es eine – wie immer geartete – breitere Öffentlichkeit, durch Konsens oder durch Mehrheitsentscheidung die Prioritäten für bestimmte Forschungsvorhaben finden soll. Nun geschieht ja in der Praxis der Entscheidungsgremien, die z. B. über Forschungsförderung befinden, nichts anderes. Die Entscheidung wird auf Grund von Erfahrung, auf Grund von Kenntnissen usw. nach einiger Beratung nach bestem Wissen und Gewissen gefällt, ohne daß die Entscheidung sich der angewendeten Kriterien stets voll bewußt ist. Der Wunsch geht aber heute dahin, solche – wohl meist richtigen und gewissenhaften – Entscheidungen eines für die Betroffenen anonym bleibenden Beratergremiums durch nachprüfbare, unter sich vergleichbare, durch objektiviertere und transparentere Entscheidungen zu ersetzen. Diesem Wunsch zu folgen, bedeutet allemal einen größeren Aufwand, mehr Menschen werden mehr Zeit für diese Tätigkeiten opfern müssen.

Unter den verschiedenen bekannt gewordenen Modellen hat mir ein schon früher in den Kernforschungszentren in Karlsruhe angewendetes, von Herrn Bresch in Freiburg weiterentwickeltes Verfahren besonders gut gefallen, weil es wahrscheinlich mit relativ geringem Aufwand zu relativ brauchbaren Ergebnissen führen kann. Ich gebe im folgenden mit Genehmigung von Herrn Bresch etwas verkürzt dieses Verfahren wieder:

Das Problem der Prioritätensetzung besteht aus zwei Teilfragen:

Wer setzt Prioritäten? und
Wie setzt man Prioritäten?

Wegen der wachsenden Empfindlichkeit der Forschung gegen eine Manipulation möchte ich jedoch kurz zwei Gesichtspunkte zur Diskussion stellen: Zunächst erscheint es mir notwendig, die Wissenschaft selbst mit großem Gewicht an einer Prioritätensetzung zu beteiligen. Dies sollte auf dem Prinzip eines breiten Consensus beruhen, aber ohne zu großen Zeitaufwand erreicht werden. Zum anderen sollte als weitere Schutzmaßnahme der Entscheidungsprozeß über Prioritäten für die Öffentlichkeit – und vor allem für die negativ betroffenen Wissenschaftler – durchschaubar gemacht werden.

Die erste Aufgabe scheint nach alledem die Ermittlung der Zielvorstellungen und ihre Gewichtung gegeneinander, d. h. die Ermittlung eines ‚Zielvektors' in einem vieldimensionalen Raum, dessen Koordinaten die einzelnen denkbaren Zielrichtungen sind.

Bei der Aufstellung einer solchen Liste von Zielkoordinaten muß nicht nur beachtet werden, daß die formulierten Ziele nach Möglichkeit zugleich kurz- *und* langfristig sein sollten, sondern vor allem nicht mit politischen Zielsetzungen verwechselt werden. Da es um einen möglichst sinnvollen Einsatz unserer Forschungskapazität geht, sind politische Ziele wie ‚Integration Europas‘ oder ‚Hilfe für die Dritte Welt‘ ungeeignet. Diese sind nur abhängig von parlamentarischen Mehrheitsentscheidungen und haben nicht die Erarbeitung weiterer Forschungsergebnisse als Voraussetzung.

Auch eine Zielsetzung wie ‚Verkürzung der Arbeitszeit‘ wäre inkorrekt, da Forschung nur eine Steigerung der Produktivität bewirken kann, die dann erst durch eine überlagerte, politische Entscheidung zu Arbeitszeitverkürzung, gesteigertem Konsum oder vermehrtem öffentlichem Wohlstand führt. Sinnvoll sind also nur Zielvorstellungen, deren Erreichbarkeit – zumindest auch – von der Gewinnung neuer Forschungsergebnisse abhängt.

Im folgenden ist ein Beispiel für eine solche Zielliste gegeben, die in einer Vorlesung ca. 150 Biologie-Studenten mittleren Semesters, etwa zur Hälfte weiblich, vorgelegt wurde mit der Bitte, insgesamt 36 ‚Gewichtspunkte‘ nach persönlichen Zielvorstellungen zu verteilen:

Zielvektor

6	Sicherung des Fortbestands der Menschheit (einschließlich Geburtenkontrolle und Umweltschutz)
3	Erweiterung des Wissens (Gewinnung grundlegender Erkenntnisse vom Bereich der unbelebten Materie bis zu allen Aspekten der menschlichen Gesellschaft, auch ohne klar ersichtliche, unmittelbare Anwendungsmöglichkeiten)
4	Verbreitung von Einsichten in die Zusammenhänge der Welt (wieder von der unbelebten Materie bis zur menschlichen Gesellschaft)
2	Sinngebung für das menschliche Dasein (auf religiöser oder weltlicher Ebene)
3	Sicherung nationaler Interessen (Stärkung der eigenen wirtschaftlichen und kulturellen Bedeutung im internationalen Wettbewerb)
4	Steigerung der Produktivität (nutzbar als Arbeitszeitverkürzung, Erhöhung des Güterkonsums oder als gesteigerter öffentlicher Wohlstand)

4 ________ Förderung der Gesundheit
(definiert als körperliches und geistiges Wohlbefinden, nicht nur als Abwesenheit klinischer Krankheitsbilder)

1 ________ Verlängerung des menschlichen Lebens
(d.h. der biologisch bedingten maximalen Lebensspanne)

4 ________ Verbesserung zwischenmenschlicher Beziehungen
(durch Einsicht in die Wechselwirkung zwischen Individuen, Gruppen und Gesamtgesellschaft)

3 ________ Steigerung von Individualität
(Entwicklung von Kreativität, Entfaltung der Persönlichkeit, Verhinderung von Denkklischees, Förderung der Vielfalt der Interessen)

1 ________ Stärkung der ästhetischen Komponente des Daseins
(Steigerung des Interesses an Kunst und ästhetischer Gestaltung der menschlichen Umwelt)

1 ________ Entwicklung bisher unbekannter Bewußtseinsformen höherer Komplexität
(z.B. direkte Kommunikation zwischen Gehirnen durch physikalische oder chemische Eingriffe)

Es ist evident, daß diese Zielliste verbessert und erweitert werden kann. Dies könnte zur Aufgabe einer *ad-hoc*-Kommission aus Wissenschaftlern und Politikern gemacht werden. Mit einer solchen endgültigen Liste an der Hand könnte eine Befragungsaktion relativ schnell zu einem mittleren Zielvektor z. B. einer Universität, eines Parlaments oder beliebiger anderer Gremien führen.

Erlauben Sie mir, an dieser Stelle die politische Frage zu überspringen, wessen Meinung in den endgültigen Zielvektor einfließen sollte. Diese Frage ist sekundär gegenüber der Frage nach der prinzipiellen Brauchbarkeit des Verfahrens überhaupt.

Ein endgültiger Zielvektor könnte also ermittelt, publiziert, nach gewisser Zeit durch erneute Befragung der Entwicklung angepaßt und zur Grundlage der Prioritätensetzung gemacht werden.

Die Ermittlung von Projektvektoren

Auf der anderen Seite könnten einzelne Forschungsvorhaben oder ganze Fachzweige nach ihrem Beitrag bewertet werden, den sie zu den einzelnen Zielrichtungen unserer Liste erwarten lassen. Diese Wertung, z. B. zwischen 0 und 10 für den Beitrag zu je einer Zielrichtung, wäre Aufgabe einer ständigen Kommission, die aus Vertretern verschiedener Fachrichtungen zusammengesetzt sein sollte – etwa wie der Senat der DFG. (Möglicherweise müßten gelegentlich sogar negative Punkte gegeben werden, z. B. für das theoretisch denkbare Projekt der genetischen Konstruktion eines neuen Supervirus von höchster Infektiosität und Pathogenität, das den Fortbestand der Menschheit gefährden könnte.) Die jeweiligen Fachvertreter oder gar die Antragsteller könnten der Kommission die Bedeutung des Projektes für die einzelnen Komponenten des Zielvektors darlegen.

Zweifellos ist diese Zielwertung eines Projektes die kritische Stelle, an der Vorurteile in die Betrachtung einfließen. Dennoch scheint der Anteil des Vorurteils reduziert, – das Verfahren also wissenschaftlicher –, wenn nach der Bedeutung des Forschungsvorhabens für ein ganz bestimmtes Ziel gefragt werden kann, im Vergleich zu der jetzigen Situation einer pauschalen Beurteilung ganzer Forschungszweige. Vor allem aber werden mögliche Vorurteile oder Irrtümer dieser Kommission an den gegebenen Zahlwerten sichtbar und diskutierbar.

Durch die Zielwert-Kommission erhalten wir also einen ‚Projektvektor' für jedes Vorhaben – gemessen in den gleichen Zielkoordinaten wie der vorhin gewonnene Zielvektor.

Der Zielwert

Aus dem Vergleich von Zielvektor und Projektvektor ließe sich nun der ‚Zielwert' des einzelnen Projekts errechnen. Mathematisch könnte dieser angegeben werden als das skalare Produkt dieser Vektoren:

$$Z = \sum_i a_i \cdot b_i, \text{ wobei}$$

a_i das Gewicht der Zielvorstellung i im Zielvektor und
b_i die Bedeutung des Projektes für die Zielvorstellung i wäre.

Ziel-Koordinaten	Zielvektor	Maschinelles Herz	Computer-Unterricht	Sprachverschiebung	Abgasfreies Auto	Beschleuniger	Erbgut u. Kriminalität
	a_i	b_i					
Fortbestand	6	0	1	0	4	0	0
Erweitertes Wissen	3	1	1	2	0	2	2
Verbreitete Einsicht	4	0	3	0	0	0	0
Sinngebung	2	0	0	0	0	0	0
Nationale Interessen	3	1	5	1	6	2	0
Produktivität	4	0	2	0	0	1	0
Gesundheit	4	8	0	0	4	1	1
Verläng. Leben	1	3	0	0	0	0	0
Zwischenmenschl. Bez.	4	0	0	2	0	0	5
Individualität	3	0	1	0	0	0	1
Ästhetik	1	0	0	0	1	0	0
Erweit. Bewußtsein	1	0	0	0	0	0	0
Zielwerte		41	41	17	59	20	33

Der Zielwert wäre also eine einfache Zahl für jedes Einzelprojekt und ein Maß dafür, wieweit dieses dem allgemeinen Zielvektor entspricht.

Ein Beispiel:

Wir wollen 6 Projekte einordnen:

1. Entwicklung eines maschinellen Herz-Ersatzes
2. Erprobung des Computers als Unterrichtshilfe
3. Analyse der Sprachverschiebung unter dem Einfluß von Industrialisierung

4. Entwicklung eines abgasfreien Automobilantriebs
5. Untersuchung von Kernreaktionen im MeV-Bereich (dazu Errichtung eines mittelgroßen Beschleunigers)
6. Prüfung des möglichen Zusammenhangs zwischen Erbgut und Kriminalität.

In der nebenstehenden Tabelle sind in der ersten Spalte willkürlich angenommene Werte für die mittleren Gewichtsfaktoren der einzelnen Ziel-Koordinaten a_i aus einer Befragung von Universität und Parlament aufgeführt. Die weiteren Spalten geben die denkbare Punktung b_i einer Zielwert-Kommission für die Bedeutung der einzelnen Projekte in Richtung auf die verschiedenen Zielkoordinaten. Wenn Sie selbst eine solche Punktung vornehmen würden, ergäben sich vermutlich an dieser oder jener Stelle deutliche Abweichungen. Das Verfahren erlaubt aber, schnell solche Stellen stark divergierender Meinungen zu erkennen und durch Diskussion innerhalb der Zielwert-Kommission zu klären.

Die Zielwerte der untersten Reihe gewinnt man schließlich aus der Multiplikation des Gewichts der Zielkoordinate (a_i) mit der dazugehörigen Punktzahl des Projekts (b_i) und Aufsummierung dieser Produkte; z. B. für das maschinelle Herz:

$$6 \times 0 + 3 \times 1 + 3 \times 1 + 4 \times 8 + 1 \times 3 = 41$$

Das Prioritätsmaß

Solche Zielwerte sollen aber noch nicht das endgültige Prioritätsmaß sein. Die Kosten eines Projekts müssen unbedingt Berücksichtigung finden, da sonst z. B. große Teile der relativ wenig aufwendigen Geisteswissenschaften einem einzigen kostspieligen technischen Großprojekt hohen Zielwertes zum Opfer fallen könnten. Zum anderen braucht man ein Instrument, das Prioritätsmaß unter Aspekten der Finanzsituation bzw. der Finanzplanung steuernd zu beeinflussen.

Die Projektkosten lassen sich in Form einer ‚Kostenfunktion‘ f (K) berücksichtigen, deren genaues Aussehen entsprechend den vorangegangenen Überlegungen von einer Finanzkommission zu erarbeiten und zu veröffentlichen wäre. Sie hätte in groben Zügen etwa die nachfolgend gezeigte Form:

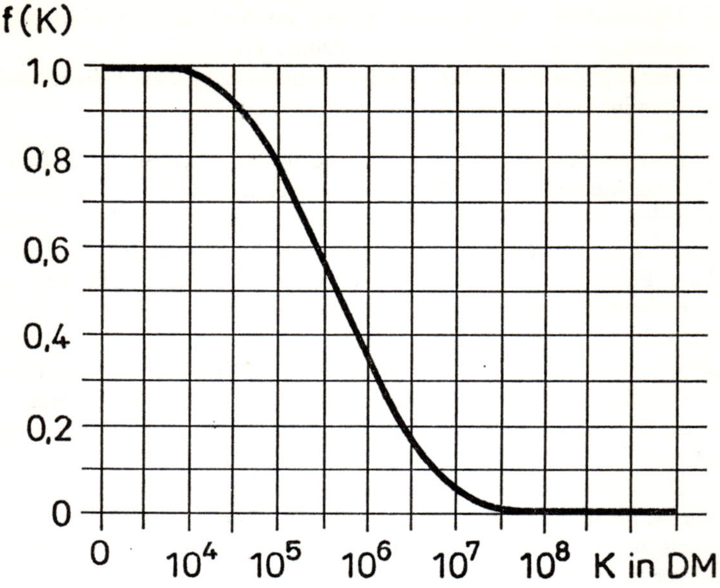

Diese Funktion könnte modifiziert werden, je nachdem ob wenige Großprojekte oder eher viele kleinere Projekte gefördert werden sollen. In jedem Fall muß der Wert von f (K) Null werden bei einer Kostenhöhe, die etwas unter dem zur Verteilung anstehenden Budget liegt. Die Kurve wäre durch Parallelverschiebung der Etatsituation anpaßbar.

Je teurer ein Projekt also wird, desto größer müßte sein Zielwert sein, um noch zum Zuge zu kommen. Die endgültige Prioritätszahl ergibt sich dann aus dem Zielwert multipliziert mit dem Wert von f (K), d. h. einer kostenabhängigen Zahl zwischen 0 und 1:

$$p = \sum_i a_i \cdot b_i \cdot f(K) \cdot g(Q)$$

Will man Prioritäten zwischen ganzen Forschungsrichtungen setzen, so genügt die bisherige Betrachtung.

Steht man dagegen vor der Notwendigkeit, spezifierte *Einzel*projekte sehr verschiedener Fächer abzuwägen (so wie das in den kommenden Jahren bei den Sonderforschungsbereichen notwendig sein wird), dann muß auch noch die Qualität eines Projektes in dessen Prioritätszahl eingehen.

Das Qualitätsurteil würde in der klassischen Weise durch eine Fachgutachtergruppe gegeben. In diesen Wert, der zwischen festgelegten Grenzen – z. B. zwischen 0 und 1 variieren kann – gehen ein die Originalität des Ansatzes, die sinnvolle Dauer des Vorhabens, die Gründlichkeit des Durchdenkens, die Aussicht, das gesteckte Ziel zu erreichen, die Fragen einer adäquaten Ausrüstung, eines realistischen Kostenansatzes usw.

Neu wäre dabei nur die Angabe eines Zahlwerts statt der bisherigen verbalen Beurteilung. Eine solche zahlenmäßige Bewertung ist in den Vereinigten Staaten seit vielen Jahren üblich. Auch hierdurch wird das Verfahren durchschaubarer. Besonders hingewiesen werden müßte aber auf die Tatsache, daß die allgemeine Wichtigkeit des Projekts *nicht* mehr in die Beurteilung eingehen darf, da diese unabhängig davon in Form des Projektvektors bestimmt wird.

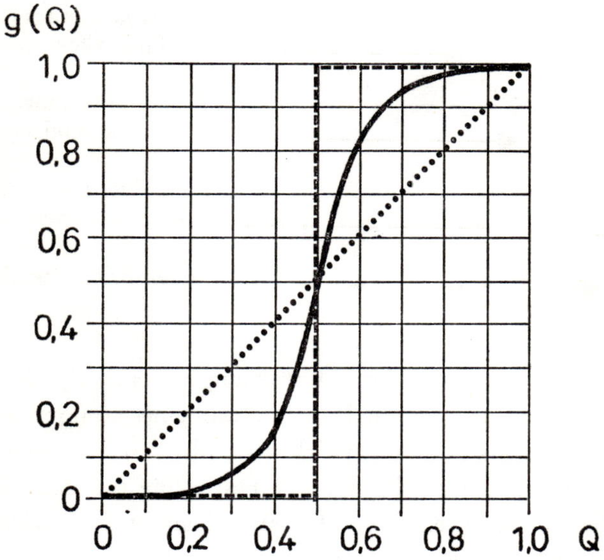

.... a) Die direkte Benutzung des Q-Wertes
.... b) Umformung zur einfachen ja-nein-Entscheidung der Gutachter
———— c) Eine mir sinnvoll erscheinende Kompromißlösung

In jedem Fall erhält man schließlich die endgültige Priorität von Einzelprojekten aus der Formel

$$p = \sum_i a_i \cdot b_i \cdot f(K) \cdot g(Q)$$

und kann nach dieser Reihung Mittel bis zur Erschöpfung des Etats bewilligen.

Zusammenfassende Diskussion

Das Gesamtverfahren ist noch einmal wie folgt schematisch zusammengefaßt:

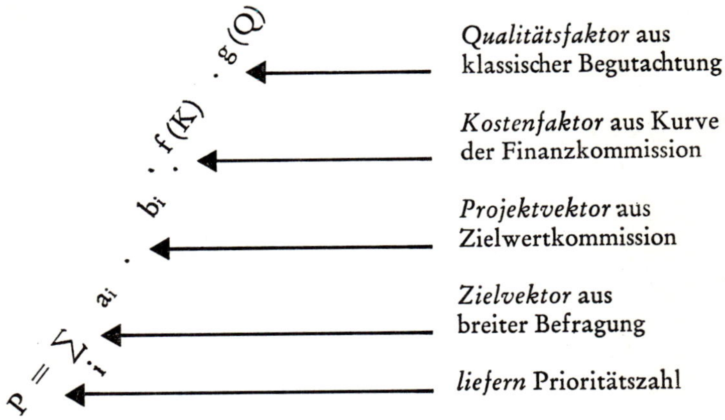

Vorteil dieses von Herrn Bresch angegebenen Systems ist, daß der Zielwert bzw. die Prioritätszahl eines konkreten Projektes durch das Zusammenwirken verschiedener Gremien zustande kommt, ohne daß bei der Festlegung des Zielvektors ständig ein großer Kreis von Experten bemüht werden müßte. Die Entscheidungen über verschiedene Projekte bzw. Forschungsvorhaben sind besser untereinander vergleichbar, die Entscheidung wird allen, auch den Betroffenen durchsichtiger. Was hat nun ein Exkurs in ein Planungsmodell mit dem Thema Freiheit und Planung der wissenschaftlichen Forschung zu tun?

Einleitend habe ich darauf hingewiesen, daß Planung als

Fremdbestimmung den Freiheitsraum des einzelnen beschränkt, daß aber der Konsens zur Planung durch den betroffenen einzelnen für ihn den Wiedergewinn seiner subjektiv empfundenen Freiheit bedeute.

Wenn also ein solches Verfahren die Meinung vieler Experperten und Nichtexperten zu einer durchschaubaren Entscheidung werden läßt, so wird sie für den Betroffenen einsehbar, eventuell übernehmbar, somit weniger ‚dirigistisch' erscheinen.

Aus der wiedergegebenen Formel wird aber auch deutlich, daß die Prioritätszahl ganz wesentlich von der Art und dem Gewicht der Zielkoordinaten und von der Gewichtung des Projekts im Koordinatenfeld abhängt, also von der Durchschnittsmeinung der Gruppen, die diese Werte ermitteln.

Im Lauf des Vortrages habe ich mir immer wieder die Fragen gestellt: Wer gibt die Zielvorstellungen; wer entscheidet, was gemacht werden soll oder gar darf; wer setzt die Prioritäten und damit zwangsläufig auch die Posterioritäten. In den heute landläufigen Meinungen dazu spiegelt sich die Auffassung wieder, die so viel ich weiß von Habermas klar ausgesprochen wurde: Moralisch gut, richtig, sittlich (also der Sitte folgend) sei, was die Gesellschaft in ihrer Mehrheit als solches akzeptiere. Die Durchschnittsmeinung eines Kollektives ergibt also die Planvorstellungen für die Planung dieses Kollektives, die Normen für seine Handlungen. An Hand von Beispielen läßt sich eine solche Anschauung auch gut begründen. In Schweden ist die Abtreibung normal, in keiner Weise mehr anstößig; in Spanien vermutlich würde eine Frau, die bekennt, abgetrieben zu haben, auch heute noch – ganz abgesehen von der Strafverfolgung – von der Gesellschaft geächtet. In Sparta war es selbstverständlich, neugeborene Kinder mit erkennbaren Mißbildungen zu töten, eine Handlungsweise, die heute, und sei die Welt noch so säkularisiert, allgemein abgelehnt würde. Solche Beispiele lassen sich beliebig viele heranziehen. Folgt man dieser gedanklichen Linie, so ergibt sich, daß die Zielvorstellungen und daraus abgeleitete Prioritätswerte um so besser erscheinen, je mehr sie den allgemeinen von der Gesellschaft akzeptierten Wertvorstellungen folgen. Das heute propagierte Demokratiemodell ist somit auch für den Sonderfall Forschungsplanung anzuwenden. Aus den Meinungen von vielen wird die Mehrheitsmeinung als die jeweils richtige akzeptiert.

Welche Alternativen gibt es? Mir scheint das Delegationsprinzip auch für den Sonderfall der Forschungsplanung angemessen zu sein. Experten, Wissenschaftler, Techniker, die ein breites Vertrauen genießen, werden gewählt. Sind sie einmal gewählt, um beispielsweise einen Zielwertkatalog zu erstellen, so sind sie im Rahmen dieser Aufgabe souverän. Das läuft auf eine ‚Technokratie' heraus, so wird man sagen. Da Wissenschaftler – schöner wäre es, könnte man von ‚Gelehrten' sprechen – verschiedene Fachrichtungen – es sollten auch Theologen dabei sein! – kooperieren müssen, ist die Gefahr einer einseitig technokratischen Forschungsplanung gering. Es wäre zu hoffen, daß dann weniger ‚technokratische' als elitäre Strukturen für die Planungs- und Entscheidungsgremien wiedergefunden werden.

So berühre ich zum Schluß meines Vortrages doch noch das Rahmenthema der diesjährigen Tagung ‚Glauben und Wissenschaft in gegenwärtiger Krise':

Im Hintergrund meines ganzen Vortrages stand die alte, immer neue Frage, wo finden wir handelnden und planenden Menschen die Richtschnur, nach der wir unser Handeln und Planen ausrichten. In einer pluralen Welt, die keine allgemeinverbindlichen, sondern nur abgeleitete und relative Werte kennt, wird diese Frage auch immer nur heuristisch zu beantworten sein. Sind die sieben Gebote, die der Verhaltensphysiologe aus der Beobachtung des tierischen Verhaltens abgeleitet hat, die Richtschnur für das Finden von Zielvorstellungen für die Ordnung und Planung dieser Welt? Wenn dieses angenommen wird, so kann man vielleicht hoffnungsvoll erwarten, daß wir lernen werden, auch mit den neuen, z. T. bedrohlichen Möglichkeiten, die uns die Wissenschaften eröffnen, mit Vernunft zu leben. Genügt das? Sollten es statt der sieben nicht doch zehn Gebote sein, die unser Handeln bestimmen?

Literaturhinweise

C. Bresch, *Prioritätensetzung für Forschungsvorhaben,* Referat von der Deutschen Forschungsgemeinschaft am 17. 11. 1970 in Bad Godesberg.

G. Picht, *Die Situation des Menschen in der Zukunft der technischen Welt,* Stuttgart 1967.

Editorial, *Nature,* 231, 233 (1971).

R. G. Edwards, D. J. Sharpe, *Nature,* 231, 87 (1971).

Hj. Staudinger, *Zukunft der Religion in einer geplanten Welt,* Reichenhall 1970.

Bericht über das Symposium: *Mammalian Cell Hybridization,* Federation Proceedings, Vol. 30, Nr. 3 (1971).

W. Wickler, *Die Biologie der zehn Gebote,* München 1971.

Diskussion zum Vortrag von Hansjürgen Staudinger

Planung und Freiheit der wissenschaftlichen Forschung

Luyten: Ich möchte zunächst zum Ausgangspunkt der Ausführungen von Herrn Kollegen Staudinger eine Frage stellen. Die Einteilung in Selbstbestimmung und Fremdbestimmung, so schroff gegeneinandergestellt, dürfte irreführend sein. Herr Staudinger hat übrigens selber bemerkt, daß man gelegentlich darauf angewiesen sein kann, eine Fremdbestimmung anzunehmen. In diesem Sinne kann man wohl nicht einen absoluten Gegensatz zwischen Fremd- und Selbstbestimmung walten lassen, weil unsere freie Entscheidung als Person sich doch immer nur in einem sozialen Kontext realisiert. Ich lerne von meinen Eltern, von der Kirche, von der Gemeinschaft, nach welchen Normen ich mein Handeln richten soll. Wenn man hier nun von vorneherein einen Gegensatz zwischen Selbst- und Fremdbestimmung konstruiert, dann besteht doch die Gefahr, daß jede Beeinflussung von außen als Schmälerung der Selbstbestimmung beurteilt wird. Das ist sicher nicht die Absicht von Herrn Staudinger gewesen. Es ist aber doch wohl nicht unnütz, darauf hinzuweisen, die Spannung zwischen Selbst- und Fremdbestimmung sei nicht notwendigerweise ein Gegensatz, sondern könne auch echte Komplementarität besagen.

Das bringt mich zu einer weiteren Frage: Ist der Begriff Freiheit wohl so eindeutig? Die Freiheit der Wissenschaft z. B. bedeutet doch sicher nicht, daß jeder Wissenschaftler nur so behaupten kann, was er will; Freiheit ist immer auch Bindung. Das müssen wir gebührend berücksichtigen, wenn wir die aufgeworfene Problematik richtig bewältigen wollen. Freiheit besagt immer auch, daß eine Bindung vorhanden ist; wenn man sich auch für dieses oder jenes entscheiden kann, dann nicht im Sinne einer absoluten Willkür, sondern so, daß die freie Wahl auch eine sinnvolle Entscheidung ist. Müßte man vielleicht auch hier nicht noch etwas mehr differenzieren? Wäre Herr Staudinger da einverstanden?

STAUDINGER: Vielen Dank Herr Luyten, ich stimme dem, was Sie sagten, ganz zu. Meine Absicht war, am Anfang des Vortrages, wo ich selbst Fremdbestimmung, Freiheit und Unfreiheit, im Sinne einer ‚fremdgeplanten' Unfreiheit, gegeneinandergestellt habe, Extrempositionen zu skizzieren, aus denen heraus die Fragen des Vortrages deutlich gemacht werden sollten. Sie haben aber ganz sicher recht damit, wenn Sie sagen, daß es eine totale ‚Selbstbestimmung' nicht gibt, denn wir sind ‚soziale Wesen'. Es ist somit richtig zu sagen, daß wir nicht beliebig frei sind, sondern daß wir in einem gegebenen Rahmen die Entscheidungsmöglichkeit haben, dieses oder jenes zu tun. Sie können aber vielleicht akzeptieren, Herr Luyten, daß die Gegenüberstellung zu Anfang gewagt wurde, um die Problematik bei der Forschungsförderung recht deutlich zu machen. Denn wenn Sie z. B. einen Naturwissenschaftler heute fragen, ob seine Forschung unter einem anderen Gesichtspunkt als unter dem seiner eigenen ‚Planung' gemacht werden könne, so werden Sie weithin auf Protest stoßen.

Ich darf hier noch einen kleinen Zusatz machen: Ich bin an sich der Meinung, Herr Luyten, daß die einfache Feststellung, der Mensch sei frei, dies zu tun und jenes zu lassen, so einfach nicht sei, sondern einer genauen und umfangreichen Untersuchung bedürfte.

STEINER: Die Freiheit, die von Herrn Staudinger angesprochen wurde, hatte an sich ja auch ein ganz bestimmtes Thema, nämlich die freie Wahl des Forschungsgegenstandes. Im Vortrag selber sind zwei Möglichkeiten, diese Freiheit als problematisch anzusehen, gegeben worden: Einmal, wenn es sich um die ‚Brisanz' des Forschungsgegenstandes handelt, wie in dem Beispiel des Experimentierens am Menschen gezeigt wurde.

Die zweite lag in einer ganz anderen Richtung: Die berühmten Analogiearbeiten, wo man sich fragt: wozu noch eine Vermehrung des Stoffes? Nun haben Sie selber angedeutet, daß man hier äußerst vorsichtig sein sollte. Sie haben da sicher an die unzähligen Arbeiten gedacht, die heute über die Flavonoide gemacht werden, über das Vorkommen eines weiteren Glykorids usw. Solche Dinge können im Rahmen der Chemotoxonomie ganz ungeheuer bedeutungsvoll werden.

Ein anderes instruktives Beispiel wäre die Entdeckung des ‚C_4-Carbonsäure-Zyklus' der pflanzlichen Photosynthese. Der chemische Weg vom Kohlendioxyd zum Kohlenhydrat schien aufgrund von Untersuchungen an der Grünalge Chlorella in der Formulierung des ‚Calvin-Zyklus' endgültig geklärt. Parallele Untersuchungen an weiteren Objekten hätten also leicht als überflüssige Analogiearbeiten betrachtet werden können. Sie wurden aber durchgeführt und erbrachten das überraschende und wichtige Ergebnis, daß es noch einen zweiten, vom ersten stark abweichenden Weg der Photosynthese gibt.

Also auch bei der Abwertung von Analogieuntersuchungen muß man recht vorsichtig sein; es kann da auch unter Umständen etwas sehr Überraschendes und sehr Wichtiges für die Wissenschaft herauskommen. Das zentrale Problem ist natürlich die Einschränkung der Freiheit, also etwa ganz konkret gesagt: Wird ein katholischer Forscher, ein christlicher Forscher, ein Forscher, der unsere Auffassung vom Menschen hat, so ohne Bedenken mit einem menschlichen Ei, einem befruchteten menschlichen Ei, experimentieren können?

Cottier: Die von Herrn Staudinger aufgeworfene Frage ist äußerst wichtig: Wie soll man in einer pluralistischen Gesellschaft auswählen? Damit ist ein zentrales Problem der politischen Philosophie aufgeworfen. Was bedeutet eigentlich Demokratie? Treibt man das Prinzip der individuellen Freiheit bis zum äußersten, dann führt das zur Selbstaufhebung der Demokratie.

Die Demokratie als solche ist nämlich schon ein Wert, der nur existiert, weil man sich über den Wert der Person und ihrer Freiheit einig ist. Dieser Consensus, der z. B. in der Erklärung der Menschenrechte seinen Niederschlag gefunden hat, beschränkt die Anwendung des Mehrheitsprinzips. Damit das Prinzip gültig sei, muß die Mehrheit sich zum Wert der Demokratie bekennen. Es sind uns aus der Geschichte Beispiele von Mehrheiten, welche die Demokratie, und so das Freiheitsprinzip, unterdrückt haben, zur Genüge bekannt.

Andererseits wird in der heutigen Welt die Meinung der Mehrheit mehr und mehr künstlich gemacht, nicht nur durch die Schule, sondern durch die Massenmedien. Das bedeutet, daß die Meinung der Mehrheit nicht notwendigerweise die spontane Überzeugung der einzelnen wiedergibt, sondern meistens nur den Einfluß der Massenmedien auf die einzelnen widerspiegelt. Aus diesem Grund kann ich das Mehrheitsprinzip nicht ohne weiteres akzeptieren. Ich möchte hinzufügen, daß die Mehrheit als solche unmöglich die Moral bestimmen kann; vielleicht ist sie das einzige Mittel, das uns ermöglicht, zu den Werten der Demokratie zu stehen.

Vom christlichen Gesichtspunkt aus kann aber die Annahme moralischer Werte durch die Mehrheit nicht genügen. Mir scheint sich das Problem wie folgt zu stellen: Wie verhalten wir uns als Christen zur Moral der Gesellschaft, in der wir leben? Ich würde meinen, daß wir hier zwei Ebenen unterscheiden müssen: Von der Gesellschaft müssen wir ein Minimum fordern, wohl wissend, daß ein solches Minimum für den Christ nicht genügt. Das besagt keineswegs, wir würden uns zu dieser Minimum-Moral bekennen, und schon gar nicht, wir müßten gar nichts unternehmen, um die öffentliche Meinung zu beeinflussen. Ich weiß, das ist ein sehr heikles Anliegen, denn es gibt eine Wechselwirkung zwischen der von der Kirche gelehrten und der von der politischen Gesellschaft gelebten sozialen Moral. Ich wollte die Fragen einmal aufwerfen, damit unsere Diskussion etwas auf die Probleme des Pluralismus eingehe.

Staudinger: Vielen Dank, Herr Cottier. Ich glaube, daß Ihre Ausführungen zu den Fragen, die ich gestellt habe – und ich muß immer wiederholen, daß es Fragen waren, die auf die Probleme hinweisen sollten –, sehr hilfreich sind. Gerade das ist ja der Punkt, daß wir im Konkreten einer Entscheidung über eventuelle Forschungsförderung oder allgemeiner über die Trends in der Forschung auf der einen Seite als einzelne eine ethische Vorstellung mitbringen, daß auf der anderen Seite in den Gremien, z. B. in der Deutschen Forschungsgemeinschaft, eine ‚demokratisch' zustande gekommene Meinung respektiert werden muß. Exakt dieses ist – wenn Sie mir jetzt erlauben, es etwas dramatisch auszudrücken – die ‚Not', die wir auszuhalten haben. Sie ist im Alltag meist nicht so sehr ‚dramatisch', aber im Prinzip ist sie so schwerwiegend, wie Sie es gesagt haben. Als Christ werde ich noch anderes meinen und vielleicht noch etwas mehr ‚wissen', als aus einer Mehrheitsentscheidung sichtbar wird. Als Christ muß ich aber auch die Mehrheitsentscheidung ernst nehmen, denn ich muß ja meine ‚Nächsten' ernst nehmen. Ich habe jetzt nur erneut bestätigt, was Sie schon sagten. Ich sehe allerdings nicht, wie hier eine generelle Lösung zu finden sei. Es gilt immer, die Fragen *hic et nunc* zu entscheiden.

Zu Ihrem zweiten Punkt: Die öffentliche Meinung sei bereits manipuliert. Da kann man ja nur zustimmen, das ist fraglos richtig. Das hat mich veranlaßt, einen Alternativvorschlag zu machen: Die wichtigen Entscheidungen an eine Elite zu delegieren. Dabei taucht sogleich die Frage auf, wer ist ‚Elite'? Trifft das Wort heute überhaupt noch das, was gemeint ist? Immerhin, so meine ich, sollte nicht die ‚Durchschnittsmeinung' irgendeiner Öffentlichkeit, wie immer sie zustande komme, Richtschnur für die Entscheidung sein. Das braucht man gar nicht immer so ‚hoch aufzuhängen', etwa an ‚moralischen Entscheidungen', wie ich das in meinem Vortrag getan habe. Nehmen Sie als einfaches Beispiel den großen Streit, der sich jetzt über Jahre hinzieht: die Straßenführung in Eltville. Da haben Sie Meinung gegen Meinung, und zwar ‚Durchschnittsmeinungen' von Weinbauern gegen ‚Durchschnittsmeinungen' von Städtebürgern. Wie soll nun die ‚richtige' Trasse für diese Straße zu finden sein? Auch hier zeigt sich deutlich, daß Durchschnittsmeinungen nicht gleichzeitig richtige Meinungen zu sein brauchen.

COTTIER: Gestützt auf Beispiele aus der jüngsten Vergangenheit ließe sich vielleicht eine – allerdings nicht vollständige und auch nicht ganz befriedigende – Lösung denken. Nach dem letzten Weltkrieg wurde eine Erklärung der Menschenrechte ausgearbeitet. Ihrerseits haben die europäischen Staaten eine europäische Konvention über die Menschenrechte angenommen. Das setzt einen ziemlich weiten Consensus über eine Anzahl gemeinsam anerkannter Werte voraus, wobei die Begründung dieser Anerkennung für jeden Staat eine verschiedene sein kann. Könnte man sich in dieser Richtung nicht etwas Ähnliches denken, z. B. eine Erklärung über das Recht auf Leben. Man könnte, wie Sie es anregten, an eine Elite appellieren und zu einer Übereinstimmung gelangen. Haben wir keine Angst vor dem Wort Elite: Menschen, die von verschiedenen ideologischen Richtungen her kommen, könnten sich treffen. Gerade als Christen sollten wir zum Humanum Vertrauen haben, da dieses ja das Ebenbild Gottes ist. Jeder Mensch, zu welcher Ideologie er sich auch bekennen mag, hat ein menschliches Empfinden. Mir scheint, daß man in diesem Sinne die Menschenrechte weiter präzisieren könnte (wie es in Europa schon bis zu einem gewissen Grad geschehen ist). Dadurch, daß man auch die Rechte des ungeborenen Lebens, die Grenzen des Experimentierens mit menschlichem ‚Material' erwähnen würde, wäre doch schon eine gewisse Lösung gefunden.

DOLCH: Herr Cottier hat die Ausführungen von Herrn Staudinger von den drei Grundforderungen neuzeitlicher Demokratie aus besprochen. Es wunderte mich, daß er von diesen drei Grundforderungen: *liberté, fraternité, égalité* nur die eine Forderung der *liberté* herausgriff und berücksichtigte. Ich meine, unsere Wissenschaftssituation heute stellt eigentlich viel näher und viel radikaler die Forderung der *égalité* in Frage. Wenn dies zutrifft, was Herr Staudinger sagte – ich glaube, wir akzeptieren das alles –, eine Prioritätenfestlegung, sowohl von Sachen wie von Personen, widerspricht dem Grundprinzip der *égalité,* innerwissenschaftlich gesehen, viel mehr als dem Prinzip der *liberté.*

Doms: Wie Herr Cottier sagte: die Demokratie in sich ist, ich erlaube es mir zu sagen, ein sehr zweifelhafter Wert. Wenn ich nämlich von einem Menschen Beurteilungen, Entscheidungen und Handlungen verlange, die über das hinausgehen, was er verantworten kann, ist eine höchst problematische Sache für das werthafte Leben der Person eingetreten. Ich glaube, das müssen wir allmählich auch bedenken lernen. Ich habe in meinem ersten Kaplansjahr, als bei uns die Wahl des Staatsoberhauptes stattfand, vor der Frage gestanden: Soll ich dem Hindenburg, der der eine Kandidat war, oder dem Marx, der der andere Kandidat war, die Stimme geben. Für jeden sprach etwas. Meine Stimme und die Stimme jedes einzelnen Stimmberechtigten wirkte sich aber in Richtung des einen, der ein Parlamentstechniker *comme il faut* war, oder des anderen, der eine sehr starke Persönlichkeit war, unweigerlich aus: Was nützt, was schadet hier? Und hier geht es immer noch um Nutzen oder Schaden. Es gibt aber unendlich viele Anforderungen, die an die Menschen gestellt werden, einfach weil sie das Recht haben, hier mitzureden, wo es sich, wie schon hier in den Beispielen von Herrn Staudinger, um Dinge sittlicher Werthaftigkeit handelt. Und da kann der einzelne Mensch sich *rein* von einem Nützlichkeitsgedanken etwa bestimmen lassen, und damit vermindert er die Werthaftigkeit seiner Persönlichkeit. So scheint es mir zu liegen. Nehmen wir einen Metzger, der vielleicht auf einem kleinen Schiff inmitten des Ozeans es übernehmen könnte, um einem Menschen das Leben zu retten, ihm den Arm zu amputieren, weil kein anderer da ist, der überhaupt hier irgend etwas vom Wesen des Organismus versteht. Das könnte ich nicht rechtfertigen *unter normalen Umständen,* wo dies Sache des Arztes, und nicht nur eines beliebigen Arztes, sondern eines chirurgisch geschulten Arztes wäre. Wenn sich ein anderer daran macht, wenn es von einem anwesenden Sachverständigen besser gemacht werden könnte, so dürfte ersterer es nicht tun.

STAUDINGER: Wir kommen jetzt zu Fragen, die mit diesem Vortrag nicht eigentlich angeschnitten werden sollten, aber sich natürlich daraus ergeben, nämlich politische Demokratie gegen andere politische Modelle abzuwägen. Ich bin ganz Ihrer Meinung, Herr Doms, daß dies ein fundamentales und wichtiges Problem ist. Für mich ist es zunächst wichtig, im Rahmen der Forschungsförderung und der Forschungsplanung. Ob wir die Frage heute zu Ende diskutieren können, weiß ich nicht. Ich habe angedeutet, was ich meine: Auch die Verwirklichung von Demokratie in einem Staatswesen bedeutet ja das Erreichen von konkreten Zielen nach Zielvorstellungen, die ‚jemand' haben und durchsetzen muß. Um aber eine solche ‚Planung' – jetzt im ganz allgemeinen Sinne – machen zu können, muß die notwendige Information beschafft und verarbeitet werden. Die Kritik an der Demokratie im allgemeinen und meine Kritik im speziellen, die ich im Vortrag angedeutet habe, richtet sich dagegen, daß die Planung und somit die ‚Handlungsanweisungen' allzu häufig trotz mangelnder Information und – da stimme ich Herrn Cottier zu – mit vorher manipulierten Meinungen durchgesetzt werden. Deshalb habe ich zunächst nur für das Modell der Forschungsförderung auf die Möglichkeit ‚elitärer Entscheidungsgremien' hingewiesen. Solche Vorstellungen können aber auch auf andere Bereiche ausgedehnt werden.

DOMS: Dagegen hatte ich gar nichts zu sagen.

LUYTEN: Ich möchte noch einmal auf die Frage der Wertfreiheit der Wissenschaft zurückkommen. Es ist doch wohl bemerkenswert, daß am Anfang der heutigen Wissenschaft die Parole von Bacon steht: „Wissen ist Macht." Oder Descartes: „*Nous rendre maîtres et possesseurs de la nature.*" Das ist gar nicht wertfrei gedacht. Können wir wirklich so ohne weiteres sagen: Die Wissenschaft an sich sei wertfrei, wozu sie aber führe, das könne dann ins Werthafte oder Wertlose, sogar ins Unwerte münden? Liegt die Verantwortung dafür nicht schon in der Wissenschaft selber? Sie sprechen da z. B. vom Manipulieren am menschlichen befruchteten Keim. Kann die Wissenschaft da ignorieren, daß es um Menschen geht? In der ganzen Welt hat man die Ärzte verurteilt, die in den deutschen Konzentrationslagern an den Häftlingen herumprobiert haben. Das war Forschung, und vielleicht wissenschaftlich eine ergebnisreiche Forschung. Man hat es aber trotzdem verurteilt. Man hat es diesen Ärzten nicht abgekauft, daß sie sagten: Als Wissenschaftler können wir das ohne weiteres, weil wir wertfrei sind; was Ihr dann weiter dazu meint, ist eine andere Frage. Ich meine, kein Wissenschaftler kann ganz von der Wertfrage abstrahieren. Gerade die menschliche Person als solche ist eine absolute Schranke, die man nicht überschreiten darf. Wenn ich die menschliche Person manipuliere oder sie zum Experimentierobjekt mache, dann verfehle ich mich, auch als Wissenschaftler, gegen den Menschen. Wenn das befruchtete Ei sofort menschliche Persönlichkeit besitzt, dann verstößt jedes Manipulieren gegen diesen Personwert. Deshalb möchte ich die weitere Frage aufwerfen: Kann man wirklich so formulieren: Wer entscheidet? Selbstverständlich ist eine Entscheidung immer etwas Persönliches. Aber die Person ist hier nicht eigenmächtig, sondern steht selber unter höheren Normen. Und muß man dann nicht eher fragen: Was entscheidet? Welche Normen sind hier verbindlich? Sicher wird immer die Person die Entscheidung treffen müssen, aber im Bewußtsein, selber wieder unter ein Wertsystem untergeordnet zu sein.

STAUDINGER: Herr Luyten, ich habe die Wertfreiheit der

Wissenschaft in meinem Vortrag selber in Frage gestellt. Ich denke, Max Weber war es, der die Wertfreiheit so prononciert herausgestellt hat. Ihr Rückgriff auf Bacon zeigt ganz genau, daß dieses nicht immer Selbstverständnis der Wissenschaft war. Es ist aber ganz fraglos das Selbstverständnis der heutigen Wissenschaftler. In vielen Diskussionen, die ich in dieser Hinsicht führe, finde ich doch immer wieder die gleiche Antwort, die ich sehr vereinfacht wiedergegeben habe: Das Finden des Handwerkszeugs entscheide noch nicht über ‚Gut' und ‚Böse', sondern erst die Anwendung des Handwerkszeugs bringe diese Frage ins Spiel. Das ist heute so sehr *common sense,* daß es schon einer großen ‚Anstrengung' bedarf, um z. B. an der Frage des Operierens mit menschlichen Keimen die Frage der Wertfreiheit der Wissenschaft selbst wieder neu zu stellen. Meist stößt man auch da auf Verständnislosigkeit. Natürlich sind z. B. wir zwei, Herr Luyten und ich, uns einig. Ich stimme Ihnen völlig zu. Ich finde Ihren Rückblick auf die Versuche in den Konzentrationslagern legitim und richtig. Nur nützt uns unser Einverständnis nichts. Denn unsere Meinung ist sicher nicht die Meinung der Mehrheit der heute wissenschaftlich Tätigen. Wir hätten uns vielmehr zu fragen, Herr Luyten, wie können wir uns denen gegenüber verständlich machen, die die Wertfreiheit der Wissenschaft unreflektiert zu ihrer Maxime erheben. Das ist deshalb so schwierig, weil es in einem positivistischen Wissenschaftsbetrieb nicht mehr möglich ist, deutlich zu machen, daß der ‚Mensch' etwas von den übrigen Objekten der Biologie Unterscheidbares sein könnte. Man findet zwar z. B. ein allgemeines Unbehagen über die Versuche in Konzentrationslagern, aber die Konsequenz daraus zu ziehen, daß auch Versuche an menschlichen Keimen schon genauso unzulässig sein könnten, dazu findet man keine Bereitschaft. Vielmehr erhält man heute zur Antwort: Der Mensch hat schon lange angefangen, sich selbst zu manipulieren, z. B. durch die ärztliche Kunst, damit ist eine Lebensverlängerung erreicht worden und damit als Folge die Bevölkerungsexplosion; durch die ärztliche Kunst auch genetisch geschädigte Menschen am Leben zu erhalten, sei die Konsequenz eine genetische Verschlechterung des Menschen, weil die Menschen nicht mehr der natürlichen Selektion ausgesetzt seien usw. usw. Da dies so sei, so wird Ihnen entgegengehalten, Herr Luyten – nicht von mir, ich spreche jetzt von einer sogenannten wissenschaftlichen Öffentlichkeit –, sei der Mensch gezwungen, zum zweitenmal vom Baum der Erkenntnis zu essen, um das, was er angerichtet hat, wieder in Ordnung zu bringen, um also z. B. Bevölkerungsexplosion oder genetische Verschlechterung wieder in eine tragbare Ordnung zu bringen. Mit anderen Worten, er sei gezwungen, den Weg, den er beschritten habe, konsequent so weiterzugehen. Dies ist die ‚öffentliche' wissenschaftliche Meinung, Herr Cottier, das ist die Durchschnittsmeinung einer Population von Wissenschaftlern. Diese Durchschnittsmeinung bestimmt heute weithin das Verhalten der Wissenschaftler. Ich meine also, daß wir diese Fragen sehen und ernst nehmen müssen und uns überlegen müßten, wenn wir als Institut eine Funktion beanspruchen: Wie können wir uns besser verständlich machen, damit z. B. Ihr Einwand, Herr Luyten, Experimente an menschlichen Keimen seien bereits ein Eingriff in die menschliche Würde, überhaupt noch verstanden wird.

LUYTEN: Ich wäre soweit einverstanden. Sicher ist es unsere Aufgabe, zunächst eine Diagnose zu stellen – das haben Sie getan – und festzustellen: Die große Mehrheit der Wissenschaftler denkt so. Aber darüber hinaus müssen wir zur geschilderten Situation klar Stellung nehmen. Übrigens gibt es heute nicht bloß dieses positivistische und materialistische Denken. Ich komme gerade von einer Tagung, an der Naturwissenschaftler, Theologen, Philosophen und Künstler einmütig gegen diese Verengung des Denkens ankämpften.

SCHIEB: Herr Staudinger hat nicht nur an den Schluß seines Vortrages ein Fragezeichen gesetzt, sondern in seinem Vortrag immer wieder die Frage gestellt: Wer entscheidet? Wenn aber jemand entscheiden soll, muß er informiert sein. Ich glaube, Herr Staudinger, Sie haben in der Diskussion schon darauf hingewiesen. Es geht darum, eine möglichst große Zahl von Menschen zur Demokratie fähig zu machen, d. h. zunächst zu informieren, wobei noch unsicher ist, ob sie die Information annehmen. Wenn wir aber von der Manipulation durch Massenmedien sprechen, dann sehe ich eine Aufgabe für unseren Kreis, eben Informationen zu geben, Meinung zu bilden und die Möglichkeiten der Information und Beeinflussung wahrzunehmen, soweit es irgendwie geht. Wir sollten nicht immer in der Defensive bleiben, sondern ein pragmatisches System zum Handeln finden.

DOLCH: Es wurde die Frage gestellt, ob alles erforscht werden dürfe, was erforscht werden kann. Ich meine, hier liegt das Zentralproblem. Das Unbefriedigende an dem, was Herr Luyten sagte, ist meines Erachtens doch, daß wir das Ungenügen *anderer* Positionen leicht aufzeigen können. Das Ungenügen ahnen viele heute auch selber. Die eigentliche Aufgabe liegt jedoch nicht nur im Aufzeigen des Ungenügens der anderen Positionen, sondern *wissenschaftlich* einsichtig zu machen, daß nicht erst im Tun, sondern schon im Forschen als solches als dessen inneres Moment ein *Sollen* steckt. Forschung ist doch, wenn ich so sagen darf, Erforschen des Unbekannten. Wie kann aus dem Unbekannten mir eine Norm aufleuchten, wonach ich suchen soll? Es geht ja nicht nur um die *Anwendung* des Erforschten; es geht ja um die Frage: *Darf* ich *fragen?* Wenn der Forscher fragt, dann fragt er nach dem, was er noch nicht weiß, damit er es weiß. Wie kann die Erkenntnis: „Das darf ich und das darf ich nicht" innerlich dazugehören? Das scheint mir die innerste Schwierigkeit eines Gesprächs mit den anderen zu sein, daß wir nicht aufzeigen können – und ich glaube, andere können es auch nicht –, daß und wieso im Fragen nach Wahrheit als solcher ein Moment des Sollens oder des Nicht-Sollens enthalten ist.

LUYTEN: Ich hatte meine Ausführungen nicht primär theologisch, sondern philosophisch verstanden. Wenn man die hier zur Diskussion stehenden Fragen aufarbeitet, kommt man, meiner Meinung nach, notwendigerweise zu philosophischen Fragestellungen, die dann natürlich theologisch noch überhöht werden können. Sie sagen: Man forscht nach Unbekanntem. Jawohl, aber es gibt bekannte Parameter in der Forschung, in unserem Falle: Hier wird mit menschlichem Material operiert. Da stellt sich doch sofort auch für den Naturwissenschaftler die Frage: Was heißt das, mit menschlichem Material operieren? Wenn man nun einwendet, jede medizinische Behandlung sei schon Manipulation, dann zeigt sich da deutlich, wie manchmal mit dem Begriff Manipulation Unfug getrieben wird. Wenn ich zum Zahnarzt gehe und er behandelt mich, dann wird meine Persönlichkeit nicht überspielt. Wenn ich ein Medikament nehme, und wenn das Leben verlängert wird durch gesündere Lebensbedingungen, dann werde ich nicht überlistet. Das nenne ich nicht Manipulation. Beim Experimentieren am menschlichen Keim aber wird über eine Person verfügt in einer Art und Weise, die eben die Personschranke überspielt. Und das sage ich nicht von der Theologie, sondern von der Philosophie her. Natürlich ist dann die Frage: Inwieweit können wir unsere Kollegen auf einen solchen Standpunkt bringen? Das wird sicher nicht leicht sein, schon weil das philosophische Denken in sich selber nicht leicht ist.

DOLCH: Ich stimme Ihnen zu. Die Frage ist jedoch offen geblieben: Wie mache ich es dem anderen deutlich, daß die *philosophische* Besinnung ein *inneres* Moment der *naturwissenschaftlichen* Überlegung ist. Ich bin freilich der Überzeugung, daß man nur dann adäquat über den Menschen spricht, wenn man darüber auch philosophisch handelt. Jetzt aber geht es doch um die Frage: Ist in der naturwissenschaftlichen Forschung ein Moment des *inneren* Überstiegs *erkennbar?* Ist es wissenschaftlich erkennbar? Darum geht es doch in dem Gespräch, das Herr Staudinger angeregt hat.

STAUDINGER: Wir sind ziemlich genau in der Mitte. Die Schärfe, Herr Luyten, mit der Sie vorher gesagt haben, „dann müssen Sie die Mediziner in Dachau oder in Auschwitz freisprechen", ist richtig. Die Position, wie sie etwa von Monod vertreten wird: Der Mensch als Produkt von Mutation und Selektion, ist, wie Herr Dolch richtig sagt, die Position des Biologen, der ein menschliches Ei nicht vom Ei eines Kaninchens unterscheiden würde. Beide sind eben Eier mit einem haploiden Chromosomensatz usw. Dann kommt es zu einem wunderlichen und wie ich meine inkonsequenten Umschlagen des Denkens, das Sie ja auch bei Monod finden: Die Würde des Menschen beruhe eben darin, daß er sich selbst als Produkt von Mutation und Selektion verstehe, das schließlich zu einem intelligenten Wesen geworden sei, das Gesellschaften bilde. Und die Sozietäten erst, so denkt er weiter, verlangen den Respekt vor dem Menschen und die Nichtverfügbarkeit über den Menschen. Dies sei eigentlich nur – ja ich denke, so könnte man es sagen – aus soziologischen oder verhaltensforscherischen Motiven einer Gesellschaft, wie immer sie geartet sei, zu verstehen, da diese sich erhalten müsse. Dieser Arterhaltungstrieb verböte, so interpetiere ich das, die Versuche an ‚fertigen' Personen. Aber eine Blastula sei jedoch noch keine Person, so wird weiter argumentiert, deshalb noch ein für den Biologen frei verfügbares Objekt. Und erneut taucht die Frage auf: Wie wollen wir eigentlich aus der Wissenschaft als *Science* selbst heraus die Kriterien finden, die uns die Unterscheidung zwischen menschlicher Person und biologischem Objekt ermöglichen.

LUYTEN: Es ist doch merkwürdig, daß alle Biologen erklären: Das menschliche Ei ist von Anfang an absolut darauf angelegt, Mensch zu sein und nichts anderes. Und in diesem Sinne ignoriert der Biologe nicht, daß es um ein menschliches Ei geht. Da kann ich doch diese Aussage: Das ist ein Ei, und damit fertig, nicht ohne weiteres stehen lassen. Es liegt doch im wissenschaftlichen Forschen schon diese Dimension des

Menschseins drin. Wenn man dann sagt, das dürfe der Wissenschaftler ignorieren, dann muß man eben konsequent sein und den Ärzten von Buchenwald Recht geben.

THUM: Darf ich die laienhafte Frage aufwerfen, warum denn die Biologen sich darauf versteifen, die aufzuklärenden Prozesse in Experimenten mit menschlichen Keimen zu studieren? Hat man wirklich die Möglichkeiten, die Antworten durch Experimente mit Primaten-Keimen zu finden, schon ausgeschöpft? Oder spielt dabei vielleicht doch eine gewisse Absicht mit, den Menschen und sein normales Selbstverständnis zu demaskieren oder gegen das Bewußtsein von seiner Ausnahmestellung mit Experimenten, die seiner nicht achten, zu demonstrieren?

STAUDINGER: Herr Thum, ich finde die Frage ausgezeichnet. Ich meine, Ihr Verdacht könne wenigstens gelegentlich zutreffen, daß es einigen Biologen darum gehe, ein wie sie meinen, ‚ideologisches' Vorurteil zu ‚demaskieren'. Das Vorurteil, das darin bestehe, daß der Mensch etwas anderes sei als nur ein Primat. Daraus ergibt sich dann erneut die Frage: Wieso ist der Mensch denn eigentlich etwas anderes als nur ein Primat? Woher sollen wir denn wissen, daß er etwas anderes sei? Diese Frage ist, wie ich vorhin ausführte, nicht aus der Naturwissenschaft *(Science)* selbst zu beantworten. Ich möchte aber doch noch etwas betonen: Man sollte Herrn Eduards, der die befruchteten Eier reimplantiert hat, den *goodwill* unterstellen. Er macht diese Versuche nicht – wie etwa Herr Barnard mit seinen Herzverpflanzungen – aus Sensationslust oder Geltungsbedürfnis. Ich habe mit ihm gesprochen, und ich habe Vorträge und Aufsätze von ihm gelesen. Es ist ihm bitter ernst; er sieht und weiß genau, was er tut, und er weiß und unterscheidet auch, ob er mit menschlichen Eiern oder mit Kanincheneiern umgeht. Seine Folgerung ist eine andere als unsere Argumentation: Er sagt, ich operiere – ich experimentiere nicht, ich operiere – mit diesen Dingen, z. B. für das Glück einer kinderlosen Frau. Das ist eine Argumentation, die subjektiv glaubwürdig und redlich ist. Wir sollten überhaupt den Biologen nicht im Sinne eines Dr. Mabuse und seiner abartigen Machtgelüste (ich meine nicht den Philosophen *Marcuse*, sondern die Figur Mabuse aus dem Kriminalfilm) etwas Dämonisches unterstellen. Sie alle meinen, etwas Gutes zu tun, und die meisten möchten eigentlich helfen. Sie möchten, indem sie solche und andere Experimente planen, – vieles von dem man heute hört und liest ist noch reine Futurologie –, der Menschheit helfen. Sie möchten die Menschen glücklicher machen, indem sie helfen, z. B. die Verstandeskräfte bis ins hohe Alter zu bewahren. Sie haben also lauter gute Absichten!

Außerdem muß man, meine ich, korrigierend noch folgendes sagen: Die Beispiele, die ich gebracht habe und um die wir diskutiert haben, sind ‚Extrembeispiele'. In aller Regel experimentiert ein Biologe natürlich an Fröschen oder an Kaninchen. Nur die Versuchung liegt dann immer nahe, nach der Anwendung zu fragen. Was soll's? Fragt man so, dann ist die Extrapolation, in dem Sinne, wie wir sie diskutiert haben, naheliegend.

Ich möchte wie folgt zusammenfassen: 1. Die Biologen sind nicht ‚böse', sondern sie beabsichtigen in aller Regel etwas ‚Gutes', wobei die Vermehrung des Wissens, die Vertiefung unserer Einsicht in die Natur auch schon ein ‚Gut' ist. 2. Sie sind tatsächlich soweit sie Positivisten sind, der Meinung, daß z. B. ein menschliches Ei nichts prinzipiell anderes sei als ein Kaninchenei, eben ein biologisches Objekt. Diese Ansicht wird aus dem Neodarwinismus und aus dem Positivismus heraus begründet. 3. Haben auch die meisten ‚positivistischen' Biologen Respekt vor der menschlichen Person. Den Grund dafür können sie auch nicht mehr rational angeben. Beispiel: Ein Gynäkologe kann in einem feurigen Vortrag dafür eintreten, daß z. B. mißgestaltete Föten, die heute früh erkennbar sind, abgetrieben werden sollen, um dem späteren Menschen ein tragisches Schicksal zu ersparen. Wenn er dann gefragt wird, ob er bereit sei, falls die rechtzeitige Abtreibung versäumt sei, das mißgestaltete Kind dann nach der Geburt zu töten, so wird er mit ‚nein' antworten, ohne diese Antwort logisch begründen zu können.

Cottier: Wenn ich richtig sehe, ist es dem Naturwissenschaftler, dem Biologen, nicht ganz wohl, wenn man ihm von der Ehrfurcht vor der menschlichen Person spricht, weil man sich da auf eine Norm beruft, die zur Logik seiner Wissenschaft gänzlich heterogen ist. Wie die Herren Staudinger und Dolch richtig bemerkten, sollte man ein Kriterium suchen, das dem wissenschaftlichen Denken immanent ist. Ich würde meinen, ein solches Kriterium könnte die epistemologische Besinnung des Wissenschaftlers auf die Natur seiner Wissenschaft erbringen. Der Biologe z. B. – das scheint mir so evident, daß ich mich fast entschuldigen möchte, darauf hinzuweisen – erkennt seine Disziplin als Spezialwissenschaft. Wenn er z. B. den menschlichen Fötus als biologisches Wesen versteht, ist das eine – wissenschaftlich berechtigte – Abstraktion. Wäre es jetzt nicht möglich, ohne sofort auf die Moral zurückzugreifen und sich dadurch auf ein transzendentes Element zu berufen, andere Wissenschaften, z. B. die Psychologie zu befragen? Nehmen wir z. B. die künstliche Befruchtung. Was bedeutet es für ein menschliches Wesen, für sein Wohlergehen, infolge einer Eitransplantation gezeugt zu sein. Hat das keine verheerenden psychologischen oder pädagogischen Folgen? Mir scheint, eine solche Komplementarität verschiedener wissenschaftlicher Betrachtungsweisen – z. B. der Psychologie, der Kultursoziologie – dürfte die abstrakte und einseitige Betrachtung der Spezialwissenschaft korrigieren. Ist doch der Mensch ein psychologisches, ein soziales Wesen. Jeder von diesen Aspekten wird von der entsprechenden Wissenschaft nach den Regeln der wissenschaftlichen Methoden erfaßt. Sicher wird man auch die ethischen Kriterien berücksichtigen müssen. Die ethische Betrachtung würde aber von den anderen Disziplinen sozusagen vorbereitet, so daß die Ethik nicht als *deus ex machina* erscheint. Gerade die Konfrontierung verschiedener Disziplinen, die alle den gleichen Gegenstand betreffen, dürfte auf die Grenzen der einzelwissenschaftlichen Betrachtung sowie auf die notwendigen Ergänzungen und sogar Korrekturen hinweisen.

HEUTS: Ich möchte dazu noch etwas sagen; zuvor jedoch noch eine andere Bemerkung: Herr Staudinger hat seinen Vortrag mit einem Glaubensbekenntnis angefangen. Er sagte nämlich: Ich spreche als Positivist und als Neodarwinist. Daß nun sein Vortrag *extremely well balanced* war, ist gerade dadurch gekommen, daß er sich nicht durch das neodarwinistische Modell hat inspirieren lassen, denn stimmte das, dann hätte es nicht so viele Fragezeichen gegeben. Ich verweise auf alle großen Vertreter des Neodarwinismus, die gewußt haben, wie man in der Menschheit selektionieren soll. Z. B. Müller, Dobzhansky, Simpson und Monod scheinen ganz genau zu wissen, wie das gehen soll und was wertvolle und was minderwertige Gene sind. Theoretisch wird es aus dem neodarwinistischen Modell abgeleitet, praktisch aber läuft es darauf heraus, daß Müller sich immer eine Nachkommenschaft für die Menschheit gewünscht hat, die nur aus kleinen Müllerchen bestehen sollte. Gerade weil Herr Staudinger keine theoretisch (und auch keine praktisch) eugenetischen Maßnahmen gepredigt hat, scheint mir sein Glaubensbekenntnis ein bißchen irrelevant zu sein.

Die zweite Bemerkung wäre diese – und das knüpft jetzt an Herrn Cottier und an viele andere Bemerkungen an –: Es scheint mir, daß die heutige Krise der Wissenschaft Facetten aufweist: Einmal, die erste, die Differenzierungskrise. Wie weit soll die Differenzierung der Wissenschaften gehen; wie soll sie geplant werden usw. Das ist die Facette, die Sie heute behandelt haben.

Daneben gibt es aber noch eine andere, sehr wichtige Krise in der Wissenschaft: Wie soll ich die differenzierten Kenntnisse integrieren. Und was Herr Cottier gesagt hat weist direkt darauf hin, daß wir fast keine Planung haben, um solche Integrierung zustande zu bringen. Ich sehe hier z. B., daß doch drei und vier als Zielvektoren angegeben sind: 3.: „Verbreitung von Einsichten in die Zusammenhänge der Welt", und 4.: „Sinngebung für das menschliche Dasein". Nun, für meinen Begriff stehen die Vektoren drei und vier ganz komplementär zu allen anderen und verlangen eine ganz andere Planung als alle anderen, weil sie ja schon auf die Integrierung der Wissenschaft ausgerichtet sind. Mit dem Mangel an Integrationsplänen hängt ja auch die Krise der Universität und die Begründung unseres Institutes zusammen. Ich möchte gerne hervorheben, wie sehr hier, zusätzlich zum Vortrag von Herrn Staudinger, ein Referat über das Problem der Wissenschaftsintegration von Herrn Luyten am Platz gewesen wäre, der sich schon in vielen Veröffentlichungen mit der Krise der Universität beschäftigt hat.

DOMS: Darf ich noch eine Bemerkung machen? Ich wage, daran zu zweifeln, daß unter den typisch geschulten Biologen es Menschen gibt, die nicht vorbehaltlos anerkennen, daß der Mensch um absolute Gültigkeit weiß, und daß also auch ein Mensch *in statu nascendi,* mit danach gewertet werden muß. Absolute Gültigkeit sowohl im Erkennen als auch im freien menschlichen Verhalten: Er weiß sich verantwortlich. Und es wird keine Biologen geben, die nicht sagen würden, daß irgendwelche Manipulationen an Menschen, z. B. Dekapitierung, wenn sie ohne die Zustimmung letzter Autoritäten erfolgen, unsittlich sind, und daß das eine schlechthin gültige Verneinung des Wissens um sittliche Werthaftigkeit des menschlichen Handelns ist. So scheint es mir zu liegen. Der Mensch ist, auch für Biologen, erkennbar als ein Wesen, das an absolute Gültigkeit gebunden ist.

STAUDINGER: Es ist peinlich, aber gerecht, wenn man auf einen logischen Fehler hingewiesen wird. Herr Heuts hat den Fehler, so denke ich, scharf herausgefunden. Mein anfängliches Bekenntnis zum Positivismus und zum Neodarwinismus, so meinte er, habe ich im Vortrag und in der Diskussion selbst in Frage gestellt.

Dazu eine Anmerkung: Ich habe es in meinem Vortrag vermieden, Antworten zu geben, sondern ich habe nur, wie ich hoffe, die richtigen Fragen gestellt.

Der aufgedeckte und von mir zugegebene logische Bruch ist kennzeichnend für den, der Wissenschaft betreibt. Er kann die für das Betreiben von Wissenschaft notwendige Position – jedenfalls muß ich es für mich bekennen – nicht durchhalten, sobald er an die Grenze stößt, an der wie ich zeigen wollte, die Frage nach ‚Sinn' und ‚Wert' sichtbar wird. Hier tritt der Bruch ein, der sich zunächst nur in Fragen artikulieren kann, wie ich sie gestellt habe. Die heutige Diskussion war mir sehr wesentlich. Sie kreist um die alte Frage, die den Menschen stets neu bewegt. Es ist eine ‚moralische' Frage, die außerwissenschaftlich ist, die aber auch den Wissenschaftler berühren muß. Herr Dolch hat sie ganz klar nochmal gestellt: Wie kann ich aus der Wissenschaft *(Science)* heraus die moralische Kategorie erfahren. Das kann ich nicht! Das geht vielleicht, wenn ich über *Science* hinausgehend frage, ob es nicht andere auch richtige Fragen gäbe, z. B. psychologische, soziologische. Von dort könnte vielleicht eine Antwort möglich sein.

Die Krise des Wissens ist die ‚Krise der Moral' und die Krise der Moral ist so alt wie die Menschen. Wir müssen immer wieder neu fragen! Freilich gehört zur Krise des Wissens nicht *nur* die ‚moralische Frage', die in der heutigen Diskussion vielleicht durch meine Schuld etwas dominierte. Dazu gehört auch, wie Herr Heuts richtig gesagt hat, die Krise der Wissenschaft als Wissenschaft, die sich z. B. in der ungeheuren Diversifikation zeigt. Ich bin in meinem Vortrag auch darauf eingegangen, indem ich darauf hingewiesen habe, daß 90 Prozent des Gewußten irgendwo ‚sinnlos' gespeichert werden, daß die vielen Ergebnisse der Forschung nicht mehr zu einem wirklichen Wissen integriert werden können, sondern lediglich als *facts* thesauriert werden. Die Integration der Einzelkenntnisse zu einem Wissen muß immer wieder neu versucht werden. Dies scheint mir eine der legitimen Aufgaben dieses Instituts zu sein.

Dialog zwischen Naturwissenschaft und Theologie – heute?

Von Maximilian Steiner, Bonn

Mein Herr Vorredner hat sein Referat mit der Bemerkung eingeleitet: „Wenn Sie mich zerreissen – fein.“ Ich könnte meine Ausführungen gar nicht besser beginnen als mit eben diesem Zitat. Wie Sie wissen, war mein Thema bei der letzten Tagung nur sehr weitläufig formuliert worden. Ich bin daher unserem Herrn Präsidenten dankbar, daß er ein wenig präziser umriß, was man von meinem Referat in etwa erwartet:

„Am Montagnachmittag wird Herr Steiner über eine Thematik referieren, die wir noch nicht sehr genau umgrenzt haben. Wenn ich richtig wiedergebe, soll dies behandelt werden: P. Jordan spricht vom ‚Abbruch‘ der Mauer zwischen Naturwissenschaft und Glaube/Theologie. Das könnte zur Fehlmeinung führen, der Naturforscher – auch der Gläubige! – hätte nach der Klärung der das 18. oder 19. Jahrhundert bewegenden Streitfragen (z. B. Abstammungsproblem) keine Fragen mehr an die Theologie; nun herrsche gleichsam Eintracht. Ja noch mehr: Es könnte die Fehlmeinung entstehen, die vielfach dargelegte Krise beschäftige intern den Naturwissenschafter so sehr, daß er gar keinen Anspruch an die Theologie erheben kann. Dem entgegen sollte das Referat von Herrn Steiner herausstellen, daß heutige Naturwissenschaft in der gegenwärtigen Krisensituation ihren Gang geht und weiter gehen wird, sichere Erkenntnisse zeitigt, und dies auch künftig tun wird; und daß gerade von diesen gesicherten Ergebnissen aus der Forscher echte ‚Fragen‘ an die Theologie stellen kann und muß – im Ton wohl etwas anders, in der Sache aber vielleicht ebenso hart wie es früher geschah.“

Das war schon konkreter, aber immer noch allgemein genug.

Es blieb mir die Wahl zwischen zwei Alternativen: entweder das allgemeine Problem an einem *Spezialfall* zu exemplifizieren, oder es eben in seiner allgemeinen Fassung *allgemein* zu behandeln.

Zum ersteren hätte sich für einen Biologen natürlich wieder – und noch immer – das Evolutionsproblem angeboten. Aber gerade dieses Gebiet sollte nach der Meinung der Initiatoren ausgeklammert sein; wie ich meine: zu Recht. Denn auf den ersten Tagungen dieses Instituts wurden ja diese Fragen ausgiebig behandelt; und es ist wohl noch nicht die Zeit für eine ‚Nachlese' gekommen. Das mag vielleicht in einem der nächsten Jahre der Fall sein.

So entschloß ich mich also zu der allgemeinen Fassung des Titels, die Ihnen vorliegt.

Das Thema ist aber nicht nur allgemein, sondern auch sehr umfassend. Ich bitte daher vor vorneherein um Verständnis, wenn ich eine sehr subjektive Auswahl treffe.

Alles, was ich sagen werde, ist ganz sicher schon von anderen an anderer Stelle, in anderer, viel besserer Form gesagt worden. Das Referat wartet auf die Erfüllung seines Anliegens in der Diskussion. Wenn es zu einer ausgiebigen Diskussion Anlaß gibt, hat es seine Absicht mehr als erfüllt.

Meine Ausführungen werden sich in drei Teile gliedern:

Im *ersten* soll, aus der Sicht des Naturwissenschafters, die gegenwärtige Ausgangsposition der Naturwissenschaften für einen Dialog mit der Theologie skizziert werden;

im *zweiten* das gleiche für den Dialogpartner, den Theologen versucht werden und

im *dritten* Teil schließlich sollen einige Fragen und Anregungen in dieses Gespräch eingebracht werden.

I.

Der erste Abschnitt, der Versuch einer Positionsbestimmung des *naturwissenschaftlichen* Gesprächspartners, wird fünf Thesen umfassen. Auch diese wollen durchaus als *‚disputanda'* betrachtet werden.

1. Zunahme der Einzelkenntnisse führt zu einer Vereinfachung des Gesamtbildes.

Es ist eine allbekannte Tatsache, daß der Umfang des Bekannten und Erkannten in den Naturwissenschaften ungeheuer rasch zunimmt. Man hat festgestellt, daß sich die Zahl der Einzelveröffentlichungen aus dem Gesamtgebiet der Chemie in jedem Jahrzehnt seit der Jahrhundertwende etwa verdoppelt hat. Der Anstieg folgt also einer geometrischen Progression.

Die erste Folge ist also eine rapid zunehmende Fülle des Einzelwissens. Ein Forscher ist gerade noch imstande, mit Hilfe von Referatenblättern (*„Chemical Abstracts"*, Berichte der Biochemie und Biologie) die Literatur auf seinem allerengsten Fachgebiet, das selbst immer enger wird, zu verfolgen. Für die weitere Umgebung müssen ihm Sammelberichte, zusammenfassende *Reviews* und Fortschrittsberichte die notwendige Information verschaffen.

Ich möchte diese schnelle Zunahme des Wissens an Einzeltatsachen an zwei Beispielen aus meinem engeren Interessengebiet veranschaulichen.

Wer sich zu meiner Studentenzeit vor rund 50 Jahren über Pflanzenstoffe orientieren wollte, griff am besten zum Band I von Eulers *Pflanzenchemie*[1]. Nach überschlägiger Durchsicht des Inhaltsverzeichnisses dürften etwa 600 Stoffe aufgezählt sein, deren Struktur in vielen Fällen nicht oder unvollkommen aufgeklärt war. Das im Jahre 1958 erschienene Werk von W. Karrer über die

[1] H. Euler, *Grundlagen und Ergebnisse der Pflanzenchemie*, I. Teil, Das chemische Material der Pflanzen, Braunschweig 1908.

Pflanzenstoffe[2] umfaßt 2669 Nummern. Dabei bleiben aber die Alkaloide – ihre Zahl wird auf etwa 3000 geschätzt – und alle in ihrer Konstitution noch nicht endgültig aufgeklärten Substanzen unberücksichtigt. Ein gegenwärtig erscheinender Supplementband würde wohl fast eine gleiche Anzahl neuer Pflanzenstoffe berücksichtigen müssen.

Oder ein spezielleres Beispiel: Die Triterpene, eine interessante Gruppe der sogenannten sekundären Pflanzenstoffe, welche z. B., an Zucker gebunden, als Saponine eine erhebliche technische und pharmazeutische Bedeutung besitzen. In einer Zusammenstellung aus dem Jahre 1955[3] wurden 44 Vertreter dieser Stoffklasse beschrieben. Etwa 25 Jahre[4] vorher waren ungefähr sechs dieser Verbindungen bekannt gewesen, zumeist als ‚leere' Namen ohne Kenntnis ihrer Konstitution und ihrer Gruppenzusammengehörigkeit. Die letzte Übersicht aus dem Jahre 1964[5] zählt bereits 214 einzelne Saponine auf, und in der Zwischenzeit hat sich ihre Anzahl wieder sehr erheblich vermehrt.

Diese Zunahme der Einzeltatsachen – und das ist die andere Seite – führt aber in aller Regel nicht zu größerer Unübersichtlichkeit, sondern zu größerer Übersichtlichkeit. Die Vielfalt führt zu Einheit.

Trotz des immens angewachsenen Stoffes ist die Phytochemie heute eigentlich viel einfacher als zu meiner Studentenzeit vor 50 Jahren. Ein Student, etwa der Pharmazie, der die ‚Aminosäurenfamilien' der Alkaloide und die drei wichtigsten Biogenesewege stickstoffreicher Sekundärstoffe – den Polyacetat –, den Shikimat- und den Mevalonatweg – kennt, hat einen Schlüssel zur Einheit und zur Übersicht über die scheinbar verwirrende Fülle der für ihn wichtigen Pflanzenstoffe.

[2] W. Karrer, *Konstitution und Vorkommen der organischen Pflanzenstoffe (exclusive Alkaloide)*, Basel und Stuttgart 1958.

[3] M. Steiner & H. Holtzem, *Triterpene und Triterpen-Saponine*, in: K. Paech & M. V. Tracey, Moderne Methoden der Pflanzenanalyse, Berlin-Göttingen-Heidelberg 1955.

[4] G. Klein, *Handbuch der Pflanzenanalyse*, Bd. I, Wien 1930–1933.

[5] P. Boiteau, B. Pasich et A. Rakoto Ratsimamanga, *Les Triterpenoides en physiologie végétalé et animale*, Paris 1964.

Ähnliche Beispiele ließen sich ganz gewiß aus jedem beliebigen Teilgebiet der Naturwissenschaften anführen.

2. *Die Ergebnisse der modernen Naturwissenschaften sind auch für den Nichtfachmann verständlich.*

Dieser Satz bedarf natürlich der Interpretation. Ich selbst habe als Mitglied meiner Fakultät oft die Gelegenheit, die Habilitationsvorträge junger Kollegen anzuhören. Sie behandeln in der Regel hochaktuelle, aber auch sehr spezielle Probleme des jeweiligen Fachgebietes. Ich muß zugeben, daß ich sehr oft wenig, nicht selten gar nichts verstehe, etwa vom Vortrag eines Kernphysikers oder gar eines Mathematikers. Aber selbst bei der Lektüre von chemischen oder biologischen Arbeiten, deren Inhalt abseits von meinem eigenen Arbeitsgebiet liegt, muß ich manchmal in Handbüchern oder zusammenfassenden Darstellungen nachschlagen, um mich über Fachausdrücke, über die eine oder andere der zum Verständnis notwendigen Tatsachen zu unterrichten.

So ist es erst recht für einen Nicht-Naturwissenschafter völlig aussichtslos, etwa eine Einzelarbeit auf dem Gebiet der Biochemie oder gar der Kernphysik mit irgendeinem Nutzen zu lesen. Im ersten Falle wird er z. B. schon über die zahlreichen Abkürzungen (ATP, PALP, AMP, NADPH) stolpern.

In *diesem* Sinne kann also von einer Allgemeinverständlichkeit der Naturwissenschaften von heute gewiß nicht die Rede sein. Anders scheint es mir aber bei den letzten zusammenfassenden Ergebnissen zu stehen, die den Nichtfachmann, auch den Theologen, allein interessieren, weil sie sich sozusagen zum aktuellen *Weltbild* der Naturwissenschaften zusammenfügen. Sie sind, wie ich meine auch für den Naturwissenschafter durchaus verständlich.

Das gilt z. B. für die Summe der Ergebnisse der klassischen und der molekularen Genetik. Besonders die der letzteren sind zwar kompliziert, ihr Verständnis erfordert zwar einiges Bemühen; es ist aber wie ich meine, ohne naturwissenschaftliche

Spezialkenntnisse durchaus möglich. Man lese etwa Watsons Buch: *Die Doppelhelix.*[6]

An dieser Stelle eine kleine Anmerkung! In einer gewissen Phase der Diskussion zwischen Naturwissenschaften und Theologie bestand offenbar die Auffassung, daß es sich in erster Linie darum handle, Verständigungs- und Verständnisschwierigkeiten zu beheben; daß es z. B. darum ginge, Denken, Begriffswelt und Ausdrucksweise der Naturwissenschaften dem Theologen verständlich zu machen.

Ich habe Zweifel, ob das richtig war. Ich bin z. B. gar nicht sicher, ob den Kontroversen über das Evolutionsproblem im 19. und 20. Jahrhundert nur Mißverständnisse zugrunde lagen. Natürlich gab es die auch, und in nicht zu kleiner Zahl.

Im Grunde genommen wußten aber doch wohl beide Kontrahenten sehr genau, worum es ging, sah vor allem der theologische Diskussionspartner durchaus richtig, daß in der Tat für wesentlich und gesichert gehaltene Positionen seines Lehrgebäudes durch das Neue ernstlich in Frage gestellt wurden.

Aber zurück zum eigentlichen Gegenstand. Wenn der Nichtfachmann, wie von mir behauptet, die wesentlichen Ergebnisse der Naturwissenschaften durchaus zu verstehen vermag, nicht hingegen den komplizierten Weg, auf dem sie gewonnen wurden, dann sollte das für ihn kein Grund zu Mißtrauen sein, denn:

3. Die Ergebnisse der Naturwissenschaften sind zuverlässig und vertrauenswürdig.

Ich möchte diese These durchaus wörtlich verstanden wissen.

Gestatten Sie, daß ich an dieser Stelle ein paar Sätze aus einer kleinen Schrift von Lavocat[7] zitiere, deren Gegenstand

[6] J. D. Watson, *Die Doppel-Helix* (deutsche Ausgabe von *The double Helix*), Reinbek b. Hamburg 1969.

[7] R. Lavocat, *Kirche und Naturwissenschaft* (deutsche Ausgabe von L'Église et la Communauté Scientifique Internationale) – Paderborn 1968, S. 27–28.

Kirche und Naturwissenschaft zu meinem Thema in naher Beziehung steht:

„Die Ethik dieser Gemeinschaft (*scilicet* der Naturwissenschafter) ist wesentlich um den Kult der Wahrheit – wenigstens soweit die Naturwissenschaft sie entdecken kann – und um die Gesamtheit der Lebensregeln und Tugenden aufgebaut, die sich aus diesem Kult der Wahrheit ableiten oder ihre Erforschung fördern. Das erste Gesetz lautet: die Wahrheit ist für den Forscher das höchste Gut. Um dieses Gut zu entdecken, ist er oftmals bereit, alles andere zu opfern. Auf gar keinen Fall darf er es jemals verraten. Kein Vergehen ist in der naturwissenschaftlichen Gemeinschaft so entscheidend und ehrlos, wie das Verheimlichen einer Erfahrung, das absichtliche Vorenthalten der Ergebnisse einer Arbeit, die vorausgesehenen Folgerungen widerspricht. Der Falschspieler hat hier keinen Platz.

Übrigens lautet eins der Gesetze allen Experimentierens und aller naturwissenschaftlichen Entdeckung, daß sie für jeden qualifizierten Fachmann in der ganzen Welt stets nachprüfbar sein müssen und daß der beschriebene Musterversuch den Forschungen jedes qualifizierten Forschers von nun an zugänglich sein muß. Ein Ergebnis also, dem die Bekanntgabe der Mittel, die das Resultat erzielen lassen, nicht beigefügt wird, ist von vornherein verdächtig. Die Versuchsprotokolle müssen es derart beschreiben, daß es unverzüglich nachvollziehbar ist. Die wirklich authentische Naturwissenschaft gewöhnt sich nicht oder nur sehr schlecht an die politische Ordnung der Geheimhaltung, die übrigens fast unwirksam ist, außer natürlich in Zeiten des „heißen“ Krieges, wo eine sehr kurze Verzögerung einen entscheidenden Vorteil für eine der Parteien gestatten kann. Die Erfahrung zeigt in der Tat, daß es keinen naturwissenschaftlichen Fortschritt im Wissen gibt, der nicht rasch durch ein anderes Land aufgeholt würde, wenn seine naturwissenschaftliche Zurüstung ausreicht.

Dieses oben erwähnte Merkmal der Nachprüfbarkeit ist sehr wichtig. Es ist eins jener Kennzeichen, die übrigens den Aufbau der Wissenschaft und die Garantie, welche die Gemeinschaft der Naturwissenschafter zu seinem Wert beiträgt, am besten verständlich machen. Freilich sind die großen Entdeckungen in der Vergangenheit und auch heute noch oft die Tat außergewöhnlicher Persönlichkeiten. Aber die sicherste Garantie für den Wert dieser Entdeckungen liegt letztlich nicht im Wert der Entdecker, sondern in der durch sehr zahlreiche Spezialisten ausgeübten Kontrolle und in der

Bürgschaft, die die allgemeine Zustimmung der Fachleute mit sich bringt."

Dem ist eigentlich gar nicht mehr viel hinzuzufügen. Ich möchte nur erwähnen, daß der Wissenschafter, durchaus zu Recht, dasselbe Vertrauen in die Arbeiten seiner Kollegen hat und praktiziert, das ich hier vom Nichtnaturwissenschafter gefordert habe.

Ich habe schon früher erwähnt, daß wir uns über die Ergebnisse vieler Arbeiten nur aus Referaten informieren. Dabei müssen wir eigentlich in doppelter Hinsicht Vertrauen haben: Erstens daß die Ergebnisse des oder der Verfasser der Originalarbeit richtig sind; daß adäquate Methoden verwandt und sauber gearbeitet wurde, daß die Schlußfolgerungen tatsächlich durch die experimentellen Ergebnisse gedeckt sind usw. Und wir haben das Vertrauen, daß der Referent die Ergebnisse der Originalarbeit sorgfältig studiert, daß er sie verstanden und in seinem Referat richtig wiedergegeben hat.

Auch bei der Lektüre einer Originalarbeit werde ich den Abschnitt ‚Methoden' in der Regel nur überfliegen, besonders, wenn es sich um etablierte Methoden der Literatur handelt, es sei denn, daß ich gerade in methodischer Hinsicht etwas zu erfahren wünsche. Ich kann mich mit einem überaus großen Grad von Sicherheit darauf verlassen, daß mir der Verfasser nur Dinge mitteilt, die er tatsächlich beobachtet oder im Experiment gefunden hat. Man darf ohne Bedenken mit dem hohen Stand der wissenschaftlichen Ethik rechnen, von dem in dem obigen Zitat die Rede war.

In der Tat sind Fälle bewußter, grober Täuschung in den Naturwissenschaften äußerst selten. Aus dem Zeitraum und dem Fachgebiet, die ich zu übersehen vermag, sind mir nur zwei Beispiele bekannt. Es dauerte nur kurze Zeit, bis die Fälschungen aufgedeckt wurden, mit z. T. tragischen Folgen für ihre Urheber.

Häufiger sind natürlich fehlerhafte Ergebnisse, die nicht auf eine Täuschungsabsicht des Autors, sondern auf mangelhafte Methoden, auf unzureichendes Versuchsmaterial, auf fehlerhafte oder unkritische Auswertung der experimentellen Resultate zurückgehen. Auch hier ergibt sich meist bald eine Korrektur, weil eben Nachuntersuchungen oder weiterführende Arbeiten auf Fehler stoßen. Nicht selten ergeben sich z. B. Verbesserungen in der Methodik, welche bis dahin Mängel aufwies, die in der Literatur noch gar nicht bekannt waren.

Solche gegenseitigen Kontrollen vollziehen sich übrigens nicht nur in zeitlichem Nacheinander, sondern häufig nebeneinander, gleichzeitig. Jeder, der auf einem halbwegs aktuellen Forschungsgebiet arbeitet, weiß, wie die gleichen Dinge gleichzeitig und unabhängig von verschiedenen Arbeitsgruppen gefunden werden.

Natürlich gibt es auch in den Naturwissenschaften unbewiesene Theorien. Es handelt sich zu allermeist um den Versuch einer widerspruchsfreien Zusammenfassung bisheriger Ergebnisse, die zugleich als Arbeitshypothese dienen soll. Aber, und das ist wesentlich, sie sind grundsätzlich verifizier- oder falsifizierbar. Ja, sie warten geradezu darauf, daß an sie die kritische Sonde neuer Beobachtungen oder Experimente angesetzt wird, die dann entscheiden, ob die Theorie zunächst beibehalten werden kann, oder ob sie modifiziert oder auch aufgegeben werden muß. Denn die Erforschung der Natur und jedes ihrer Teilgebiete wird nie ein Ende haben.

4. Die Naturwissenschaften sind international und ideologiefrei.
Ihre Ergebnisse sind vom weltanschaulichen Standort des Forschers völlig unabhängig.

Der zweite Satz ist übrigens ein Zitat (aus dem Gedächtnis), und zwar aus einem Vortrag, den der Naturphilosoph Bernard Bavink, noch in der Nazizeit, etwa 1943 oder 1944 hielt. Der vollbesetzte große Hörsaal des Göttinger Physikalischen Instituts dankte mit langem Beifall für diesen eigentlich selbstverständlichen Satz, den auszusprechen in einer Zeit der

,nationalen Wissenschaft', der ,deutschen Physik' aber immerhin ein gewisses Risiko bedeutete.

Wir alle hoffen, daß die Zeiten endgültig vorbei sind, in denen man versuchte, Demarkationslinien zwischen Gültigkeit und Nichtgültigkeit der Einstein-Formeln oder der Mendelschen Genetik aufzurichten.

Nochmals: hoffentlich sind das bedauerliche, kurzlebige Episoden der Vergangenheit. Manchmal freilich habe ich Sorge, ob uns nicht vielleicht aus den heute so gängigen Schlagworten der ,geplanten', der ,engagierten', der ,gesellschaftsbezogenen' Wissenschaft wieder ähnliche Gefahren drohen.

Natürlich gibt es unter den Naturwissenschaftern Christen und Atheisten und Marxisten der verschiedenen Denominationen. Es gibt aber keine christliche, keine atheistische, keine marxistische Naturwissenschaft. Sie werden sagen, daß ich mit dieser Feststellung offene Türen einrenne. Es ist indes nur wenige Jahre her, daß ich bei einer Diskussion in einer katholischen Akademie mit meiner These: „Es gibt – Gott sei Dank – christliche Biologen, aber es gibt keine christliche Biologie" bei einigen Diskussionspartnern auf erbitterten Widerspruch stieß. Das Merkwürdigste: mein Hauptopponent war kein Theologe, sondern ein Biologe!

5. Die modernen Naturwissenschaften sind ohne Gott.

Ein Teil dessen, was hierzu zu sagen ist, wurde implizit schon angedeutet. Ob ein Forscher persönlich an Gott glaubt oder ob er Atheist ist, hat auf seine Arbeit, auf seine Forschungsmethode keinen Einfluß. Weder in den Voraussetzungen seiner Arbeit, noch in ihren Ergebnissen, noch in der Gesamtheit dieser Ergebnisse, in dem, was man das naturwissenschaftliche Weltbild nennen kann, kommt Gott vor.

Lassen Sie mich auch hier ein paar Sätze von Lavocat[8] zitieren:

[8] Lavocat, a.a.O. S. 20f.

„Infolge eindeutig klarer Entwicklung ...... entsakralisierte sich die Welt, das Forschungsfeld einer Gemeinschaft von Menschen, von denen viele, wenn auch nicht alle, nicht mehr an Gott glaubten. Diese Welt ist ein staunenswerter Mechanismus, der sich einer weitgreifenden Analyse unterwerfen läßt. Aber Gott ist daraus gewissermaßen vertrieben, und die naturwissenschaftliche Untersuchung gelingt dabei durchaus bestens. Nur eine Erklärung ist von der modernen Naturwissenschaft zugelassen, die aus der Gesamtheit der durch die Sinne analysierbaren Phänomene und Ursachen: eine logische Verkettung der Tatsachen erklärt das ganze Weltgeschehen, und mit Recht, wenn nicht gar tatsächlich, läßt sich auf dieser Ebene eine Gesamterklärung der Welt erwarten. Wie es Laplace zum Ausdruck brachte in seiner berühmt gewordenen Antwort auf die Frage: „Was fangen Sie bei all dem mit Gott an?" – „Madame, ich habe die Hypothese Gott nicht nötig." Für das moderne naturwissenschaftliche Denken drängt sich die Erklärung durch Gott erst gar nicht auf. Aus dem naturwissenschaftlichen Denken und seiner Erklärung der Welt ist Gott völlig „hinausgedrängt". Die Welt ist ganz profan geworden. Das alte christliche Denken, nach dem die wissenschaftliche Beschäftigung mit der Welt auf die Verherrlichung Gottes gerichtet sein muß, ist durch das moderne naturwissenschaftliche Denken anscheinend vollkommen sinnlos geworden."

Diese fünf Thesen wollten versuchen, die Ausgangsposition auf der einen Seite des Gesprächs, beim naturwissenschaftlichen Gesprächspartner zu skizzieren.

II.

Ein Ähnliches für den anderen Gesprächspartner, den Theologen, zu versuchen, ist natürlich für den Nicht-Theologen ein ungleich schwierigeres Unterfangen. So will ich mich also mit einigen Andeutungen begnügen, die in der nachfolgenden Diskussion modifiziert und ergänzt werden mögen.

Zunächst möchte es scheinen, als ob gegenwärtig auf seiten der Theologie bessere Voraussetzungen für einen solchen Dialog bestünden als je zuvor. Immer hört man hier von der Notwendigkeit und der Bereitschaft, alte Positionen neu zu überdenken und neu zu formulieren. Das sollte eigentlich dazu beitragen, auch die Auseinandersetzung zwischen Theologie und Naturwissenschaften aus alten Befangenheiten zu lösen.

Auf der anderen Seite sehe ich bei den Theologen von heute – von rühmlichen Ausnahmen abgesehen –, keine besondere Neigung zum Dialog gerade mit den Naturwissenschaften. Soziologie, Politologie, Psychologie scheinen als Gesprächspartner außerhalb der eigenen Fakultät mehr in Mode zu sein.

Während mir das Selbstverständnis der Naturwissenschaften sehr klar und einheitlich scheint, so daß es sich, ohne Risiko grober Verallgemeinerung, in wenigen Thesen zusammenfassen läßt (wie ich es eingangs versucht habe), gilt bei der Theologie von heute eher ein *quot capita, tot sententiae.* Ein halbwegs informierter und engagierter Naturwissenschafter – Gespräche sind ja immer nur zwischen Personen und nicht zwischen Wissenschaften möglich – wird durchaus in der Lage sein, die Auffassung ‚der Naturwissenschaften' zu vertreten. Kaum wird ein Theologe von heute das Gleiche für die Theologie tun können, ohne daß er mit dem heftigen Widerspruch vieler seiner Fachkollegen rechnen muß. Um es überspitzt zu sagen: Gesprächspartner der Naturwissenschaft ist eine Vielzahl von Theologien.

III.

Damit bin ich beim dritten Abschnitt meines Referates angelangt. In dem eingangs zitierten Exposé des Herrn Präsidenten stand das Wort vom ‚Abbruch der Mauer' zwischen Naturwissenschaft und Glaube bzw. Theologie. Das stimmt ganz zweifellos, wenn man an eine Festungsmauer denkt, an der sich Schwerbewaffnete kampfbereit gegenüberstehen. Die Mauer ist gefallen. Aber was ist denn nun geschehen? Haben sich die Menschen von diesseits und jenseits die Hände geschüttelt und gesagt, nun wollen wir vernünftig über die Dinge reden, über die wir uns mit unnötigen Emotionen erhitzt haben? Kaum!

Gewiß, das Klima hat sich beruhigt; einige bedauerliche Rüpeleien der jüngsten Zeit braucht man nicht allzu ernst zu nehmen. Nicht aber, weil die Streitprobleme von ehedem ausdiskutiert und echt gelöst werden, sondern deshalb, so meine oder fürchte ich, weil sie kaum mehr interessieren.

Das gilt zweifellos für den naturwissenschaftlichen Partner des potentiellen Dialogs. Der Naturwissenschaftler als solcher hat an die Theologie eigentlich kaum eine Frage zu stellen. Gott und die anderen Dinge, mit denen sich die Theologie beschäftigt, haben in den Denkkategorien der Naturwissenschaften und in ihren Ergebnissen gar keinen Platz. Sie kommen da nicht vor. Warum das so ist und sein muß, glaube ich im ersten Teil meines Referates angedeutet zu haben. Sicherlich wird ein nicht gläubiger Naturwissenschafter von sich aus keinen Anlaß und keinen Stoff für ein Gespräch mit dem Theologen erkennen. (Ich weiß natürlich, daß eine so schematische Kategorisierung in ‚gläubig und ungläubig' sehr anfechtbar ist!) Er ist in seiner Wissenschaft und mit ihren Ergebnissen sehr zufrieden. Er weiß sehr genau, daß sein gläubiger Kollege mit gleichen Methoden arbeitet und zu den gleichen Ergebnissen kommt wie er, daß also Glaube, Religion, Theologie für die Naturwissenschaften völlig irrelevant scheinen. So gibt es heute auch kaum mehr Vorbehalte oder Vorurteile gegen einen gläubigen Naturwissenschafter.

Am ehesten werden sich noch Naturwissenschafter jeglicher Weltanschauung um diejenige Art von Krise in ihrem Bereich Gedanken machen, die uns im vorhergehenden Referat angedeutet wurde. Auch daraus ergibt sich noch nicht, oder wenigstens nicht notwendigerweise, eine Frage an die *Theologie.* Zum Schutz der Menschheit vor den letzten Folgen naturwissenschaftlicher Erkenntnisse dürfte auch ein blasser Humanismus genügen, etwa im Sinne des Katalogs der Menschenrechte, des Respekts vor Personalität und Würde des Menschen, auch ohne letzte theologische Begründung.

Am ehesten wird also der Dialog mit der Theologie ein Anliegen des christlichen, des gläubigen Naturwissenschafters, sein. Er wird es suchen, er wird es zu führen haben. Denn er fühlt schmerzlich das Auseinanderklaffen (nicht im Sinne eines Widerspruchs, sondern eines beziehungslosen Nebeneinander) zwischen seiner Wissenschaft und seinem Glauben. Er lebt tatsächlich in zwei Welten, zwischen denen es keinen Gegensatz, aber auch keine Verbindung gibt. Der Gott, an den er glaubt und den er bekennt, kommt nirgendwo in seiner Wissenschaft vor.

Wenn im Generalthema unserer Tagung das Wort ‚Krise' steht, dann könnte hier, in diesem personalen Gespaltensein, in der Tat eine echte Krisen-Situation gesehen werden.

Einige Fragen des gläubigen Naturwissenschafters an den Theologen könnten etwa lauten:

1. Ist die Theologie nun endlich bereit, das ganze Paket gesicherter naturwissenschaftlicher Erkenntnisse zu akzeptieren, und zwar mit dem Vertrauen und der Vorbehaltlosigkeit, die der Zuverlässigkeit dieser Ergebnisse entsprechen.

Ich sage ‚das ganze Paket'!

2. Ist die Theologie bereit, mit dieser Bereitschaft zur Annahme und Anerkennung naturwissenschaftlicher Ergebnisse auch in die Zukunft zu gehen? Denn die Naturwissenschaften werden weiter arbeiten, wahrscheinlich noch extensiver und intensiver als bisher, mit ständig verbesserten Methoden, und sie werden sicherlich noch wichtige, neue und aufregende Ergebnisse vorlegen.

Das Netz der Fakten über die Vorgänge der Hominisation knüpft sich von Jahr zu Jahr enger. – Noch liegt ein breiter Graben zwischen der belebten und der unbelebten Welt. Aber, er wird zusehends enger, und zwar von beiden Ufern her. Vom einen durch die molekularbiologische und virologische Forschung, vom andern durch die Forschungsergebnisse über abiogene Entstehung organischer Substanzen, darunter Aminosäuren, die sich auf anorganischen Trägersubstanzen zu eiweißähnlichen ‚Proteinoiden', z. T. mit angedeuteter Enzymaktivität zusammenfügen. Es ist nicht auszuschließen, daß es einmal gelingt, ein zur Selbstreproduktion fähiges Makromolekül zu schaffen.

Hierzu nochmals einige Sätze aus Lavocat.[9]

„Der erste schwere Konflikt war um das Weltsystem gegangen, und zwar um das heliozentrische, das dem geozentrischen entgegengesetzt ist. Der zweite große Konflikt begann in dem Augenblick, als die naturwissenschaftlichen Kreise sich der dynamischen Struktur der Welt bewußt wurden und die Evolution entdeckten. Sie erhoben sich noch einmal wegen der Bibelinterpretation, auf welche die neuen Vorstellungen sich unzweifelhaft direkt auswirkten. Die abenteuerliche Verurteilung Galileis hätte wohl zu einer gewissen Vorsicht anspornen können. Eine so aufsehenerregende Verurteilung wie die im Falle Galilei erfolgte – so muß man gestehen – allerdings auch nicht noch einmal. Aber wirklich bereitwillig wurden die neuen naturwissenschaftlichen Errungenschaften nicht angenommen. Gerechterweise, muß man sagen, geriet die protestantische Welt am meisten in Mitleidenschaft, genauer gesagt, die anglikanische Kirche. Stark an die Bibel gebunden, war sie bestürzt, die Interpretation des Schöpfungsberichts in Frage gestellt zu sehen. Man darf jedoch nicht vergessen, daß auch die Reaktionen auf katholischer Seite bei weitem nicht günstig waren und daß gewisse Bücher, welche die Möglichkeit der Evolution verteidigten – sofern ich richtig informiert bin –, auf den Index gesetzt wurden.

Natürlich griff der Streit sehr bald vor allem auf das damals anscheinend zu einer entgegengesetzten Entscheidung herausfordernde Problem des menschlichen Ursprungs über. Und erst in den letzten Jahren öffnete die Enzyklika *Humani Generis* dieses Problem für eine wirklich freie Diskussion.

Inzwischen hatten die Fachapologeten ein anderes Streitroß gefunden. Sie stürzten sich auf die Experimente Pasteurs, der die Urzeugung entkräftete. Im Glauben, endlich einen naturwissenschaftlichen Beweis für die Existenz Gottes in Händen zu halten, erklärten sie, ungeachtet der alten Theologen des Mittelalters, daß das

[9] Lavocat, a. a. O. S. 15 f.

Leben in der Welt nur aus dem direkten, unmittelbaren Eingreifen Gottes hervorgehen könne. Eine noch weit verbreitete Behauptung übrigens, obgleich sie ebenso wenig Aussicht hat, wahr zu sein, wie das ptolemäische Weltsystem in der Astronomie, und obgleich alles auf die Vorstellung hinausläuft, daß das Auftreten des Lebens ein natürlicher Prozeß in der Welt ist, von dem wir hoffen dürfen, daß wir ihn eines Tages künstlich nachvollziehen können.

Erinnern will ich hier nur noch an ein gewisses Totschweigen der Relativitätstheorie Einsteins: es hatte zur Folge, daß ein sehr namhafter und gewichtiger Autor, der ein naturwissenschaftlich positives Buch dazu geschrieben hatte, sich in seiner Schlußfolgerung doch gegen sie entschied, nur um nicht Gefahr zu laufen, daß das Erscheinen des Buches ihm zu viele Unannehmlichkeiten beschere.

Am unangenehmsten an der ganzen soeben geschilderten Geschichte ist, daß die offiziellen Theologen der Kirche mit einer trostlosen Regelmäßigkeit das falsche Pferd zäumten. Aus mehreren Gründen wirkte sich das auf die internationale naturwissenschaftliche Gemeinschaft verheerend aus.“

Ich weiß, es gibt noch zahllose ungelöste Rätsel in der Natur, vor allem auch im Bereich des Lebens und der Lebewesen, die einstweilen noch sehr schwer zu deuten sind.

Daß das wirklich unlösbar scheinende Rätsel aber doch, und zwar innerhalb sehr kurzer Zeit, einer naturwissenschaftlichen Lösung zugänglich ist, das hat m. E. die Entwicklung der modernen Molekularbiologie gezeigt. Es wird also gut sein, damit zu rechnen, daß alle naturwissenschaftlichen Phänomene grundsätzlich mit naturwissenschaftlichen Methoden angegangen und einer naturwissenschaftlichen Lösung zugeführt werden können.

Es wäre schlecht, wenn noch ungelöste Fragen, bei denen gegenwärtig eine Lösungsmöglichkeit auch noch gar nicht abzusehen ist, von einer kurzsichtigen Apologetik sozusagen als ‚ökologische Nischen‘ für Gottesbeweise alten Stils angesehen würden.

3. In einer ganz anderen Richtung geht die folgende Anregung. Aus manchen Gesprächen mit Naturwissenschaftern und Medizinern weiß ich, welch unheilvolle Mißverständnisse ent-

stehen, wenn Glaubensaussagen mit Begriffen und Worten operieren, die für den Naturwissenschafter eindeutig definiert sind *(natus ex virgine, resurrexit a mortuis)*. Es wäre sehr hilfreich, wenn auch hier die Theologie klar verständlich machen könnte, daß es sich, trotz der Übereinstimmung des Vokabulars, offensichtlich um keine naturwissenschaftlichen Aussagen handelt, ebenso wenig etwa wie beim Schöpfungsbericht.

4. Das wichtigste Anliegen eines gläubigen Naturwissenschafters an die Theologie wäre sicherlich die Entwicklung einer modernen Theodizee. Vielleicht wäre ein Weg dazu eine starke und konsequente Betonung der Immanenz des Schöpfers im Kosmos.

Betrachten Sie bitte meine Ausführungen nicht als einen ‚Vortrag' im üblichen Sinne, sondern als ein erstes, etwas ausgedehntes Votum zur anschließenden Diskussion.

Diskussion zum Vortrag von Maximilian Steiner

Dialog zwischen Naturwissenschaft und Theologie – heute?

Luyten: Sie haben uns gebeten, Sie zu zerreißen; ich werde das einmal versuchen. Sie fangen damit an zu sagen: Wir Naturwissenschafter können mit Gott nichts anfangen, denn, wo wir auch forschen, Er erscheint nirgends. Mit anderen Worten: Was die Theologen, die von Gott sprechen, zu sagen haben, interessiert uns nicht, das ist bei uns gar nicht da. Und nachdem Sie das so schön ausgeführt haben, sagen Sie den Theologen: Aber Ihr müßt Euch für uns interessieren; und Sie kommen dann sogar mit der Forderung, daß wir Ihnen von Gott in dieser Sprache sprechen, von der Sie zunächst gesagt haben, daß man in ihr nichts über Gott aussagen kann. Das ist vielleicht etwas zu pointiert gesagt. Entschuldigen Sie, wenn ich Sie zu sehr zerrissen habe!

Bröker: Ich möchte Herrn Luyten zu bedenken geben, daß der Naturwissenschaftler zumindest heute bescheiden genug ist, und sagt: Meine Materie ist nicht eine theologische Materie und darum spreche ich nicht darüber, während einige Theologen, reflex oder unreflex, auch über die Dinge, über die Materie der Naturwissenschaft reden und darüber mehr oder weniger kompetent ein Urteil abgeben.

Thum: Die Lage läßt sich, wie mir scheint, doch nicht so leicht klarstellen. Gewiß wird ein Naturwissenschaftler, solange er mit strenger methodologischer Selbstkontrolle spricht, sich vor Grenzüberschreitungen hüten. Aber der Wunsch nach möglichst weit gespannten Synthesen und nach einer Beantwortung der alten Menschheitsfragen lebt auch in ihm. Die Erinnerung an die Erfolge der Forschung disponiert ihn gewiß nicht für eine besondere Behutsamkeit gegenüber den weltanschaulichen, philosophischen oder theologischen Auffassungen, in deren Bereiche er dabei eindringt. In neueren Erörterungen über hermeneutische Probleme ist hervorgehoben worden, daß den Fortgang der Forschung, die ihre Ergebnisse zunächst in einer speziellen Fachsprache ausdrückt, ein Prozeß der Übersetzung der fachsprachlichen Formulierungen in die Umgangssprache begleitet oder, anders gesagt, daß wissenschaftliche Theorien und Hypothesen zu Elementen unserer Weltansicht werden. Kann es dann aber ausbleiben, daß Wissenschaftler die Ausblicke, die sich ihnen auf dem Feld der Forschung eröffnen, auf die Ebene des Weltbildlichen und Weltanschaulichen übertragen? Beispiele wären viele anzuführen: Vom Kreis der *Royal Society* etwa hat die Physiko-Theologie des 18. Jahrhunderts ihren Ausgang genommen, die Mitkämpfer Darwins haben die weitgehendsten weltanschaulichen Folgerungen aus der Deszendenztheorie gezogen; aus jüngster Zeit können die Werke des amerikanischen Verhaltensforschers B. F. Skinner oder das Werk J. Monods genannt werden. Gewiß läßt sich wieder einwenden, daß es sich dabei um Gedankengänge handle, die nicht mehr streng wissenschaftlich sind. Aber sollten diese Weiterungen ganz ohne Bedeutung für die Forschung, die Hypothesenbildungen und die Synthesen innerhalb der Wissenschaften selbst bleiben? Ich denke darum, daß die These von der Ideologiefreiheit der Wissenschaften nur mit gewissen Einschränkungen zutrifft.

Um noch auf eine andere, nicht immer beachtete Differenz aufmerksam zu machen: Wenn ich recht verstanden habe, hatte der Vortragende das Erkennen Gottes in der Natur in dem Sinne im Auge, daß unsere Weltbetrachtung genötigt sein kann, zur Erklärung gewisser Naturgegebenheiten auf Gott zu rekurrieren. In diesem Sinne hat die eben erwähnte Physiko-Theologie Gott in der Natur finden wollen. Ich meine, daß wir diesen Weg heute nicht mehr gehen können und ganz auf den Weg gewiesen sind, der von einer Art von ‚zweiter

Kenntnisnahme' des Ganzen der Natur und ihrer Gesetzlichkeit und Entwicklung ausgeht. Nicht in der Richtung der Forschung selbst zeigt sich uns Gott, sondern im Bedenken der Tatsache, daß es eine gemäß dem Apriori eines von einfachen Grundgesetzen beherrschten Zusammenhanges erforschbare Wirklichkeit gibt.

ALSZEGHY: Es wurde gesagt, daß der Wissenschaftler in seiner Wissenschaft mit theologischen Gedankengängen und vielleicht auch mit dem Begriff Gott nicht unmittelbar in Berührung kommt, wenn ich das recht verstanden habe. Ich glaube, das ist an sich ganz richtig. Die Naturwissenschaft hat doch eine Autonomie. Das bedeutet, daß in der Betrachtung und Analyse der Phänomene Gott nicht als eines der Phänomene eingeschaltet wird. Es ist durchaus richtig, daß der Wissenschaftler Gott nicht braucht, um von einer Tatsache auf eine andere zu schließen. Die Begegnung mit Gott liegt eigentlich auf einer anderen Ebene, wenn Sie wollen, auf einer metaphysischen, auf der man sich fragt, worin das ganze System seinen Sinn und Grund hat.

Die Autonomie schließt eben aus, daß die Theologie sich in die naturwissenschaftlichen Gedankengänge unmittelbar einschaltet. Das wäre ein Grenzüberschritt, denn die Phänomene sind tatsächlich da: Eines erklärt das andere; nicht die einzelnen Phänomene brauchen eine theologische Erhellung, sondern das Ganze.

Der Theologe sagt unmittelbar und in erster Linie eigentlich nichts über die Phänomene aus, sondern spricht *salutis nostrae causa,* das heißt, sie erhellt uns den Weg zum Heil. Selbstverständlich sind damit gewisse festzustellende Aussagen verbunden. Wenn einer den christlichen Weg zum Heil als wahr anerkennt, wird er wohl meinen, daß der klassische Monismus (ich meine jetzt nicht den Monismus, den Professor Steiner gemeint hat, sondern den klassischen Monismus) der Wirklichkeit nicht entspricht. Aber solche Aussagen sind nicht unmittelbar theologische Aussagen, sondern nur implizite, wenn Sie wollen, metaphysische Aussagen, die mit einer Theologie verbunden sind und von ihr abgeleitet werden.

Darum ist eigentlich ein unmittelbares Gespräch zwischen Naturwissenschaft und Theologie weder auf der naturwissenschaftlichen noch auf der theologischen Ebene möglich. Diese beiden Fachwissenschaften begegnen sich auf einer anderen Ebene, vielleicht auf einer philosophischen, das weiß ich nicht; das ist auch eine andere Frage. Darum dürfen wir das Fehlen eines unmittelbaren Kontakts in diesen Wissensbereichen nicht als eine Anomalie ansehen. Darüber können wir aber vielleicht später noch einmal sprechen.

Daraus folgt, daß der Theologe sehr weitgehend, praktisch überhaupt immer, das Paket der Forschungsberichte, sowohl heute als auch in der Zukunft annehmen kann. Was wirklich als bewiesener Forschungsertrag bekannt ist, muß auch in der Theologie als eine Wahrheit anerkannt werden; steht sie mit einer theologischen Aussage im Widerspruch, dann muß der Theologe sehr gut überlegen, ob vielleicht seine Gedankengänge nicht irgendwo ausgeglitten sind.

STEINER: Ich möchte zunächst nur auf die Frage von Herrn Luyten antworten. Sie haben recht: da sind Widersprüche. Das einzige, was ich zu dem – unvorsichtigerweise angenommenen – Thema geben konnte, war eine Skizze der persönlichen Situation, in der ich mich, wahrscheinlich mit vielen anderen, befinde. Sie mögen es ein persönliches Bekenntnis nennen. Herr Staudinger, ich weiß nicht, ob Sie als Naturwissenschafter in etwa das nachvollziehen können, was ich auszudrücken versucht habe.

STAUDINGER: Herr Steiner, ich meine, daß Sie es sehr gut verstanden haben, als Naturwissenschaftler, der gleichzeitig ein gläubiger Christ ist, die manchmal wirklich schwer ertragbaren Spannungen, in denen wir nun mal zu leben gezwungen sind, zu zeigen. Und hätten Sie es dabei belassen, nur die Spannung zu zeigen, dann hätte es, denke ich, überhaupt keinen Angriffspunkt gegeben, weil eine solche Darstellung als persönliches Bekenntnis von jedermann hinzunehmen ist. Allein Ihr Versuch, der Spannung zu entrinnen, indem Sie am Schluß eine – und jetzt seien Sie nicht böse über dieses Wort – pseudotheologische Formulierung gesucht haben, ruft den Widerspruch hervor. Wir können als Naturwissenschaftler nicht erwarten, daß wir uns selbst aus diesem ‚Sumpf' am Schopf herausziehen und zu einer paradiesischen Geschlossenheit eines Bildes, das christlichen Glauben und naturwissenschaftliche Erkenntnis zu einer wundervollen Harmonie bringt, kommen. Ich meine, es sei notwendig zuzugeben, daß wir diese Spannungen als Menschen ertragen müssen und als Naturwissenschaftler – und ich finde, das war hervorragend an Ihrem Vortrag – unsere Position bis zuletzt durchhalten müssen.

Keilbach: Zunächst ein Hinweis: Wir haben auf unserer Tagung über die Methodenfrage[1] diese Dinge sehr ausführlich behandelt. Der Widerspruch, von dem Herr Steiner spricht, ist natürlich auch hier wieder sehr fühlbar. Der Naturwissenschaftler ist auf sein Instrumentarium und auf die Gesichtspunkte seiner Methode angewiesen; von diesem Ansatz wird er Gott natürlich nicht in den ‚Griff' bekommen. Aber er wird sich sagen müssen, daß das Fragen selbst trotzdem noch weitergetrieben werden kann, allerdings unter einem anderen Gesichtspunkt, mit einer anderen Methode. Wenn Herr Steiner die Forderung aufstellt, nicht nur von der Offenbarung her, sondern im Sinne einer unmittelbaren Evidenz die Existenz Gottes aufzuzeigen, dann ist das etwas schillernd. Entweder Sie sagen: Es soll ausschließlich mit der naturwissenschaftlichen Methode geschehen, dann widersprechen Sie sich selbst. Wenn Sie aber sagen, es müßte ein Weg möglich sein, dann dürfen Sie nicht im voraus darauf bestehen, daß *anders* nicht gefragt werden darf, als wäre die Alternative: entweder ich frage nur naturwissenschaftlich oder ich frage gleich vom Standpunkt der

[1] Vgl. *Tragweite und Grenzen der wissenschaftlichen Methoden*, in: Naturwissenschaft und Theologie, Heft 5, Freiburg i. Br. 1962.

Offenbarung. In der Mitte liegt, was wir das metaphysische Fragen nennen. Soviel, um gerade nur auf den Ansatz hinzuweisen.

Cottier: Ich würde auch meinen, daß der hier behandelten Problematik methodische Fragen zugrunde liegen. Die in den Wissenschaften verwendete Methode ist von sich aus begrenzt, sie legt ihrem Objekt Grenzen auf. Praktisch aber öffnet sie ein unbegrenztes Gebiet: Man kann immer wieder Anwendungen dieser Methode auf neue Gebiete entdecken. Daraus dürften sich gewisse Illusionen, die Allgemeinheit der Methode betreffend, ergeben. Ich möchte das an zwei Beispielen illustrieren. Zunächst das Buch von J. Monod: *Le hasard et la nécessité.* Eines scheint mir in diesem Werk sehr richtig zu sein. Als Naturwissenschaftler stößt der Autor auf Probleme, die er mit seiner Methode nicht beantworten kann; dadurch sieht er sich veranlaßt, auf die Ebene der Naturphilosophie überzuwechseln. Er kündet dann auch sein Buch als naturphilosophische Veröffentlichung an. Darin scheint mir ein interessantes epistemologisches Zeugnis zu liegen.

Das andere Beispiel scheint mir noch wichtiger. Im Anschluß an Ihre Frage: Sind die Naturwissenschaften ohne Gott?, möchte ich weiterfragen: Betrachten wir das epistemologische Vorgehen der Geisteswissenschaften – Soziologie, Psychologie, usw. –, dann müßte man nicht nur sagen: ohne Gott, sondern: ohne Menschen. Und da liegt, scheint mir, das Problem. Nehmen wir das Vorgehen von Lévi-Strauss, der Ethnologe ist. Er fängt mit einer Besinnung auf die Ethnologie an. Diese habe einen Haufen Material gesammelt, weil sie dieses aber nicht systematisch zu ordnen vermocht hat, verdiene sie den Namen Wissenschaft nicht. Um wirklich als Wissenschaft zu gelten, müßte sie sich, wie die Naturwissenschaften, eine strenge Methode zulegen. Nun gebe es aber eine Geisteswissenschaft, die das zustande gebracht hat: die Linguistik (Sprachwissenschaft), genauer gesagt: die Phonologie. Von dort ausgehend versucht Lévi-Strauss, die Verwandtschaftsbeziehungen, und dann auch die Mythen, zu formalisieren. Im Namen dieser Formalisierung nun kommt er zum Schluß, daß die Geisteswissenschaften – *in casu* die Ethnologie – nicht zu einer Aufwertung, sondern zu einem Ausklammern des Menschen führen. Das scheint mir ein treffendes Beispiel methodischer Begrenzung zu sein. Will man diese Methode integral auf gewisse Gebiete anwenden, dann kehren sie sich gegen das Objekt. Wir sind damit wieder bei der Frage angelangt, die Herr Thum schon berührt hat: der Unterschied zwischen Erklären und Verstehen. In bestimmten Wissenschaften, würde ich meinen, z. B. in den Geisteswissenschaften, kann man sich nicht mit ‚Erklären' begnügen. Man ist auf ‚Verstehen' angewiesen, was nur auf philosophischer Grundlage möglich ist.

Bröker: Ich möchte noch einmal auf das zurückkommen, was Herr Luyten sagte, und davor warnen, dieses Problem auf zu hohem Niveau zu betrachten, denn der Alltag, aus dem heraus Sie ja wohl auch sprechen, der Alltag des Forschens, sieht ja nun tatsächlich so aus wie Herr Steiner es uns schilderte. Der Naturwissenschaftler in seinem Labor findet bei seinem Tun in keiner Weise Gott anwesend. Andererseits aber ist der Alltag des Theologen, und zwar nicht des Universitätstheologen, sondern dessen, der auf der Kanzel und vor den Kindern steht, so, daß er immer wieder von naturwissenschaftlichen oder von quasi-naturwissenschaftlichen Dingen reden muß. Da liegen doch die Probleme. Und wenn Herr Alszeghy uns sagt, das seien völlig verschiedene Dinge, das eine handle vom Heile des Menschen, das andere handle von den natürlichen sinnenhaften Phänomenen, dann frage ich mich, ob dieser Wunsch, dieses Ideal, erstens einmal, an sich richtig ist, und zweitens, ob das das Tatsächliche ist, was geschieht. Denn immerhin kennt die Theologie, auch wie sie im Katechismus und in der Predigt verkündigt wird, eine christliche Anthropologie, und dort ist die Rede etwa davon: Der Mensch besteht aus Leib und Seele. Ich habe mir einmal die kleine Mühe gemacht, die Kommentare zu unseren Katechismen unter dem Gesichtspunkt anzuschauen, was etwa zu dem Problem gesagt wird. Es wimmelt dort von ‚naturwissenschaftlichen' Aussagen. Der Alltag ist so, daß die Theologen, die Alltagstheologen, durchaus von naturwissenschaftlichen Dingen reden. Und ich glaube, daß da doch das unmittelbare Problem liegt, das uns in der größeren Zahl angeht. Was der einzelne, vielleicht etwas hoch gestochene Naturwissenschaftler oder der sehr reflektierte Theologe dazu meint, das wirkt sich doch in der Kirche gar nicht aus.

Arens: Herr Steiner, Sie haben gesagt – und das wurde hier auch mehrfach erwähnt –: Der Naturwissenschaftler begegnet Gott in seiner Forschung nicht. Ich glaube, das ist doch nicht richtig. Es stimmt, glaube ich, überhaupt nicht für den christlichen Naturwissenschaftler. Ich finde mich in dieser Welt vor und ich untersuche diese Welt. Ich nehme von vorneherein den Standpunkt ein: Ich bin ein gläubiger Mensch. Wodurch bin ich gläubig? Das ist eine Gnade Gottes. Das kann ich nicht verstehen. Aber das ist mein Ausgangspunkt. Die Welt betrachte ich als Schöpfung Gottes. Und jetzt wird die Welt erforscht und wir entdecken allerhand Regelmäßigkeiten. Wir entdecken Gesetze. Wir gehen immer weiter, wir erforschen die Schöpfung und vielleicht wird es an einem Punkt den Moment geben, daß wir sagen: Jetzt kommen wir mit unserer Methodik nicht weiter. Es gibt Dinge, die wir beobachten, die wir jedoch mit unseren Konzepten nicht verstehen. Dann gibt es auch Augenblicke, in denen wieder neue Konzepte entstehen. Und so geht man immer, immer weiter. Vielleicht kommen wir einmal zu dem Punkt, an dem es kein Weiter mehr gibt und wir erkennen müssen, daß wir Gott auf der Grenzfläche wirklich entdecken, daß wir glauben müssen, daß es noch etwas außerhalb von uns gibt. Ich empfinde hier überhaupt keine Krise. Man soll das einfach annehmen, was man findet. Es ist alles eine Gabe Gottes. Ich finde Gott jeden Tag in der Natur; ich finde Gott in allem, worüber ich nachdenke, weil ich von dem Standpunkt, dem Ausgangspunkt ausgehe, daß die Welt eine Schöpfung Gottes ist. – Vielleicht ist das primitiv, aber ich fühle mich sehr wohl dabei.

DOMS: Es scheint mir, daß wir nicht immer bloß bei der naturwissenschaftlichen Fragestellung stehenbleiben dürfen, soweit sie die anorganische Natur betrifft. Es gibt einen riesigen Bereich, der uns Menschen enorm interessiert, nämlich der Bereich des Personalen. Es gibt in der Welt Personen. Und die Personen sind, da hier der Bereich des *absolut* Gültigen in Frage kommt, zweifellos nicht schlechterdings von physikalischen Gesetzen her zu definieren oder gar zu verstehen. Ich meine, daß wir zumindest den personalen Bereich, den Bereich von Wahr und Falsch, den Bereich von Gut und Böse, als dem Menschen mitgegeben, als Element der Welt, die wir kennen, berücksichtigen müssen.

DOLCH: Herr Steiner sagte: Wissenschaftliche Erkenntnis braucht nicht Gott. Jüngst wurde pointierter formuliert: Das Atom braucht Gott nicht. Sind diese Aussagen wahr? Ich meine: Ja. Enthalten sie die ganze Wahrheit? Ich meine: Nein. Wie kann man das erkennen? Wenn ich recht sehe, versuchte katholisch-apologetisches Denken dieses nicht vollständig Wahr-Sein der beiden Aussagen durch eine ‚Fortsetzungs'- bzw. ‚Vertiefungs'-philosophie aufzuzeigen. Ich meine, man könne es auch durch Umwendung des Aussagesinnes! Angenommen, es ist wahr, daß wissenschaftliche Erkenntnis Gott nicht braucht, hat dann und demzufolge die Behauptung, Gott aber brauche sie, keinerlei Wahrheit? Könnte in irgendeinem noch näher zu bestimmenden Sinne wahr sein, daß Gott die wissenschaftliche Erkenntnis, ja auch das Atom braucht? Beide Aussagen ergänzen sich nicht einfach, sie widersprechen sich auch nicht. Die zweite Frage kann sicherlich nicht mit naturwissenschaftlichen Erkenntnismitteln entschieden, weder bejaht, aber auch nicht verneint werden. Ich gebe zu, daß sie zunächst sinnleer (sinnlos) erscheinen mag. Vielleicht wird sie erst dann als eine sinnvolle erkannt, wenn eine andere, viel persönlichere Frage aufgetaucht ist. Diese nämlich: Der Mensch sprach zu Gott: „Ich brauche dich nicht“, und hörte: „Das mag dir so scheinen, aber ich brauche dich!“ Mag also sein, daß zunächst die eigene, innere Erfahrung des Angesprochen-, des Aufgerufenseins notwendig ist, um die Frage, ob Gott Erkenntnis oder gar das Atom braucht, als sinnvoll aufnehmen zu können – ist dieser Ruf aber nicht schon immer ergangen? Ich denke jetzt noch gar nicht an die alttestamentliche oder neutestamentliche Offenbarung, bezeugt dies nicht schon jedwede, also auch heidnische religiöse Erfahrung? Naturwissenschaftliche Erkenntnis wird nicht erst dann legitim, wenn sie diese Erfahrung leugnet, gewiß nicht, sieht sie aber davon nicht grundsätzlich ab?

Ich sehe somit in den Schlußsätzen des Referates von Herrn Steiner keine Verwischung oder Einebnung der unterschiedlichen Betrachtungs- und Erkenntnisweisen im Sinne eines ‚schiedlich-friedlichen‘, frommen Schlusses, sondern bejahe sie – *in* ihrer Spannung.

LUYTEN: Ich möchte auf die zwei Voten von Herrn Alszeghy und von Herrn Bröker zurückkommen, die einander zu widersprechen schienen. Ich halte sie eher für komplementär. Wir dürfen die methodische Sauberkeit des Denkens nicht so hochspielen, daß der Naturwissenschaftler sagt: Theologische Fragen gehen mich nichts an, oder der Theologe: Naturwissenschaftliche Fragen berühren mich nicht. Wenn das wahr wäre, hätte unser Zusammensein hier keinen Sinn. Wollen wir doch eben aufeinander hören. Nicht nur aus irgendwelchem *goodwill,* sondern von der Sache her; denn die Heilsgeschichte ist eine Geschichte, die mich als konkreten Menschen, in dieser Welt lebend betrifft, so daß in einem gewissen Sinn die ganze Physik auch in die Heilsgeschichte hineingehört. Da können wir nicht einfach dadurch auskneifen, daß wir sagen: Meine Methode sagt nur dieses, und meine nur jenes. Man hat von Grenzüberschreitung gesprochen. Das ist ein Wort, das man uns sehr schnell zwischen die Beine wirft, um zu bedeuten: Jetzt höre auf; du bist nicht mehr kompetent. Sind wir nicht zur Grenzüberschreitung verurteilt? Denn dadurch, daß der Naturwissenschaftler weiß, daß er eine begrenzte Methode hat, weiß er, daß über diese Grenze hinaus auch noch etwas liegt. Und dadurch, daß der Theologe oder der Philosoph weiß, daß er in einer bestimmten Art und Weise frägt, weiß er, daß man auch noch anders fragen kann. Liegen hier nicht Übergänge, sind hier nicht Brücken? Herr Bröker hat gemeint, der Brückenschlag müsse im Alltag geschehen. Da bin ich anderer Meinung! Gerade in unserem Gremium sollten wir nicht sofort vor dem Wort Grenzüberschreitung zurückschrecken. Wird der Naturwissenschaftler nicht von seinem Forschen selber dahin geführt, daß es noch Weiteres zu erforschen gäbe, aber in einem anderen Modus. Sogar ein eminenter Exponent des heutigen Scientismus, J. Monod, meint in der Einleitung seines Buches *Le hasard et la nécessité*: Als Naturwissenschaftler überschreite ich jetzt meine Grenzen, aber von meiner Wissenschaft her stellen sich mir Fragen, die ich innerhalb ihrer Grenzen nicht mehr beantworten kann.

Sollten wir nicht eher diesen Weg versuchen, statt uns hinter hohen, methodischen Mauern zu verkriechen, mit dem Gedanken: Da kann mir kein Theologe etwas hineinpfuschen; bzw. da kann kein Naturwissenschaftler mir etwas hineinreden. Wir müssen miteinander ins Gespräch kommen, und zwar von unserer Wissenschaft her, innerlich. Man kann das Grenzüberschreitung nennen, aber dann eine solche, die von der Wissenschaft selber verlangt wird.

Zum Bekenntnis, das Herr Arens uns gegeben hat, das ich gar nicht für naiv halte, möchte ich meinen, daß der gottlose Naturwissenschaftler genau das gleiche tut. Er betont ganz gern: Ich brauche Gott nicht, deshalb existiert Gott nicht. Solche Extrapolationen, ‚Grenzüberschreitungen' geschehen hüben und drüben, und ich bin überzeugt, sie müssen geschehen. Wir sollten sie aber reflexiv, behutsam und vorsichtig machen und nicht allzusehr aus dem Affekt heraus.

Steiner: Ich möchte versuchen, einige Dinge zusammenzufassen, die in die Diskussion gekommen sind.

Sie, Herr Luyten, haben es m. E. sehr genau gesehen. Das Wort ‚Grenzüberschreitung' ist in meinem Referat zwar nicht vorgekommen. Ich habe mich aber auch nicht explizit gegen Grenzüberschreitungen gewandt, sie in einem Punkt (implizit) sogar als möglich, vielleicht notwendig angedeutet. Nämlich der Frage: Gibt es für die moderne Theologie nicht doch einen möglichen Weg, uns den mit dem Licht der natürlichen Vernunft erkennbaren Gott zu zeigen, den wir in unseren Naturwissenschaften vergeblich suchen. Also Gespräche mit dem Theologen auf naturwissenschaftlicher Ebene. Damit sind die beiden Brückenköpfe angedeutet, die sich, wenn überhaupt, nur durch Grenzüberschreitungen verbinden lassen. Herr Arens, ich bin einverstanden mit dem, was Sie gesagt haben. Ihre Gedanken sind mir nicht fremd. Aber ich muß darüber nachdenken, ob es mit diesem persönlichen ‚Zufriedensein' sein Bewenden haben darf. Das bedrückende Problem für mich bleibt: Warum kann ich meinem Fachkollegen das, wovon ich fest überzeugt bin, nicht in einer für ihn einsichtigen und überzeugenden Weise darlegen. Wo anders sollte ich hier Hilfe erhoffen, als bei der Theologie.

Schließlich noch kurz eine andere Sache. Der Theologie begegnen wir Naturwissenschafter, wie die meisten Menschen überhaupt, in der Verkündigung, also in der Schule, in der Predigt usw. Hier entstehen oft sehr harte Probleme, von der Terminologie her und vom Verständnis von Dingen, die für den Naturwissenschafter außerhalb jeder Diskussion stehen.

Boné: Nach allem was gesagt wurde, bringt meine Intervention wohl kaum etwas Originelles, wohl aber ein ganz persönliches Anliegen. Wir erfahren als Wissenschaftler eine Spannung, die sich doch evident auf der personalen Ebene zeigt. Davon zeugen die Interventionen von Herrn Steiner und Herrn Arens. Diesen Spannungen sollte man nach meinem Dafürhalten eher mit einer Pastoral der Naturwissenschaftlichen Mentalität, als mit methodologischen Überlegungen begegnen. Wir reden von Begegnung von Naturwissenschaft und Theologie. Nicht aber Wissenschaften begegnen einander, sondern Wissenschaftler, die ihre auf verschiedenen Methoden beruhenden Ausführungen miteinander konfrontieren. Wir werden die Spannung kaum dadurch überwinden, daß wir die Autonomie der verschiedenen Disziplinen abbauen. Herr Arens sagte, der Naturwissenschaftler studiere die Schöpfung. Der Ausdruck ist zweideutig: Er studiert etwas, was tatsächlich geschaffen ist, nicht aber die Schöpfung als solche. „Gott braucht das Atom; das Atom braucht Gott." Das kommt darauf an. Naturwissenschaftlich gesprochen braucht das Atom im Augenblick t_a bloß den Zustand t_0 als Erklärung. Die Erklärung von einem späteren Zustand durch einen früheren ist alles, was die Naturwissenschaft verlangt. Ist sie nicht imstande, eine solche Erklärung heute zu geben, dann postuliert sie – wenigstens theoretisch – es in Zukunft tun zu können. In diesem Sinn braucht die Naturwissenschaft Gott nie. Was nicht heißt, daß der Naturwissenschaftler ihn nicht braucht. Was wir, pastoral gesehen, von jedem Wissenschaftler, ob Naturwissenschaftler oder Philosoph oder Theologe, verlangen müssen, ist, daß er seine wissenschaftlichen Ergebnisse absolut sauber formuliert. Nicht selten behauptet man mehr als streng wissenschaftlich verantwortbar wäre. Ich denke z. B. – um etwas zu nehmen, was mich persönlich interessiert – an die Erklärung der Evolutionsmechanismen. Andererseits darf der Wissenschaftler verlangen, daß die Glaubensbereitschaft so weitgehend wie möglich von überholten philosophischen oder theologischen Theorien befreit werde. Auf diese Weise wahren wir die Autonomie der verschiedenen Disziplinen. Die Begegnung, die wir bezwecken, findet im Herzen des Gläubigen oder des Suchenden statt, unter voller Wahrung der Autonomie und der methodischen Sauberkeit der verschiedenen Wissenschaften. Mir scheint das sehr wichtig zu sein.

Steiner: Ich halte dieses Votum für eine sehr wichtige Antwort auf einige der von mir gestellten Fragen.

Thum: Darf ich vielleicht noch den Gedanken vorbringen, daß man vielleicht auch den Wissenschaftler, der sich gegen die Theologie abschließt, gleichsam in seiner eigenen Konsequenz weiter, bis zum Rande drängen müßte, damit er die ungeheure existenzielle Krise erfährt, in die ihn seine wissenschaftliche Haltung bringt. Wir haben schon von Herrn Cottier gehört, daß bei konsequenter Anwendung naturwissenschaftlicher Denkweise auf den Menschen wir am Schluß bei einem System wie dem von Lévi-Strauß, praktisch bei der Aufhebung des Menschen, landen. Natürlich muß man hier das Beispiel von Monod noch einmal zitieren.

Daran könnte doch der Naturwissenschaftler erfahren: Wenn ich mir in der Perspektive meiner Methode vom Menschen und von dem, was er ist, eine Auffassung bilden will, dann bleibt mir, glaube ich, am Ende, als Naturwissenschaftler, gar keine andere Möglichkeit, als zu sagen: Der Mensch ist irgendwie eine zufällige Kombination von gewissen Molekülen usw., ein durch eine lange Reihe von Selektionen zustande gekommener Roboter. Es bleibt in der Perspektive dieser Forschung gar keine andere Möglichkeit.

Darf ich vielleicht noch etwas in der gleichen Linie sagen: Man könnte diesen Herren Kollegen auch entgegnen: Indem er sagt: Ich setze meine Existenz oder den Wert meines ganzen Tuns in den Wert der Wahrheit, spricht er gerade darin noch aus einem Nachschein seiner christlichen Tradition. Denn wenn er jetzt einmal das, was er tut, seine eigenen Erkenntnismethoden nach seiner naturwissenschaftlichen Methode untersucht, dann wird er am Ende, glaube ich, wiederum notwendig zu einer positivistischen Erkenntnistheorie kommen. Erkenntnistheorie im Sinne der Neuempiristen usw., die sich ja gerade zum Ziel gesetzt haben, in die Philosophie, in die Erkenntnistheorie, ganz konsequent die Kriterien naturwissenschaftlicher oder wissenschaftlicher Genauigkeit einzuführen. Nun, was steht in diesem Falle am Ende? Ich möchte nur die heute unter diesen Wissenschaftstheoretikern ziemlich allgemein angenommene Auffassung von Carnap erwähnen.

Bei Carnap ist es so: Wahrheit gibt es in den Naturwissenschaften überhaupt nur in bezug auf die Protokollsätze, auf die einfachen Beschreibungen dessen, was ich hier im Laboratorium beobachte. Meine theoretische Sprache, mit der ich diese Beschreibung wiedergebe, ist zunächst und für sich genommen ein rein sinnloses Symbolsystem. Dieses ist überhaupt einer Wahrheit nicht fähig. Ich habe hier einen theoretischen Apparat von Sprachübungen, die ich nach gewissen Regeln manipuliere. Dieses ganze System ist in sich selbst genommen sinnlos und infolgedessen *a fortiori* auch nicht der Wahrheit fähig. Wenn ein Physiker meinetwegen eine Aussage mit Termini von Entropie oder irgendwelchen theoretischen Fachtermini macht, dann ist das zunächst ein sinnloser Ausdruck. Er bekommt allerdings eine partielle Rechtfertigung, insoweit ich einige von diesen symbolischen Ausdrücken meinen Beschreibungsaussagen zuordnen kann. Ich möchte meinen, daß diese Grundhaltung des Naturwissenschaftlers sich letztlich selber aufheben würde.

Oder: Es gibt die andere Möglichkeit. Nach Popper ist eigentlich alles an sich nur Hypothese; da gibt es überhaupt nur mehr das Kriterium einer vielfach bestätigten Hypothese, von der aus dann auch nur die nächste Falsifikation zu erwarten ist. Auch bei Popper müßte man sagen: Wahrheit erreicht der Naturwissenschaftler eigentlich nie.

Die Naturwissenschaftler sollten vermehrt daran denken, welche Konsequenzen die ganze Monopolisierung der Methode nach sich zieht. Es werden dadurch schwerste existenzielle Fragen aufgeworfen, während letztlich die ursprüngliche Absicht, der Wahrheit zu dienen, ausgehöhlt wird.

Keilbach: Genau das ist es ja, daß der Begriff der Grenzüberschreitung etwas schillernd ist. Es ist noch keine Grenzüberschreitung, wenn Herr Monod sagt: Hier muß ich fragen, weiterfragen. Aber wenn er so sinnvoll weiterfragt, darf die Frage gestellt werden, ob er noch als Naturwissenschaftler, d.h. mit den Methoden der Naturwissenschaft fragt oder sich bereits hinausgedrängt sieht in Fragen, die sinnvoll sind, obwohl sie mit der Methode der Naturwissenschaft nicht mehr behandelt werden können. Es ist bei Dessauer, bei Pascual Jordan, überhaupt bei den theoretischen Physikern fast immer der Fall, daß man nicht mehr genau sieht: Fragen sie noch als Physiker oder fragen sie schon als Metaphysiker? Das ist oft schwer zu unterscheiden. Es ist aber gewiß keine Grenzüberschreitung, wenn derselbe Forscher sich veranlaßt sieht, weiterzufragen und sich dabei dessen bewußt ist, daß er mit anderen Methoden arbeitet. Das ist genau das, was Herr Boné betont hat.

LUYTEN: Erlauben Sie mir, auf die Ausführungen von Herrn Boné zurückzukommen. Ehrlich gesagt kann ich mich mit dieser ‚pastoralen' Lösung gar nicht befreunden. Daß es eine Pastoral der Wissenschaftler gibt oder geben kann, möchte ich nicht bezweifeln.

Die Spannung aber, von der die Rede ist, wenn sie auch immer von der Person des Wissenschaftlers ausgetragen wird, so ist sie letztlich doch nicht personaler sondern sachlicher Natur. Es geht um das von der Sache bedingte Verhältnis zwischen Aussagen verschiedener Disziplinen. Herr Boné plädiert für Autonomie der Wissenschaften. Das kann man nur bejahen. Aber Autonomie bedeutet nicht Isolierung und Abkapselung. Es laufen – manchmal verborgene – Fäden von jeder Wahrheit zu jeder anderen Wahrheit. Sicher, jede Wissenschaft soll methodisch sauber ausgebaut werden. Methodische Absicherung ist aber nicht dasselbe wie Abkapselung. Gerade weil jede Methode eine Begrenzung auferlegt, weist sie *von sich aus* über sich selber hinaus. *Per definitionem* kann sie nicht zur ganzen Wahrheit führen, mit anderen Worten: Es kann und muß andere Wissenschaften geben. Und zwar nicht im reinen Nebeneinander, sondern in einem Verhältnis der Komplementarität.

Gerade die Physik, Musterbeispiel einer Naturwissenschaft, scheint mir dafür ein eklatanter Beweis zu sein. Sie empfindet es doch nicht als eine Entfremdung oder eine Schmälerung ihrer Autonomie, daß sie ständig die Mathematik braucht. Ich habe wenigstens noch nie einen Physiker gehört, der dagegen rebellieren würde, daß die Mathematik Gastrecht bei ihm hat. Ist es eine Grenzüberschreitung, wenn der Physiker jetzt mathematische Werkzeuge gebraucht? Muß man hier nicht eher von einer Ergänzung sprechen? Könnten in ähnlicher Weise nicht subtilere, schwierigere Ergänzungen, Komplementaritäten zwischen Naturphilosophie und Theologie existieren? Schieben wir die ganze Problematik rein auf die Ebene der Person und der Pastoral ab, dann möchte ich doch befürchten, daß wir den Kern der Sache nicht treffen und in eine Schizophrenie hineingezwungen werden, was doch kaum ein Idealzustand sein dürfte. Die Spannung müssen wir aushalten, aber sie muß irgendwie in einer sinnvollen Zusammenschau gesehen, in eine Komplementarität gebracht werden.

Cottier: Ich möchte auf die von Professor Steiner aufgeworfene terminologische Frage zurückkommen. Er wies auf die Beispiele: *ex Maria Virgine, resurectio* hin und fügte: ‚Substanz – Natur' hinzu. Meiner Meinung nach gibt es tatsächlich ein schwieriges terminologisches Problem, das man hier klären müßte. Man könnte von der banalen Feststellung ausgehen, daß es mehr Gedanken als Worte gibt. Man braucht nur ein Wörterbuch anzuschauen, um zu sehen, daß ein Wort mehrere Bedeutungen haben kann. Das gilt schon für die Alltagssprache. Woher kommen die meisten Mißverständnisse? Die Theologie – und nicht nur sie: auch die Konzile – hat gewisse philosophische Ausdrücke übernommen, entweder weil sie auf bestimmte Einwände antworten mußte, oder ganz einfach, weil die betreffenden Ausdrücke damals von allen verstanden wurden. Darauf folgt dann die Naturwissenschaft, die sich am Anfang, mit Galilei und Descartes – wie Husserl richtig bemerkt hat – für eine neue Philosophie hielt. Deshalb behielt sie die gleichen Ausdrücke wie Substanz, Natur usw. bei, gab ihnen aber einen anderen Inhalt. Die Folge davon ist eine verheerende Begriffsverwirrung. Man müßte zunächst ganz klar betonen, daß ein solches Vorgehen durchaus legitim ist. Man kommt nicht darum herum, gleiche Ausdrücke zu verwenden und ihnen in den unterschiedlichen Disziplinen, eine verschiedene technische Bedeutung zu geben. Man muß dann auch der Theologie das Recht einräumen, ein eigenes, theologisches Vokabularium zu haben. Ich denke an einen praktischen Vorschlag: Wäre es nicht interessant, ein vergleichendes Wörterbuch herzustellen, in dem die betreffenden Ausdrücke mit ihren je verschiedenen Bedeutungen in Naturwissenschaft, Philosophie und Theologie aufgeführt würden? Wenn diese Verschiedenheit der Bedeutungen einmal klar erkannt würde, wären schon manche Mißverständnisse behoben.

Heuts: Meine Bemerkungen schließen sich, glaube ich, ganz schön an das an, was Herr Luyten und Herr Staudinger gesagt haben und richten sich gegen Herrn Boné, der behauptet hat, daß die Lösung auf der personalen Ebene liegen soll, und daß damit alles gesagt wäre. Ich meine doch, daß wir als Naturwissenschaftler nicht nur als Personen hier sind, sondern als Vertreter einer Gemeinschaft. Und diese Gemeinschaft der Naturwissenschaftler ist, möchte ich meinen, durch drei Eigenschaften gekennzeichnet: Überspitzung erstens der Rationalität; zweitens der Objektivität, und drittens des Reduktionismus. Als Vertreter dieser Gemeinschaft sind wir hier und irgendwie in unserem Glaubensleben auch verpflichtet, diese Pole: Rationalismus, Objektivismus und Reduktionismus zu vertreten. Aber, was uns darüber hinaus hier gefragt wird, um überhaupt mit den Theologen und den Philosophen ins Gespräch zu kommen, um schon auf der intellektuellen Ebene unseren Glauben leben zu können, ist zu versuchen, diesen

Rationalismus mit dem, was wir am ersten Tag Nicht-Rationalität genannt haben, den Objektivismus mit Subjektivismus und den Reduktionalismus mit dem Integrismus dialektisch auszugleichen. Das Spannungsfeld, das dabei entsteht und beibehalten werden soll, ist heilsam für die Erhaltung nicht nur des personalen Gleichgewichtes, sondern auch dessen der die Wahrheit suchenden Menschheit als Ganzes.

BRÖKER: Ich glaube nicht, daß ‚Seelsorge' in diesem Kreise stattfinden kann, insofern unsere naturwissenschaftlichen Kollegen unter der Kanzel der Theologen sitzen und sich von ihnen zu einem mehr oder weniger frommen Leben anleiten lassen. Nichts dagegen, aber ich erwarte Kritik und in diesem Sinn eine ‚Seelsorge' der Naturwissenschaftler an den Theologen, denn diese haben es wahrhaftig nötig, sich einmal von den Naturwissenschaftlern nicht nur befragen, sondern auch etwas sagen zu lassen.

BONÉ: Ich kann mich mit dem, was Herr Heuts sagte, ganz einverstanden erklären. Vielleicht habe ich mich schlecht ausgedrückt, wenn ich von Person und Pastoral gesprochen habe. Selbstverständlich war es nicht meine Absicht, unser Institut zu einem Pastoralinstitut umzugestalten, wo Theologen die Naturwissenschaftler pastoral zu betreuen hätten! Was ich meinte ist, daß das Problem sich auf der Ebene des persönlichen Verhältnisses zum Gott des Heiles, und nicht primär auf der der Wissenschaftlichkeit stellt.

Mit Person meinte ich auch nicht jeden von uns, sondern die Gemeinschaft der Wissenschaftler. Aber eben, für diese stellt sich das Problem wieder nicht so sehr auf der Ebene der wissenschaftlichen Aufgabe, sondern im Bereich des Personalen. Es war sicher nicht unnütz, darauf hinzuweisen, daß die wissenschaftliche Methode reduktiven Charakter hat. Das gilt übrigens nicht bloß für die Naturwissenschaften. Mir scheint, daß die Humanwissenschaften immer mehr und sogar gründlicher mit dieser Schwierigkeit konfrontiert sind. Denken wir an die Psychologie (Freiheitsproblem) und die Soziologie, wo sich jetzt solche Probleme mit fünfzig Jahren Verspätung stellen.

STEINER: Mein Schlußwort kann ganz kurz sein. Herr Thum, Sie haben ein Problem berührt, das eigentlich bei der letzten Tagung einer der Ausgangspunkte für das diesjährige Thema gewesen ist. Herr Staudinger hat damals vom ‚beinahe schon' programmierten Coli-Bacterium gesprochen; mit dem Gedanken, daß der Mensch programmierbar sei, aber könnte er sich nicht abfinden. Es gibt zweifellos viele Naturwissenschaftler, die das tun.

Im übrigen bin ich für diese Diskussion sehr dankbar und ich möchte gerne zugeben – und ich bin froh darüber, daß ich das zugeben kann –, daß im Grunde genommen jedes Votum, das hier bei der Diskussion gebracht wurde, besser und mehr war als mein Referat. Und wenn mein Referat zu dieser Diskussion Anlaß gegeben hat, dann hat es, wie ich eingangs meinte, seine Funktion durchaus erfüllt.

Soziologische Aspekte der gegenwärtigen Glaubenskrise

Von Andreas R. 'Sigmond, Rom

Das Thema kann unter zwei verschiedenen Aspekten angegangen werden: Man kann die Frage stellen, welche soziale Änderungen es sind, die die gegenwärtige Glaubenskrise am meisten beeinflussen, ob sie im politischen, wirtschaftlichen oder kulturellen Bereich zu suchen sind. Wie äußert sich das gegenwärtige Verhältnis zwischen Glaubens- und Kulturkrise im allgemeinen; wie kann man dieses Verhältnis beschreiben und mit wissenschaftlichen Methoden erläutern und untersuchen? Dies ist die erste Fragestellung. Sie zu erläutern, gehört ohne Zweifel zur Aufgabe der Soziologie. Die Soziologie geht von der grundsätzlichen Voraussetzung aus, und das ist ihr wissenschaftliches Grundprinzip (oder Postulat), alles das, was beim Menschen, individuell oder kollektiv gesehen, zum Ausdruck kommt, alles, was seine Tätigkeit oder sein Verhalten bestimmt, in gesellschaftliche Beziehungen eingebettet ist und, wenn auch nicht ausschließlich, seine Wurzeln in den sozialen Verhältnissen hat, die in ihren wechselseitigen Wirkungen das ganze menschliche Leben umfassen.

Von dieser Grundeinstellung ausgehend stellt der Soziologe seine Analysen auf und sucht die Zusammenhänge zwischen den verschiedenen sozialen Tatsachen, Prozessen und Bereichen aufzuzeigen. Den Glaubensakt kann der Soziologe selbstverständlich in seinem einmaligen, persönlichen und übernatürlichen Charakter nicht erklären; die Äußerungen des Glaubenslebens, besonders wenn sie in Gruppenbildungen zum Ausdruck kommen, sind aber offensichtlich von verschiedenen materiellen und kulturellen Bedingungen nicht unabhängig und deswegen auch vom Soziologen analysierbar.

Auf diese Weise kann man die soziologischen Aspekte der gegenwärtigen Glaubenskrise wissenschaftlich analysieren, auch wenn dieser Vorgang nicht geringe Schwierigkeiten bietet, der Vielseitigkeit der Probleme wegen, die schon im Begriff ‚Krise' enthalten sind.

Man kann diesen Titel aber auch in einer anderen Weise verstehen. Das ist die zweite Art der Fragestellung. Was hat die Soziologie selbst zur gegenwärtigen Krise beigetragen und was wird sie noch, durch ihre Verbreitung außerhalb rein wissenschaftlicher Kreise in zunehmendem Maße beitragen? Ich glaube, diese zweite Fragestellung ist für unsere Problematik viel wichtiger und ist in einer kurzen Zusammenfassung auch leichter darzustellen. Ich werde diesen Weg in meinem Beitrag einschlagen.

2. Es wird heute oft behauptet, daß es hauptsächlich die sogenannten humanen Wissenschaften sind, die zur gegenwärtigen Glaubenskrise in der westlichen Kultur am meisten beigetragen haben. Das 18. Jahrhundert stand durch das autonome philosophische Denken im Zeichen des Rationalismus; das 19. Jahrhundert hat den Aufschwung der Naturwissenschaften erlebt; unser Jahrhundert hingegen ist, besonders in der zweiten Hälfte, das Zeitalter der humanen Wissenschaften geworden. Darunter verstehen wir vor allem die Psychologie, Soziologie und die Linguistik, die heute eine noch radikalere Haltung in der Frage der Objektivität der Wahrheit unserer Aussagen einnimmt, als die zwei zuerst genannten Disziplinen.

Dadurch soll nicht behauptet werden, daß die moderne Philosophie zur rationalen Begründung des Glaubens besser beitragen könnte, oder daß die Naturwissenschaftler von ihrem naturwissenschaftlichen Weltbild her nicht noch größere Schwierigkeiten dem Glauben gegenüber hätten, wenn sie das mit ihren wissenschaftlichen Methoden erworbene Weltbild mit dem von den Glaubenswahrheiten abgeleiteten Gottes-

und Menschenbild in Einklang zu bringen versuchen. Dies sind aber andere Fragen, die jetzt nicht zur Diskussion stehen, zumindest nicht in diesem Beitrag.

Die humanen Wissenschaften haben in unserem Zeitalter mit ihren neuen Methoden ein ganz neues Menschenbild entworfen, in dem vor allem das dynamische Element in der individuellen und kollektiven Handlung untersucht wird. Der Mensch wird besonders in seinen Beziehungen zu seiner Umwelt betrachtet, und deswegen wird alles, was ihm als absoluter Wert vorgestellt wird, in bezug auf diese Umwelt oder auf die inneren dynamischen Strukturen hin relativiert. Mit anderen Worten: Das Hauptanliegen der humanen Wissenschaften liegt in der Enthüllung dessen, was der Mensch in seiner Handlung anstrebt, und in der Sichtbarmachung der tiefsten Triebkräfte und Motive, die ihn bei der Annahme von Normen und Werten tatsächlich leiten. Die humanen Wissenschaften wollen dadurch den Menschen demaskieren. Doch, durch diese vollständigere Kenntnis der Motive und Beziehungen des Menschen zu seiner Umwelt wollen die humanen Wissenschaften den Menschen nicht zerstören, auch wenn sie die Relativität der menschlichen Handlungen aufzeigen; sie streben eher eine umfassendere Kenntnis des Menschen in seiner ganz konkreten Situation an, die aber die Transzendenz der Person mit ihrer Verankerung im Absoluten nicht ausschließt. Wenn sie nämlich vieles von dem, was vorher ‚absolut', d. h. in sich betrachtet wurde, durch die Relativierung ‚demaskiert' (d. h. zeigt, daß diese Beweggründe in einem größeren Zusammenhang einen anderen Sinn haben als den sie unmittelbar vortäuschen), dann zeigen sie nur, daß das ‚Absolute' anderswo zu suchen ist als dort, wo es bis jetzt zu finden zu sein schien.

Letzteres möchten wir in diesem Aufsatz näher untersuchen, um dadurch auf die Gründe der Glaubenskrise hinzuweisen, die von den humanen Wissenschaften hervorgerufen wurden.

Zugleich möchten wir auch die Möglichkeit einer Lösung andeuten.

3. Bevor wir aber die Auswirkungen der Soziologie auf die heutige Glaubenskrise weiter untersuchen, möchten wir die Frage stellen: Was bedeutet eigentlich eine ‚Krise' oder ein ‚Krisenzustand'?

Krise ist ein komplizierter seelischer Zustand, in dem wir verschiedene Elemente unserer intellektuellen Synthese und affektiven Gleichgewichtes in Frage stellen, weil im Bereich unserer Kenntnisse oder unserer emotionellen Bestrebungen neue Gegenstände, neue Bedürfnisse und Ziele in den Vordergrund traten und so die Werthierarchie (Wertordnung) in unserem Bewußtsein verschoben, d. h. umgewertet wurde. Dadurch entsteht eine innere Zerrissenheit, die sich psychologisch in einer Unsicherheit, soziologisch in verschiedenen Spannungen äußert, die zwischen den einzelnen oder den Gruppen untereinander auftreten. Solche Spannungen können z. B. zwischen den Generationen und zwischen Personen entstehen, die die alte Synthese aufrechterhalten wollen, die neuen Einsichten aber schwer mit den alten vereinbaren können, und anderen, die ihre Lebens- und Erkenntnissynthesen von den neuen Teileinsichten her aufzubauen versuchen.

Jede Krise hat infolgedessen zwei Aspekte: einen noetischen, d. h. auf dem Gebiet der Erkenntnis und einen affektiven, d. h. im Bereich der Zielsetzungen, der Handlungen. Welchen Ursprung die Krise auch haben mag, ob sie in der wissenschaftlichen Methode oder in der Umwälzung menschlicher Beziehungen und Ziele ihren Anfang nahm, sie verursacht immer eine Spaltung im Glauben oder besser gesagt, in alledem, an das wir vorher geglaubt haben. Das ist in den verschiedenen Wachstumskrisen des Kindes, des Jünglings und des reifen Mannes der Fall; es wiederholt sich aber in jedem Zeitalter Analoges, wenn durch neue wissenschaftliche Einsichten oder durch wirtschaftlich-politische Veränderungen einer unserer früheren Erkenntnis- und Lebensbereiche tief erschüttert wird. Unser Glaube bleibt nämlich immer die letzte Begründung unserer Weltanschauung, die ebenso noetische, wie auch affektive Elemente voraussetzt. Der Mensch baut seine Welt auf dem auf, an was er glaubt. Auch wenn die neuen wissenschaftlichen Methoden in sich gesehen, den Glauben nicht beeinträchtigen sollten (da sie empirischen Charakters sind), so wirken das damit gegebene Menschen- und Weltbild und die Schlußfolgerungen, die daraus abgeleitet werden, doch in Richtung einer Auflösung der alten Synthese und setzen dadurch einen Prozeß des Umdenkens in Gang, der auch unsere frühere Haltung den Glaubenswahrheiten gegenüber nicht verschont. Das wird besonders dann spürbar, wenn die neue Erkenntnis- und Lebenserfahrung von den Fachwissenschaftlern ausgehend, in die breite Öffentlichkeit gelangt und zur Grundlage einer allgemeinen Geisteshaltung wird. Das ist gerade heute der Fall. Die humanen Wissenschaften entsprechen der Zeitsituation, in der wir leben, und schaffen heute eine neue Betrachtungsweise des Menschen, die unter gewissen Aspekten das frühere Menschenbild radikal ändern. Das kann, wenigstens teilweise, das in Frage stellen, an das wir glaubten.

4. Die Soziologie betrachtet den einzelnen in seinen wechselseitigen Beziehungen zu den anderen, mit denen zusammen er kleinere oder größere Gruppen bildet. Infolge dieser Wechselwirkungen wird das Verhalten des einen den Ausgangspunkt des Verhaltens des anderen bestimmen und umgekehrt. In jeder Gruppe werden gewisse typische Verhaltungsweisen angenommen, die dann als Grundlage für die Handlung der ganzen Gruppe dienen. Eine Gruppe wird ja dadurch gekennzeichnet, daß in ihr einige typische Handlungsweisen gelten, und die einzelnen diese auch für sich selbst als geltend anerkennen, ihre Handlungen also danach ausrichten. Wenn diese stereotypierten Handlungen sich sozial behaupten können, d. h. von den einzelnen nicht angefochten und sie von einer

menschlichen oder übermenschlichen Macht garantiert werden, dann nehmen sie die Eigenschaften einer sozialen Norm und eines Normsystems an. Der Grund solcher Handlungsnormierung kann ein gemeinsames Bedürfnis sein, z. B. das Bedürfnis für den Lebensunterhalt zu sorgen und das eigene Leben von äußeren Aggressionen zu schützen. Er kann aber auch einen höheren Wert visieren, wie z. B. das Verlangen, bei übermenschlichen Wesen Hilfe und Schutz zu suchen, sich und die eigene Gruppe mit der ‚transzendenten' Welt auszusöhnen.

Der Wahrheitscharakter dieser Normen wird von den Soziologen danach beurteilt, wie sie imstande sind, das soziale Leben so zu organisieren, daß die Bedürfnisse nach den Vorstellungen der Gruppe wirklich befriedigt und die höheren Ziele in günstiger Weise erreicht werden können. In der Beurteilung dieser Eigenschaften spielen die inneren sozialen Machtbeziehungen eine entscheidende Rolle: z. B. welche Teilgruppen in der Bestimmung der Bedürfnisse ausschlaggebend sind, oder, was die geistige Elite für wichtig hält, usw.

Auf diese Weise lebt eine soziale Gruppe unter der Leitung der geltenden sozialen Normen und in ihrer eigenen Machtstruktur und baut ihr Leben in materieller und geistiger Hinsicht auf. Dadurch wird ein soziales System geschaffen, in dem die Verwaltung der materiellen und die Förderung geistiger Werte in einem gewissen Gleichgewicht zueinander stehen. Jede Änderung in dem einen oder anderen Bereich der festgesetzten Normen und in der daraus folgenden neuen Ordnung der menschlichen Beziehungen zerstört das Gleichgewicht und ruft weitere Änderungen in anderen Bereichen hervor, so daß das soziale System in dieser Neugestaltung wieder hergestellt wird. In alledem ist der Glaube des Menschen und das, was ihm den Sinn seines Lebens gibt, von größter Bedeutung (wie wir es schon erwähnt haben).

Der zweite Schritt im Aufbau der sozialen Wirklichkeit ist die Art und Weise der Legitimierung der sozialen Normen. Die Bedürfnisse werden, wie wir sagten, innerhalb bestimmter sozialer Beziehungen (die auch Machtverhältnisse sind) befriedigt; diese Beziehungen und die ihnen entsprechenden sozialen Rollen müssen legitimiert werden. Wie weit reicht die Autorität des Vaters über die anderen Glieder der Familie? Wie werden die Rechte und die Pflichten des Einzelnen und der Teilgruppen im ganzen sozialen System begründet? Auf diese Fragen haben die Menschen in den verschiedenen Zeitaltern und Kulturkreisen verschiedene Antworten gegeben. Wird die Legitimierung entweder vom göttlichen Wohlwollen, vom Naturrecht oder von Gruppeninteressen und von der unmittelbaren sozialen Nützlichkeit abgeleitet, immer finden sich die sozialen Normen in einem System zusammen. In diesem aber sind Verschiebungen, Umdeutungen und dadurch auch Krisen möglich.

Der dritte Schritt im Aufbau der sozialen Wirklichkeit ist die individuelle Anpassung an die Normen und an die sozialen Institutionen. Diese Anpassung vollzieht sich durch die bewußte Eingliederung des einzelnen in die soziale Gruppe durch die sogenannte Sozialisierung. Sie ist die subjektive Antwort auf den objektiven Aufbau der Gesellschaft. Je nachdem, wie der einzelne sich in dem sozialen Gebilde (z. B. Familie, Gruppe, Staat oder Kirche) mit seiner Normen- und Legitimierungsordnung zu Hause fühlt, ist er in die Gesellschaft mehr oder weniger eingegliedert, sozialisiert. In diesem Prozeß kann jeder, in gewissen Momenten und unter gewissen Umständen ein Unbehagen fühlen, wenn er nämlich mit einer überlieferten Legitimierung nicht einverstanden ist. Diese Spannungen lösen sich aber normalerweise mit fortschreitendem Reifungsprozeß der Persönlichkeit, mit einer tieferen Einsicht in die Beweggründe, die zur Institutionalisierung führten, auf. Bleiben sie aber bestehen, dann verursachen sie Krisen, die sich in Generationengegensätzlichkeiten zwischen verschiedenen Gesinnungsgruppen oder anderen gesellschaftlichen Strukturen auswirken.

Nach einer solchen Vorstellung vom Aufbau des menschlichen Zusammenlebens auf drei verschiedenen Gebieten können Krisenzustände entstehen, die auch unser Verhalten dem Glauben gegenüber bestimmen: auf dem Gebiet der Normen, der Legitimierung und der gesellschaftlichen Zugehörigkeit (z. B. der Teilnahme an einer Kirchengemeinschaft).

5. Die verschiedenen Normen des menschlichen Lebens werden unter dem Einfluß der Soziologie relativiert, d. h. hauptsächlich als sozial bedingt betrachtet. Die Soziologie untersucht, von ihrem Standpunkt aus, die Beziehungen zwischen der Entstehung der sozialen Normen und den gegebenen sozialen Strukturen. Die im gesellschaftlichen Leben geltenden Normen enthalten, in Form von Gewohnheitsregeln oder von schriftlichen Gesetzen, was die Gesellschaft in den verschiedenen sozialen Beziehungen und Lebensumständen von ihren Mitgliedern erwartet; was sie als Eltern, Bürger oder als Mitglieder der Kirche usw. tun sollen. Es ist klar, daß die Normen unverändert bleiben, solange sich auch die Beziehungen zwischen den Menschen und von Mensch und Aufgabe nicht ändern. Wenn aber das ganze soziale Gebilde in Bewegung gerät, wie es z. B. mit dem Anbruch der industriellen Gesellschaft geschah, dann werden die einzelnen Beziehungen, die von dem ganzen Kultursystem nicht unabhängig sind, auch Veränderungen erfahren. Wenn sich die menschlichen Beziehungen in den verschiedenen gesellschaftlichen Bereichen verändert haben, dann müssen die Aufgaben und Verhaltensnormen auch umgedeutet werden. Ich brauche wohl nicht zu sehr ins einzelne zu gehen, um diese soziologische Tatsache zu illustrieren. Einige Andeutungen werden genügen. Mit dem Übergang von der patriarchalischen Familie zur sogenannten modernen Klein-Familie (dieser Übergang fällt weithin mit dem Übergang von der landwirtschaftlichen in die industrielle Gesellschaft zusammen) haben sich die Beziehungen zwischen Eltern und Kindern und zwischen Mann und Frau wesentlich geändert. Diese Veränderung macht ihre Auswirkungen un-

vermeidlich in bezug auf die väterliche Autorität spürbar; auf die Einstellung, die die Eltern der Zahl der Kinder gegenüber haben und damit auch auf die ehelichen Beziehungen.

Die Gültigkeit der früheren ethisch-sozialen Normen wird diesbezüglich entweder aufgehoben oder aber, sie wird nach den Bedürfnissen der Zeit umgedeutet.

Man könnte natürlich die Fragestellung auch umkehren und sagen: Die Normen, insofern sie von Gott oder von der Natur gegeben sind, und wenn sie in religiösem Gehorsam angenommen werden, schaffen sich und befestigen sich ihre sozialen Strukturen selbst, wie z. B. die Monogamie, die Beziehung zwischen Eltern und Kinder und dergleichen.

Das wird vom soziologischen Standpunkt aus gar nicht geleugnet. Die Soziologie stellt ja die Frage nicht im normativen Sinn; sie untersucht auf der empirischen Ebene, wie sich die überlieferten und in früheren Zeiten anderen sozialen Strukturen angepaßten Normen unter den veränderten Umständen behaupten können, ob sie eine wesentliche Umdeutung erhalten, oder ob sie sich als die stärkeren erweisen und das Streben nach Änderung eindämmen. Die Soziologie kümmert sich jedenfalls nicht um die innere Wahrheit der Normen, sondern richtet ihren Blick auf das Spannungsfeld, in dem soziale Strukturen und Normen und deren Legitimierung aufeinander einwirken und das menschliche Verhalten in der konkreten sozialen Wirklichkeit bestimmen.

Der Beitrag der Soziologie zum heutigen geistigen Krisenzustand besteht infolgedessen hauptsächlich darin, daß sie ihre empirische Analyse auf das ganze Menschenbild ausgedehnt hat und oft den Eindruck erweckt (mit oder ohne Grund bleibe ungeprüft), daß sie die einzig Zuständige ist, um die Beziehungen zwischen Strukturen und Normen zu beurteilen. Sie soll aber nicht allein die Schuld an der Verschiebung der wissenschaftlichen Kompetenzen tragen. Die Abschwächung der Überzeugungskraft der meisten philosophischen und theologischen Analysen trägt ohne Zweifel zur Vorherrschaft der Soziologie bei.

Um auf die soziologische Analyse der Verhaltensnormen zurückzukommen, können wir zusammenfassend sagen, daß sie besonders drei Aspekte betrifft:

a) Die Stabilität und die Veränderung der Verhaltensnormen. Die meisten Soziologen arbeiten mit der Grundhypothese, daß jedes soziale System eine Ganzheit darstellt, dessen Dynamik von den Wechselwirkungen der einzelnen Faktoren bestimmt wird. Das bedeutet, daß in einem sozialen System alles aufeinander abgestimmt ist und alles effektiv oder potentiell in Bewegung ist. Deswegen gibt es, soziologisch betrachtet, keine ‚ewigen Normen' mit immer gleicher Wirkungskraft, die immer und überall gleich bleiben. Auch wenn eine gleichlautende Formulierung beibehalten wird, erhält die Deutung des Inhaltes eine immer neue Interpretierung, die leicht von Anerkennung und Hochschätzung zu Verwerfung überwechselt, bis dann auch die alte Formulierung durch eine neue ersetzt wird. Denken wir nur an einzelne Normen, die die Privateigentumsbeziehungen oder das Eheleben in den verschiedenen Zeitaltern und Kulturkreisen regulierten.

b) Was den Inhalt der Normen betrifft, untersucht der Soziologe vor allem ihre Funktion innerhalb des ganzen sozialen Systems, d. h. was sie zur Aufrechterhaltung des ganzen sozialen Systems beitragen. Danach wird ihre soziale Wichtigkeit beurteilt. Jede Gesellschaft, jede Gruppe legt den höchsten Wert auf jene Normen, die zur Aufrechterhaltung der sozialen Struktur am notwendigsten erscheinen. Gewisse Gruppen achten besonders auf berufliche Ehrlichkeit, andere auf Gerechtigkeit, wieder andere auf die Reinheit des ehelichen Lebens oder auf den Gehorsam und lassen die Nichtbeachtung von anderen Normen zu. Diese Unterschiede bestanden immer. In den Zeitaltern aber, in denen die sozialen Veränderungen wenig sichtbar waren, hat man auf diese Unterschiede nicht sehr geachtet. Die Soziologie stellt diese Tatsache aber in den Vordergrund des heutigen Bewußtseins und weist darauf hin, daß hinter diesen verschiedenartigen Wertschätzungen oft auch miteinander kämpfende Machtinteressen und soziale Kräfte stehen. Mit der Relativierung der Normen, in der die Soziologie eine ihrer Aufgaben sieht, verschwindet auch die klare Vorstellung über die Verbindlichkeit dieser Normen aus dem moralischen Bewußtsein. Auf jeden Fall wird sie wesentlich abgeschwächt. Die Verinnerlichung oder die persönliche Aneignung der Normen vollzieht sich nicht mehr in der kollektiven Überzeugung der Nichtdiskutierbarkeit gewisser Verhaltensnormen. Wenn einmal diese ‚objektive soziale Evidenz' verschwindet, fühlt sich jeder frei, den Normen zuzustimmen (oder auch nicht), so wie sie in die individuelle Lebenssynthese hineinpassen. Der Mensch entscheidet aber auch in diesen anscheinend anarchischen Perioden in Hinsicht auf den Mitmenschen (er folgt entweder der ‚Mode', oder dem Verhalten seiner Gesinnungsgenossen). Ob sich aus diesen neuen Verhaltensprinzipien, die mehr oder weniger der Anpassungsfähigkeit des einzelnen entspringen, ein neues Normensystem entwickeln wird, ist noch schwer vorauszusagen. Es ist aber ein soziologisches Gesetz, daß jede subjektive Verhaltensweise ein gültig anerkanntes, objektives Normensystem voraussetzt.

6. Damit sind wir beim zweiten Bereich der sozialen Wirklichkeit angelangt, der in unserer Krisenanalyse wichtig ist: die Legitimierung der Normen. In diesem Bereich der Demaskierung der Ideen und der Motive spielen die humanen Wissenschaften seit einem Jahrhundert durch die Einführung der verschiedenen Schichten des Bewußtseins eine ganz besondere Rolle. Die Psychoanalyse in der Psychologie und die Wissenssoziologie, die sich mit der sogenannten Ideologiekritik befaßt, sind die zwei neuen wissenschaftlichen Methoden, die das Verständnis der menschlichen Handlung in ein neues Licht gestellt haben.

Die Legitimierung ist ein intellektueller Prozeß, wodurch

die menschlichen Beziehungen und Normen, die diese Beziehungen festlegen und sanktionieren, für diejenigen verständlich werden, die in diesen Beziehungen leben, sowie für die kommenden Generationen, die in dasselbe soziale System eingeführt werden sollen. Sie kann als Ausdruck des Geistes, den eine Kultur beseelt, betrachtet werden. Je stärker man in einer Gesellschaft an den Legitimierungsprinzipien festhält, desto leichter werden die Normen als allgemein gültig angenommen. Wenn der Grund der Legitimierung bezweifelt wird, fällt das ganze Normensystem auseinander und muß durch andere Prinzipien ersetzt werden. Wenn aber der Prozeß der Legitimierung selbst relativiert wird, dann ist es sehr schwer, ein neues System aufzubauen, an das die Menschen glauben können. Das geschieht eben durch die wissenschaftlichen Analysen der humanen Wissenschaften.

Die Legitimierung der Normen in den verschiedenen Kulturen beruht auf Prinzipien, deren Gültigkeit aus mehreren Quellen garantiert wird. Die einfachsten, und deswegen auch im menschlichen Bewußtsein am tiefsten verankert, sind die Prinzipien, die die unmittelbarsten Beziehungen zwischen den Menschen legitimieren. Sie bringen jene Weisheit am klarsten zum Ausdruck, die in alten Sprüchen und Verboten überliefert wird, wie z. B.: „Ehre Deine Eltern und Du wirst lange leben auf Erden"; oder: „Du sollst nicht töten!" usw.

Wenn eine Religion mit moralischen Ansprüchen an die Menschen herantritt, dann in solchen Ge- und Verboten, die durch göttliche Autorität unterstützt und sakralisiert werden. Normalerweise ist es die Gruppe der Priester, die dann den dritten Schritt in der Legitimierung durch die rationale Systematisierung der sakralen Normen vollendet. In der christlichen Religion hat die kirchliche Theologie auch in dieser Hinsicht das Höchstmögliche geleistet: den Aufbau eines moraltheologischen Systems, das auf das ganze menschliche Leben angewendet wurde, und das sozusagen lückenlos erschien und auf alle Fragen eine Antwort wußte. Dadurch hat die Kirche über das Gewissen der Gläubigen eine vollkommene Herrschaft ausgeübt.

Diese Art von geistiger Herrschaft wird von der heutigen Soziologie untersucht. Im System der christlichen Moraltheologie sind göttliche und menschliche Elemente vorhanden: Göttliche Gebote, rationale, philosophische Prinzipien, juridische Vorschriften und an die Einzelfälle angepaßte kasuistische Erklärungen, die in einem anscheinend vollkommen gelungenen Gleichgewicht zusammengefaßt sind. Die Soziologie will dieses System in seiner inneren Gültigkeit nicht bestreiten; sie untersucht nur die einzelnen Elemente: Wie die menschliche Systematisierung und die Anwendung der sakralen Prinzipien auf die konkrete Handlung der Gläubigen, ihre Erklärung, sozusagen ihren ‚Hintergrund', in den sozialen Beziehungen zwischen Kirche und Welt finden können. Die Radikalen unter den Soziologen gehen jedoch weiter: Sie behaupten, in den meisten kirchlichen Entscheidungen, die die moralischen Normen zum Gegenstand haben, die Äußerung eines Machtverhältnisses zwischen kirchlichen und profanen sozialen Kräften entdecken zu können. Diese soziologischen Analysen haben selbstverständlich im wissenschaftlichen Bereich nur einen hypothetischen Wert; sie müssen noch bewiesen und verifiziert werden. Begegnen sie aber der allgemeinen soziologischen Geisteshaltung unserer Kultur, wie das heute der Fall ist, dann haben sie schon mit ihrer zersetzenden Wirkung begonnen.

Zu demselben Zeitpunkt hat sich, unter dem Einfluß der neuen wissenschaftlichen Methoden, die kompakte Gruppe der Theologen aufgelöst. Wie Max Weber in seinen scharfsinnigen soziologischen Analysen dargestellt hat, ist die Gruppe, die sich für die einheitliche Legitimierung der moralischen Normen einsetzen kann, die Gruppe der Priester. Wo diese sich auflöst, wird das Band, das die Gläubigen an ihre Kirche bindet, in sozialer Hinsicht stark abgeschwächt, da das, was die einzelnen in der kirchlichen Gemeinde am meisten zusammenhält, nicht so sehr ihr Glaube an das geoffenbarte Wort Gottes ist, sondern die Annahme der verpflichtenden moralischen Normen, die als Voraussetzung zur Teilnahme am Glaubensleben gelten.

Diese kurze Beschreibung des soziologischen Menschenbildes und der Auswirkungen der Methode der Soziologie auf das moralische Bewußtsein hinterläßt vielleicht einen ziemlich pessimistischen Endruck, was die Festigkeit der christlichen Lebens- und Weltanschauung in der Zukunft betrifft. Was uns die Zukunft auch bringen mag, die tatsächliche Entwicklung der humanen Wissenschaften können wir nicht ignorieren. Ich glaube aber, daß diese Entwicklung der Soziologie auch Ansätze für eine Überwindung der in ihr liegenden Relativität in sich birgt.

Die Relativierung der Normen und ihrer Legitimierung in bezug auf die soziale Wirklichkeit, die besonders heute immer rascher vorwärtsschreitet, kann auch das Verlangen nach einer Neuentdeckung der unveränderlichen Wahrheit wieder stärker aufleben lassen. Die Soziologie hat nicht die Aufgabe, aufzuzeigen, wo wir diese Wahrheit suchen müssen. Sie weist nur darauf hin, wo sie nicht zu suchen ist. Dadurch räumt die Soziologie falsche Vorstellungen und eine falsche Art von Sicherheit aus dem Wege. Die Soziologie umfaßt mit ihrer empirischen Analyse nicht die ganze menschliche Wirklichkeit. Der Glaube hat seinen Ursprung nicht im Menschen sondern in Gott. Die Soziologie untersucht nur, wie dieser Glaube im menschlichen Leben durch die Normenbildung und menschliche Motivierung Gestaltung findet. Daß wir bei dieser Übersetzung der Relativität des menschlichen Glaubensvorganges besser bewußt werden, kann zu bestimmter Zeit eine Krise hervorrufen; die Krise soll uns aber auch zur klareren Einsicht dessen führen, was wirklich unveränderlich ist. Beides, das Veränderliche sowie das Unveränderliche, gehörte immer zur menschlichen Existenz. Nur bleibt die Frage offen, wo es in unserem Leben aufzufinden ist. Die Soziologie kann uns dazu bringen, das Veränderliche und das Unveränderliche nicht als zwei nebeneinander stehende Realitäten, sondern das Unveränderliche als Begründung des Veränderlichen aufzufassen. Wir leben im Veränderlichen. Wohin wir auch schauen – spontan oder mit wissenschaftlichen Methoden analysierend –, wir erfahren nur das Veränderliche. Das soll uns von zu selbstsicheren, absoluten Aussagen und Normformulierungen abhalten. Das Veränderliche kann aber nicht ohne die Begründung im Unveränderlichen bestehen und deswegen sind wir verpflichtet, das Veränderliche trotz der Vielfältigkeit und der anscheinenden Unsicherheit des Veränderlichen, in dem wir leben, immer zu suchen, im Bewußtsein, daß das Veränderliche ohne es keinen Sinn hat. Infolgedessen wird die Soziologie, wenn sie ihrer Methode wirklich treu ist, eine Zusammenarbeit mit der Philosophie und der Theologie nicht ausschließen.

Kirche und wir in der Krise

Von Joseph Lortz, Mainz

Dr. theol. Peter Manns
zum 50. Geburtstag (10. 3. 1973)

I. Einleitung

Das mir gestellte Thema ist unermeßlich: *une mer à boire!* – Die Tatsache der Krise ist andererseits so offenkundig, daß, sie zu erwähnen, schon einigermaßen banal wirkt ... Aber dieses Banale geht uns allen an die Nieren. Ob langweilig oder nicht – es fordert verantwortlich Stellungnahme.

Die Schwierigkeit – selbst für einen nicht kurzen Vortrag – besteht darin, aus diesem Meer, aus diesem Ungeheuer, das sich schneller verändert, als wir es erkennen, das herauszuheben, was im Kern die Krankheit ausmacht und allenfalls auch, was als Heilmittel für die Zukunft – wenn sie uns geschenkt wird – (und für die Vielen!) gültig sei: also *das wesentlich Prägende* und das im Kern Heilende.

Als mich Herr Dolch zu diesem Vortrag einlud, setzte er zwei Akzente. Einmal bat er mich um die Stellungnahme eines gläubigen Christen. Andererseits sprach er mich als Historiker an. Er meinte, in diesem Kreis sei es ein Novum, daß nach Naturwissenschaftlern, Philosophen und Dogmatikern ein Historiker spreche.

Das Thema als Glaubender *(in concreto* als gläubiger Katholik und Priester) zu behandeln, entspricht ohne weiteres meiner Neigung und meiner Sicht des Problems. – Ich habe das übrigens schon bewußt in der Formulierung des Themas ausgesprochen: „Kirche und wir in der Krise".

a) Heute wissen wir es alle: ‚Kirche', das ist nicht nur die priesterliche Hierarchie. Kirche ist die Gemeinschaft aller Glaubenden im Zusammenschluß unter und mit der Hierarchie. Alle Glieder der Kirche gehören zur ‚hörenden Kirche', auch die Hierarchie.

b) Alle sind wir andererseits ‚mündige Christen'.

Freilich gilt beides nur im geordneten Gefüge von Haupt und Leib.

c) Dieses ‚Wir' der Kirche reicht organisch wesentlich über den Partikularismus der einzelnen Gruppen hinaus. Gewiß besteht kein Zweifel daran, daß die Kirche unmittelbar greifbar ist in der Ortskirche. Das aber schließt nicht aus, daß die Kirche in erster Linie universal ist, alle Christen und Ortskirchen umfassend. Daß dem so ist, ist grundgelegt in Christus.

Von meiner Sicht als Glaubender her darf ich hier schon das Thema wie folgt eingrenzen. Da die gebotene Kürze zu einer Auswahl zwingt, möchte ich die Krise möglichst konzentriert von ihrem religiösen Aspekt aus betrachten und in ihrer unmittelbaren Darstellung innerhalb der Kirche. Das heißt, daß ich den Einflußkanälen, durch die primär-nichtreligiöse Elemente von außen in die Kirche eindringen (ohne sie zu ignorieren) weniger Aufmerksamkeit schenke.

Überhaupt werde ich gezwungen sein, wichtige Teilgebiete des Phänomens ‚*Krise*' auszuklammern, z. B. das konkrete Verhältnis der Ortskirchen zu Rom; das Geschehen in den Missionen, das Hereinwirken des Geschehens in den Missionen in die römische Zentrale usf.

Nicht so einfach ist es, dem Auftrag als Historiker gerecht zu werden.

Nämlich 1. Das wilde Durcheinander in der heutigen Theologie – der katholischen wie der evangelischen – hat seinen entscheidenden Ausgangspunkt in der Frage nach dem Bestand von Lehre und kirchlichem Leben in der frühen Kirche. Unbestritten ist das Prinzip, daß – nach der faktischen Stiftung der Kirche durch Jesus Christus –, das, als authentisch christlich und als unaufgebbar angesehen werden muß, was vom Herrn gelehrt und begründet wurde.

Durch die Bildung des biblischen Kanons und seiner Rezipierung in der Kirche, erhielt das ,Wort' der Schrift schlechthin entscheidende Bedeutung, für das, was Inhalt des christlichen Glaubensbekenntnisses sein könne.

Daraus hat sich, besonders seit der Reformation, das *sola-scriptura*-Prinzip entwickelt.

So berechtigt diese These der Reformatoren im 16. Jahrhundert gegenüber dem Überhandnehmen menschlicher Traditionen in der Kirche war, so verheerend gestaltete sich ihre Weiterentwicklung; sie wurde nämlich zu einem sozusagen chemisch reinen *sola-scriptura* ausgebaut. Die Schrift wurde isoliert, aus ihrem Lebenszusammenhang – der Kirche – herausgenommen, und beinahe nur als Widerpart der Tradition behandelt. In dieser Übertreibung wurde das Prinzip neuerdings faktisch auch von katholischen Exegeten übernommen.

Ich möchte nicht unterlassen zu betonen, daß damit auch die Intention der großen Reformatoren grundsätzlich verdreht ist. Denn keiner von ihnen hat ja ein radikal exklusives *sola-scriptura* gekannt. Für sie war es selbstverständlich, daß neben der Schrift auch die Grundartikel des Glaubensbekenntnisses und die definierten Dogmen der ersten Konzile Gültigkeit haben.

Heute aber wird folgendermaßen praktiziert: Wir – so gibt man zu – wissen zwar besser und genauer als jede Generation vor uns, eine wie fragmentarische, zufällig zusammengekommene Wiedergabe des Lebens, des öffentlichen Auftretens Jesu und seiner Lehre das Neue Testament bietet; aber dennoch beanspruchen viele, auch katholische Exegeten, allein aufgrund dieses schmalen Buches, der Bibel Neuen Testamentes, an ihrem Schreibtisch, über mehr als 1900 Jahre hinweg, das, was damals lebendiges Leben war, zu rekonstruieren. Nichts soll im Glaubensbekenntnis der Kirche gelten, was sie nicht aus diesem Buche erheben.

Die Exegese, die so operiert, ist außerdem zu einem beträchtlichen Teil gekennzeichnet durch eine sezierende, beinahe nur philologische Erklärung der einzelnen Sätze und Worte, allenfalls von Abschnitten; sie vergißt allzusehr, daß im Gesamtbestand der Texte des Neuen Testamentes, wie in den entscheidenden technischen Termini, vieles, was damals, als der Text geschrieben wurde, als selbstverständlich mitklang, in unserem Bewußtsein nicht mehr mitschwingt. – Außerdem fehlt weithin eine Ganzheitsbetrachtung dessen, was das Neue Testament aussagt.

Ich bin der Meinung, das sei eine a-historische Todsünde!

2. Ein zweites, dem Historiker paradoxal erscheinendes Moment hängt ebenso eng mit der heutigen Krise der Kirche zusammen. Es ist die bis zur törichten Anbetung gesteigerte Überbewertung des *Heute*, der heutigen Existenzerfahrung, der heutigen Theologie, mit einem Wort: all des Heutigen, das uns angeblich zu einer viel tieferen Auffassung von Gott, Religion und Ethik gebracht haben soll, als dies unseren Vorfahren bis gestern gelungen war. Dieses in seinem Wert so übersteigerte *Neue, Heutige*, versperrt den freien Zugang zum geschichtlich Gewachsenen, zum Reichtum der Tradition, ohne die unser heutiges Dasein, auch unsere Kirchen, nicht denkbar wären. Es versperrt auch den Zugang zu dem, was in der Schrift jetzt zu krampfhaft gesucht wird: die *ipsissima verba Jesu*, das ursprünglichste Leben der ersten Gemeinden!

Das alles schiebt dem Historiker eine wichtige Aufgabe zu: Er hätte nachzuweisen, daß das, was sich heute als historische Forderung – mit dem Blick auf die Urkirche – in der progressistischen Theologie ausgibt, gerade der historischen Dimension ermangelt; daß es vielmehr eine Verfälschung sowohl der biblischen Botschaft wie der Kirchengeschichte ist, wenn man die verfaßte Rechtskirche von der Liebeskirche trennt, indem man die Schrift aus ihrem Lebenszusammenhang herausnimmt, und sie isoliert von der Kirche und der Tradition handhabt.

Dabei kann der Historiker auch noch in etwa klären, warum die Reaktion gerade nach links und ins Leere so schroff abfällt, und – warum die Krise so urplötzlich auftreten konnte.

Endlich wird es auch der Historiker sein, der kompetent ist für die These, daß es eine derart bedrohliche Krise wie die heutige in der Kirche noch nicht gegeben hat.

Mit diesem letzten Satz sind wir schon bei einem ersten Hauptgedanken: So bedrohlich wie heute war es in der Kirche noch nie. Das ist nicht nur eine Tatsachenbestimmung, sondern auch schon eine Bewertung.

Ich kenne die Einwände gegen sie: Papst, Bischöfe und Theologen haben sie vorgebracht. Gregory Baum meinte sogar, es sei noch nie so gut um die Kirche bestellt gewesen wie heute! Aber für meinen Teil kann ich nicht anders, als eben nicht dieser Meinung zu sein. Die heutige Krise in der Kirche ist nach meiner Einsicht die bedrohlichste, die sie auf ihrem langen, beschwerlichen Weg durch die Zeiten erlebte.

Daß dem so ist, scheint mir bereits dadurch wenigstens angedeutet, daß es so ungewöhnlich schwierig ist, gültige Erklärungen für ihr plötzliches Aufbrechen nach dem Konzil und seiner Hochstimmung zu geben. Wie ein rätselhaftes Unentrinnbares belagert sie uns plötzlich von allen Seiten und droht, uns zu ersticken. – Rätselhaft! ja – und damit fällt unser erstes Stichwort: wir stehen in und vor einem richtigen *Geheimnis!* Ich bin mir bewußt, daß auch dieser Begriff heute abgenützt ist. Wenn ich ihn als Bezeichnung der Lage dennoch so stark betone, tue ich es, weil ich meine, sie ohne ihn nicht ‚adäquat' beschreiben zu können. Man kann schlecht die apokalyptischen Züge übersehen, die die Gesamtlage der Welt, auch in der Welt des Geistes, auch im Bereich des Glaubens, in den Kirchen, angenommen hat. Ordnung ging verloren. Die Unordnung wurde so gewalttätig mächtig, daß wir weder den Bestand noch die Therapie richtig in den Griff bekommen.

Seit langem hat die Kirche aufgehört, der Welt Verhaltensregeln vorzuschreiben; vielmehr dringt die Welt immer mehr als Anti-Kirche in sie ein. Früher konnte es ein Ideal sein, war es jedenfalls eine Möglichkeit, die Menschheit vor der Welt zu bewahren – jene Bewahrung, um die Jesus im Hohenpriesterlichen Gebet bittet (Joh. 17,11).

Heute dagegen kann die Aufgabe der Kirche nur noch darin gesehen werden, die Menschen zur Bewährung des Glaubens in der Welt zu erziehen. – Dies aber wird der Kirche von allen Seiten her unendlich schwergemacht. Vielen scheint es schon einfach unmöglich, die Frohbotschaft fruchtbar auszusprechen. Die Therapie der Kirche hat immer weniger Aussicht auf Erfolg.

Zugegeben, es gibt in der Welt auch das Positive, und es muß gesehen werden, vor allem das hungrige Fragen nach Gott und seiner Botschaft, und die auch heute vorhandene inkommensurable Kraft des Glaubens und der Liebe. Aber vor allem stehen wir in der Unordnung des Sturms; es bleibt uns nichts anderes übrig als ihm zu begegnen, d. h. erst einmal wieder innerhalb der Kirche die nötige, d. h. auch heroische, Kraft – nämlich die Heiligkeit und Ordnung zurückzugewinnen.

Aber wie? Was immer wir im Bereich des Geistes reden, fragen und als Antwort anbieten: wir stehen *im Geheimnis.* ‚Geheimnis' ist nicht das letzte, nur scheu auszusprechende Wort, es muß das erste sein – dann allerdings bleibt es auch das letzte.

Damit ist ein grundsätzlicher Unterschied zum naturwissenschaftlichen Denken angesprochen: Natürlich gibt es in ihm neben dem Bereich des Bekannten und schon Erforschten immer die verschiedenen Bereiche des noch nicht genügend oder noch gar nicht Erforschten. Aber es handelt sich immer um Bereiche, die gemäß naturwissenschaftlicher Überzeugung grundsätzlich im Laufe der weiteren Forschung erhellt werden können.

Der Unterschied der Denkstruktur verschärft sich wesentlich, wenn wir das Gebiet der kirchlichen Verkündigung betreten. Ihr Objekt ist Gott und seine Offenbarung. Dieses ‚Objekt' aber ist eben nicht erforschbar. Gott kann über die abstrakt beweisbare Tatsache des ‚Daseins' hinaus nur erkannt und verstanden werden, insofern er sich selbst dem Menschen zu verstehen gibt. Der Theologe kann nicht davon ausgehen, daß er einiges von Gott und seinem Geheimnis weiß, und den Rest durch seine Bemühungen mit der Zeit auch noch in den Griff bekommen wird. Er muß vielmehr im Bewußtsein behalten, daß er mit seinem spezifischen theologischen Denken und Reden in einem Bereich steht, den er

erstens niemals voll überblicken,
zweitens inhaltlich nie ausschöpften, und von dem er
drittens überhaupt nichts adäquat erkennen wird.

Seine Aussagen werden immer ihren Sinn nur haben im unermeßlich weiteren Gesamthorizont des Transzendenten, des Nicht-Menschlichen, des Göttlichen, des für ihn im strengen Sinn Nicht-Erforschbaren. – Dies aber doch so, daß dieses fragmentarische Erkennen ein gültiges ist.

Damit ist gegeben, daß das Christliche – mit Jesus Christus als Gott und Mensch im Zentrum – nur gültig zu beschreiben ist durch das *und* – meinetwegen durch das *simul* Luthers – oder fast noch besser durch die *complexio oppositorum* des Kardinals Nikolaus von Kues: System der Mitte, des Sowohl-als-auch.

Die Vertreter des neuscholastischen Denkens haben es hier anscheinend leicht, wenn sie nämlich meinen, der Mensch könne die Wahrheit schattenlos rein und ohne innere Spannungen erkennen und formulieren.

Aber: Wahrheit und ihr Erkennen sind etwas anderes als Konzeptualismus; denn er reicht nicht weiter als bis zur Korrektheit, d. h. zur Abwesenheit von Fehlern. Wahrheit hingegen ist Leben, und Leben ist letztlich wiederum, immer, Geheimnis. Am Ende jedes Erkennens stehen neue Fragen, auch solche, die bis zur Mitte und ins Fundament unseres Daseins und Denkens vordringen, die sich zwar an das Unlösbare, Widersprüchliche und Paradoxale herantasten, aber so, daß es weder heute noch morgen aufgelöst werden kann.

Mit dieser Voraussetzung, daß Unauflöslichkeiten in der Wahrheitserkenntnis des Menschen eine Grundtatsache sind, gehe ich an unser Problem heran, aber auch mit dem Bewußtsein, daß es heute viel mehr Menschen als gestern gibt, deren Denken ganz von hier aus beginnt, also von Zweifel und Skepsis geprägt ist. Was die heutige Menschheit als modern, gegenwärtig und zukunftsgerichtet ansieht, führt sehr weitgehend vom Glauben weg – in der heutigen Menschheit offenbart sich eine erschreckend weit gediehene und sich vorläufig noch immer weiter ausbreitende Glaubensunfähigkeit.

Das ist eine Tatsache, die wir feststellen. – Aber eine Tatsache erkennen, heißt nicht auch schon, ihr recht geben. Wenn dies heute oft geschieht, so zeigt sich darin ein schon unsere Krise grundlegendes Fehlverhalten des gesamten heutigen geistigen – und darüber des kulturellen Lebens: – der heutige skeptische pragmatische Absolutismus; leichter Hand gibt man die Orthodoxie preis und hebt irgendeine Orthopraxie auf den Thron. Bis in das Dogmatische hinein wird das faktisch Seiende, bzw. Gedachte, als Norm für das Seinsollende, für die Wahrheit genommen.

Bei diesen Krisenerscheinungen haben wir es, wie leicht zu sehen ist, mit einer Rache des Vorgestrigen zu tun; tatsächlich hat allzu lange in der Kirche eine unkritische Theologie und eine zu wenig geistgefüllte Seelsorge die Rätsel und echten Spannungen aller, und nicht zuletzt der religiös-kirchlichen, Wirklichkeit praktisch geleugnet – indem man sie oberflächlich in Vorlesungen, im Religionsunterricht und von der Kanzel aus in erbarmungswürdiger geistiger Dürftigkeit wegdisputierte. – Das stimmt, leider. Nur, daß die heutige Reaktion, die so gern nur das jetzt und heute phänomenologisch Feststellbare gelten lassen möchte, für die Kirche nicht weniger verheerend ist.

Denn, die Gesetze der Entwicklung und des Wachstums, die

für jeden lebendigen Organismus gelten, binden natürlich – und zwar in besonders starkem Ausmaß – auch die Kirche: Die Entwicklung eines jeden Lebewesens ist davon abhängig, ob es dem Gesetz treu bleibt, unter dem es antrat. Das heißt, es darf nichts in seinen Kern aufnehmen, das seinem Anfang, der entscheidenden Phase seines Werdens widerspricht. – Aber es muß sich dennoch entwickeln. Dazu muß es aus der Umwelt möglichst viel ihm Wesensgemäßes, ihm Nützliches, aufnehmen. Es muß sich der Umwelt akkomodieren, aber so, daß es seinem Ursprung treu bleibt.

Das Gesetz, das Jesus Christus der Kirche eingestiftet hat, ist in allem Wesentlichen – und n u r in diesem! – maßgebend für ihr Dasein. In seiner Grundform heißt es: „Liebe Gott über alles und deinen Nächsten wie dich selbst." Wenn aber dieses Grundgesetz heute mit aller Kraft der Verdrehung, der die Schrift den Namen des Diabolos, eben des Verdrehers, gibt, auf die Mitmenschlichkeit allein reduziert wird, dann wird damit das Wesen der Stiftung Jesu Christi pervertiert.

Dann ist die Grenze erreicht, die über Leben und Tod entscheidet – jene Grenze, von der die Schrift sagt: Man muß Gott mehr gehorchen als den Menschen (Apg. 5,29)! Konkret heißt das: Die Grundkategorien, nach denen die Kirche zu leben hat, sind nicht vom Menschen und aus seinen Wissenschaften, weder aus der Soziologie noch aus der Tiefenpsychologie zu erheben. Sie sind nicht abhängig von dem ‚Heute', dem goldenen Kalb der Moderne, das angeblich angebetet werden muß, damit man von der öffentlichen Meinung nicht als ‚zurückgeblieben', als ‚konservativ', betrachtet wird. Die wesentlichen Kategorien, nach denen die Kirche zu leben hat, sind allein der Offenbarung in Christus zu entnehmen.

So sehr die Kirche selbstverständlich für die Menschen da sein muß, so sehr sie also ihr Ziel wesentlich verfehlen würde, wenn sie z. B. nicht in der heutigen Sprache zu ihm spricht, – nicht mit ihrem ganzen Sein in seiner Mitte und für ihn anwesend ist, – sich nicht nach Möglichkeit wesentlich darum bemüht, die Notwendigkeiten der heutigen Gesellschaft mit zu bewältigen – so sehr würde sie versagen und ihr Wesen verfälschen, wenn sie dies nicht nach den unableitbaren, von Gott durch die Offenbarung in Jesus Christus gestifteten Grundtatsachen und Wahrheiten, realisierte. In einem Wort: wenn sie nicht alles, was sie tut und spricht, im Glauben täte; im Glauben nämlich an den gekreuzigten Gottmenschen: welcher Glaube – wohl zu merken – den Griechen eine Torheit, den Juden aber ein Ärgernis ist – also den natürlichen Menschen radikal transzendiert.

Hier ist der Prüfstein, an dem sich entscheidet, ob die Kirche jeweils, und so auch heute, in einer Phase der Auferbauung steht – oder der Selbstzerstörung.

Ein überreiches, und bestürzendes Material liefert uns eine ganze Anzahl heutiger Reformprojekte priesterlicher Gruppen.

Geradezu erschreckend überfällt es allerdings den katholischen Betrachter, wenn er gewissenhaft, zum Beispiel, das Holländische Pastoralkonzil auf die angegebenen Kategorien der Humanwissenschaften hin abklopft.

Natürlich ist eine Zeit der Krise auch eine Zeit geistiger Entscheidungen; aber dies besagt noch nichts über die Art und Bedrohungskraft der Krise. Vielmehr kommt es auf die Graduation an, mit der die einzelnen Krisenmomente auftreten – und auf den Trend, der ihnen innewohnt: Es gibt Krankheiten zum Tod. – Man muß z. B. unterscheiden zwischen dem Gefühl der Gefahr einerseits, und einer lebensgefährlichen Verunsicherung andererseits – oder: zwischen Neugestaltung und absoluter Unordnung –, zwischen der angemessenen Äußerung von Bedenken und wesentlich destruktiver Kritik. Mit einem Wort: Es geht darum, ob die Krise zum positiven Aufbruch drängt oder zur wesenhaften Auflösung.

Letzteres scheint mir heute innerhalb der Kirche in vielfältiger Form, und in vielen Schichten der Fall zu sein. – Schon die wenigen nur eben angedeuteten Analysen können eine Unterlage für eine solide Antwort geben.

In der Vergangenheit jedoch werden wir echte Parallelen vergebens suchen; denn: In allem, was man aus der Historie als Parallele anbieten könnte, war der lebensrettende Unterschied zur heutigen kirchlichen Lage dies: innerhalb der Kirche blieb jeweils das authentische Glaubensbekenntnis intakt.

Heute ist das anders. Zunächst einmal: Wir stehen inmitten einer radikal entchristlichten ‚christlichen' Welt, deren Unchristlichkeit mit einer erst durch die modernen Massen-Kommunikationsmittel möglich gewordenen Kraft der Verführung als mögliche und legitime Form des Christlichen in das Bewußtsein der Kirche, ihrer Priester und Laien eindringt.

Unter Entchristlichung verstehe ich nicht nur das sinkende Niveau des christlichen Lebens, sondern das Kraftloswerden des christlichen Kerns, das, was früher Wurzel und Nährkraft der Völker und Kulturen war. – Das Christentum als gelebte Wirklichkeit, die Kirche oder die Kirchen also, sind heute in der sogenannten zivilisierten Welt eine Oasen-Erscheinung, eine Diaspora, eine Fremdgestalt im öffentlichen und privaten Leben, in Familie, Schule, Universität, in jedem Beruf, in der Gesellschaft als Ganzem. Die Konsumgesellschaft, das ‚Heute', hat Normen und Anforderungen geschaffen, innerhalb derer die Kirche, Glaube und Moral in empfindlicher Weise als Fremdkörper erscheinen.

Innerhalb des Bereiches, der sich bis gestern noch christlich nannte und auch war, wirkt sich dieser Substanzverlust in verschiedenen Formen aus: im passiven Unglauben, d. h. in Uninteressiertheit gegenüber einer christlichen Gestaltung von Denken und Leben, weithin in einem mehr oder weniger agnostischen Denken. Aber auch im aggressiv kritischen a- und anti-christlichen Denken, im kämpferischen Atheismus, und in der entfesselten unmoralischen Denk- und Lebensweise – die Tabus überhaupt nicht mehr kennt, die vielmehr mit frecher, verführender Zügellosigkeit nicht nur einzelne Ordnungen, sondern die Ordnung schlechthin zerstört.

Aber all dies liegt vom Ursprung her und zunächst immerhin noch außerhalb der Kirche. Den Höhepunkt erreicht die Krise erst innerhalb der Kirche, und dies erst heute: Zu der von außen her eindringenden Schwächung tritt nämlich als eine im entscheidendem Sinn aushöhlende Kraft die progressistische Theologie. Die von ihr propagierte Adaptation an heutige Bedürfnisse des menschlichen Denkens ist geradezu in eine Identifizierung mit dem Adogmatismus des liberalen Denkens übergegangen; – zu einem wichtigen Teil identifiziert sie sich mit dem Unglauben der Welt einfachhin. Quantitativ und in der Handhabung durch Lehre, Druck, Funk und Fernsehen ist diese progressistische Theologie eine ihrer selbst sehr bewußte Kraft geworden; sie dringt überall hin. Gerade wo der Glaube zerstört ist, wird diese Theologie begierig begrüßt. Denn sie liefert anscheinend den erwünschten Freischein.

Das Resultat: Verunsicherung in der gläubigen Lebensbasis, Zersetzung der überlieferten christlichen Prinzipien, Linksdrall auf allen Ebenen. Von der Großstadt bis ins Dorf, sogar in kirchlichen Rundfunksendungen – in Predigten, auf dem Katheder katholischer Theologen –, sozusagen überall gibt nicht mehr die sichere Verkündigung der Osterbotschaft den Ton an, wie wir sie von der Apostelgeschichte durch alle heroischen Zeiten und normalen Zustände der Kirchengeschichte hindurch kennen, sondern es werden die Zweifel und die Verunsicherung kultiviert, die negative Kritik zum Maß der Intelligenz und der Aktualität gemacht! Und dies nicht nur in der überzüchteten westlichen Welt, sondern auch bereits in der afrikanischen Mission.

Geben wir es zu: Es war höchste Zeit, daß endlich ein freierer, frischerer Zug in unser kirchliches Reden kam. Auch heute könnte dieses Sprechen wohl noch viel natürlicher, kräftiger sein, mit weniger pastoraler Pseudosalbung vorgetragen werden. Darin hat die Kritik recht. Aber in der uns heute vorgelegten zerstörerischen Kritik kommt die eigentliche Verkündigung ‚in Kraft und Geist' zu kurz, oder sie kommt überhaupt nicht zur Sprache.

Es geht dabei nicht mehr um einzelne Fehlhaltungen, die das Bild der Kirche mehr oder weniger verunstalten, sondern um Schwächung der Substanz, der Grundkategorien und Grundhaltungen, die in gewisser Weise die Tragfläche für den übernatürlichen Glauben bilden sollten. Der Feind drang in die Festung. Oder: die Insassen wurden zu Feinden des Vaterhauses (Mt. 10,34 f.). Eine grimmige Pervertierung! Der robuste Reformierte, Karl Barth, hatte schon recht: Es geht bei Euch um das Ganze!

Daß ich dies ja nicht vergesse: In allem menschlichen Sein, Denken und Handeln ist wichtiger als Korrektheit und Wahrheit der einzelnen These, der einzelnen Frage und Antwort – die Denk*art,* der unausgesprochene Hinter- und Untergrund, aus dem das Denken, Reden und Handeln kommt.

Die Situation wird noch bedrohlicher und bedauerlicher dadurch, daß vieles von all dem, und dies bereits jahrelang, toleriert, passiv hingenommen wird. Nicht nur von den Laien, nicht nur von den Uninteressierten, sondern in nicht mehr geringfügiger Weise auch von denjenigen, die die primären Hirten des Glaubens sein sollten: unsere Bischöfe ziehen zu oft das lähmende Schweigen, oder das unpräzise Reden einer klaren Stellungnahme vor: ‚Holländisches Pastoralkonzil', *Unfehlbar?* meines Freundes Hans Küng, ‚Augsburger Pfingsttreffen': alles Beweise für dieses lähmende Nicht-Eingreifen – vom erwarteten, nicht erschollenen, prophetischen Wort gar nicht zu reden.

Ich möchte ja nicht allzu global verurteilen. Ein ungenügend vorbereitetes und unausgegorenes Geschehen wie das Augsburger Pfingsttreffen 1971 enthält auch fruchtbare positive Ansätze. Man soll sie pflegen. Aber darüber hinaus bin ich nicht bereit, radikal gefährliche Ansätze zu übersehen –

besonders, wenn sie allmählich allzuoffen mangelnde Führungskraft andeuten.

Vergaß ich, vom Papst zu reden? – Ich bin voll Bewunderung für diesen um die Kirche ringenden und für sie leidenden und betenden Papst. Aber die Leistung ist in sich zu kompliziert, als daß ich ihr in einem Vortrag nebenher gerecht werden könnte, das Positive und Negative in Liebe und Gerechtigkeit abwägend.

Eines freilich möchte ich gern anmerken dürfen. Es betrifft das Rückgrat unseres Glaubens, das Dogma. Ein Blick auf die ungeheuerliche kritische Zersetzung in allen Sparten der Theologie sollte es jedem klar machen, daß keine Erhaltung irgend eines Unwesentlichen innerhalb des Gebietes des Glaubens heute zentrales Anliegen werden, und erhebliche Kräfte der Kirche in Anspruch nehmen darf. Wenn es um das schlechthin Entscheidende, das Heilsnotwendige geht, müssen wir all unsere Sorge und Kraft eben ganz und nur auf dieses Wesentliche wenden. – Das peilt nicht eine Minimalisierung an, sondern die Stärkung des Kernes. Im altkirchlichen *Credo* hatten und haben wir es zur Hand.

II. Wie ist die Krise zu behandeln?

Zunächst darf ich Sie bitten: Behalten Sie das eben Gesagte nicht einseitig im Bewußtsein: ich will keinen Pessimismus predigen. Es gibt in jenen Bereichen des Menschlichen-Weltlichen, aus denen, wie ich meine, die heutige Krise aufsteigt, und in der Wirklichkeit der heutigen Kirchlichkeit, auch positive Werte, sogar hohen Grades. Auch heute fehlt uns nicht echte Heiligkeit aus Glauben und Liebe.

Auch die Theologie, in der wir eine entscheidende Wurzel unserer Not (vielleicht könnte man sagen, die heutige Form der Erbsünde?) erkennen, auch in ihr stoßen wir auf geistige und geistliche Vertiefungen im glaubenden, vom Geist getragenen Bekennen und Erkennen, die uns hoffen lassen. Mancherlei wäre hier zu verzeichnen: Die Überwindung der Neuscholastik bis zur fruchtbaren, allerdings auch oft mißbrauchten ‚Entmythologisierung'; die Zurückdrängung eines allzu juridischen Denkens (eine Zurückdrängung, die bei der gefährlichen *lex fundamentalis* offensichtlich bis jetzt nicht wirksam geworden ist); oder der viel authentischere Zugang zum Wort der Schrift und die dadurch neu gewonnene Erkenntnis der Menschwerdung –, und nicht zuletzt der errungene Mut zu wirklich neuen, freien Fragestellungen –, dort nämlich, wo man in Glut und Maß an sie herangeht.

Derartige positiven Aspekte der modernen Theologie müßte ich natürlich viel stärker hervorheben, als es mir die Zeit erlaubt. Ich wollte sie mindestens andeuten.

Mit der einfachen Nennung solcher positiven Kräfte (trotz der Krise und in ihr) ist schon eine erste Andeutung gegeben über die Form, wie die Krise zu behandeln wäre.

Täglich hören und lesen wir Klagen über die heutige Krise. Aber vielen dieser Äußerungen fehlt es an der gebotenen Genauigkeit. Viele formulieren zu extrem einseitig und sehen nur einen Teil des Komplexes. Auffallend wenige erfassen das kraftvolle ‚Sowohl-als-auch' des Tatbestandes und der Problematik. Aber ohne dieses reiche und feste ‚Sowohl-als-auch' können wir das Wesen der christlichen Heilsbotschaft einfach nicht aussprechen und betreuen.

Erstaunlich wenige Theologen stellen auch ihre Kritik voll in das Spannungsfeld der Inkarnation, des Kreuzestodes und der von dorther zu verstehenden Stiftung der Kirche. Das Holländische Pastoralkonzil beging in diesem Bezug eine Todsünde nach der anderen.

Das Wichtigste bleibt durchaus – wie ich es im ersten Teil dieses Referates zu tun versuchte –, daß jede Schönrederei wegbleibe, um einer gesunden, auch harten, Kritik Platz zu machen, jener Kritik nämlich, die wir alle ja längst gepflegt haben: Nicht zerstörerische Anwürfe, von außen gegen die

Kirche herangetragen, um diese Kirche zum Einsturz zu bringen: Letzteres hat der katholische Dogmatikprofessor Fiolet in seinem für einen Katholiken erschreckenden Interview vom 24. 12. 69 unumwunden proklamiert.

Sachlich muß die Schärfe unbegrenzt sein; aber sie muß in und aus der Mitte der Kirche heraus für die Kirche und ihren Aufbau geführt werden, für den Aufbau dieser unserer alten Kirche; – nicht und nochmals nicht, um eine erdachte neue Kirche zu konstruieren.

Sagen wir es offener mit altgewohnten Worten, die man heute kaum mehr vernimmt: Wir brauchen eine Kritik, die der Kirche liebend dienen will, indem sie das Grundgesetz der *metanoia* an sich selbst und dann an den andern zu verwirklichen sucht.

Nehmen wir als Beispiel die Zölibatsfrage. Ihre praktische Seite kann man zur Zeit kaum ernst genug nehmen. Nirgends zeigt die Krise neben einer Reihe von sachlich falschen und nennbaren Motiven so sehr den Charakter der ansteckenden Epidemie wie hier. Aber, auch dies muß gesagt werden: aufs Ganze genommen, wurde sie, auch von hoher kirchlicher Stelle, viel zu eng diskutiert. Die geistlichen Werte des Zölibats dürfen nicht einer Propaganda der Unterbewertung überlassen werden –; die gleichen Werte dürfen aber auch in keinem Fall zu einer quasi absoluten Forderung gemacht werden. Es darf auch nicht übersehen werden, daß die heutigen Schwierigkeiten der kirchlichen Leitung in dieser Frage dadurch gesteigert wurden, daß die Diskussion über sie im Konzil inhibiert wurde, und weiter dadurch, daß das Problem viel zu sehr von Fall zu Fall, mit Dispens-Gewährung durchsetzt, verhandelt wurde, statt in kritisch besonnenen, systematisch umfassenden Überlegungen verarbeitet zu werden.

Weniger als je auch können die Bischöfe heute, wo die Kirchen Afrikas, Südamerikas und Australiens sich zu Worte melden, die Verhandlungen so führen, als ob es in ihren eigenen Reihen nicht erhebliche Differenzen gegeben hätte und gebe.

Allgemein gesagt: Wir, die Kirche, ihre Leiter und Glieder, müssen durchaus offen sein für vieles Neue! Manche Katholiken und auch Hierarchen werten es heute zu leicht deshalb ab, ja fürchten es, weil radikales und progressistisches Denken das Programm von Vaticanum II nicht fortführt, sondern verfälscht. Aber echte kirchliche Kritik muß dieses ungeheure Ereignis Vaticanum II zwar verteidigen, aber sie muß es auch entsagend verarbeiten, wenn die Auseinandersetzung legitime Frucht bringen soll.

Des Neuen sollten wir uns in Freiheit bewußt werden, und es in seiner Fülle ausschöpfen, aber auch – wenn sich zunächst eine befriedigende Lösung noch nicht abzeichnet –, das Bedrückende in Treue zur Kirche mittragen.

Das Leiden für die Kirche hat hier seinen legitimen Platz. – Man kann das schlicht so ausdrücken: Wir müssen unsere Kritik als Katholiken üben, jeder als lebendiges Glied am Leib Christi, des Gekreuzigten – und mit ihm gekreuzigt. – Frage: Wenn solche Formulierung heutige Hörer leicht als übersteigert schockiert, verrät sich darin nicht, wie weit unser intimes Denken von dem harten Fordern der Bibel abgewichen ist zu einem (so sagt man doch?) humaneren Denken?

Nur von einer in der *metanoia* engagierten Grundhaltung aus haben wir Aussichten, der heutigen Krise der Kirche positiv zu begegnen. Denn natürlich, diese ungeheure Krise, die alles andere ist als Theorie, wird nicht durch Diskutieren besiegt.

Um das noch einmal zu verdeutlichen:

Voraussetzung für unsere Haltung ist der Glaube an den geoffenbarten Gott als der absoluten Basis, und sein Wort in Jesus Christus. Es geht um die göttlich gestiftete, verpflichtende Autorität, die den Wünschen und Bestrebungen des Menschen entzogen ist; ihr muß sich der Mensch, nicht darf man sie dem Menschen unterwerfen.

Das wieder setzt die Grundhaltung des Hörens (auf die Offenbarung) als wesentlich voraus. Diese Forderung reicht weiter und tiefer als die Promotoren der heutigen Krise sich vielfach vorstellen. Sie enthält nämlich die der Moderne gegenüber abschließende Forderung, sich keineswegs wesentlich vor allem um das zu kümmern, was man – wie es uns heute geradezu pausenlos vorgejammert wird – dem Menschen zumuten könne – um das, was ‚möglich' sei. Gott und sein Wort allein haben Priorität. Die verpflichtende Wahrheit ist von der göttlichen Aussage gesetzt. Das ist keine Unterbewertung der Bedürfnisse des heutigen Menschen. Aber, was ist der Mensch gegenüber dem ewigen Gott?

Um es also nochmals zu sagen: auch, was heute von uns gefordert wird, ist *metanoia,* von der Luther in seiner ersten Ablaßthese sagt, daß sie als Buße das ganze Leben des Christen sei –, ist also ein Umdenken, zurück zum Ursprünglichen dessen, was Kirche, und in ihr der Glaube, ist. Für diese neue Besinnung gibt es Grundmodelle nur in der Bibel und in der authentischen Tradition, nicht aber in der Tiefenpsychologie und in der Soziologie.

Sicher ist es heute mehr denn je Pflicht, alle menschlichen Wissenschaften und Erfahrungen mit heranzuziehen, um die Offenbarungswahrheit fruchtbar zu vermitteln. Es ist ein Zeichen kritischer Vernunft, wenn der Beichtvater im richtigen Augenblick seinen ‚Patienten' zum Psychiater oder auch zum Soziologen schickt.

Aber wer die dort mit Recht erhoffte erfolgreiche Behandlung irgendwie in Konkurrenz setzt mit Gottes Wort und Sakrament, hat nicht verstanden, was Erlösung und Kirche sind. Sie sind aus dem Blut Jesu Christi, der sprach und handelte wie einer, der Macht hat . . ., und dessen Wort nicht nur aussagt, sondern wirkt.

Freilich steht nun in all dem – mit vielem anderen – unbewältigt das geheimnisvolle Wort der Bibel vor uns: *„Laßt das Unkraut wachsen bis zur Ernte"* (Mt. 13, 30)!

Soll die kirchliche Leitung nach diesem Wort vielleicht doch lieber einfach abwarten, oder soll sie eingreifen? – Und wenn sie eingreift, soll sie es tun in einem restlos offenen, endlosen Dialog, wie es z. B. das Holländische Pastoralkonzil zum Schaden der Glaubensfestigkeit und zur schweren Beunruhigung vieler Katholiken versuchte? – Kaum!

Die Behandlung einer umfassenden geistigen Krise gleicht einer Operation. Der Einschnitt ist immer gefährlich. Viel kommt auf den richtigen Zeitpunkt an. Er kann verpaßt werden: zu früh oder zu spät. Beides kann zum Tode führen.

Entscheidung bringen kann nur die Antwort auf die negativ formulierte Frage: Wann ist der Schnitt nicht mehr zu umgehen? – Konkret: warten die Bischöfe heute nicht zu lange? Könnte es nicht bald zu spät sein?

Mein besonderes Forschungsgebiet läßt mich hier verständlicherweise an die Reformation des 16. Jahrhunderts als ein mahnendes Beispiel denken. Es ist besonders das Zögern der damaligen Päpste und Bischöfe, das sie über die Maßen belastet ... freilich, neben der erschütternd geringen Öffnung für das Neue-Alte, das sich damals erhob.

Schlußfolgerung: Natürlich, um es nochmals zu sagen, wie immer so gilt es auch hier die richtige Mitte zu finden: die Mitte zwischen Autorität und Freiheit; weder darf das ‚Heute' überbetont werden, noch darf umgekehrt das Lehramt ‚Menschenlasten' auferlegen. Weder Autoritarismus noch nachgiebiges Gehenlassen kann die Haltung der Autorität sein: Es ist das Recht jedes Christen, in der Freiheit zu leben, zu der er in Christus wieder-geboren ist; aber es ist die Pflicht des Lehramtes, autoritativ zu lehren und zu führen.

III. Die Frage nach der Wahrheit und die moderne Theologie

Erlauben Sie mir, noch etwas weiter in die Hintergründe des Problems einzudringen: sein Zentrum ist und bleibt die *Frage nach der Wahrheit.*

Ein evangelischer Beobachter am Holländischen Pastoralkonzil formulierte die Lage treffend: Das Wort ‚Häresie' ist tabu geworden. Als Ersatz erfand man dafür ein anderes: ‚Pluriformität'.

Überlegen wir: Ohne die großen Leistungen der Philosophie von Descartes bis Heidegger aus meiner Froschperspektive des Kirchengeschichtlers überheblich beiseite schieben zu wollen, darf ich doch wohl feststellen, daß das moderne Denken seit Jahrhunderten sicheren Schrittes dem Relativismus zustrebt. Daß sich die gelehrt Denkenden und Sprechenden wohlgemut in diese Lage schicken, ist für unsereins keine Erleichterung und erst recht kein Beweis gegen die eben formulierte These.

Mir scheint vielmehr, daß man heute fragen muß, ob nicht existentialistisches Denken den Gipfel- (oder den Tief-)punkt dieser relativistischen Erweichung darstellt? Denn die Ablehnung des objektiv Seienden, bzw. des objektiv Erkennbaren, die Ablehnung der Sachkategorien, führt notwendig zu einer Auflösung, sagen wir: ins Funktionale. Wie könnte es dann aber eine feststehende, auch morgen mich noch bindende, Wahrheit geben?

Dies aber widerspricht fundamental dem Wesen des Christlichen und der christlichen Botschaft.

Der christlichen Offenbarungswahrheit eignet zwar grundsätzlich eschatologischer Charakter. Wir sind unterwegs: Die christliche Botschaft muß noch in einem zukünftigen Zeitpunkt in eine definitive Gestalt der Wirklichkeit übergehen – wenn wir von Angesicht zu Angesicht schauen, wenn wir erkennen, wie wir selbst erkannt werden (1 Kor. 13,12f.). Dann wird der Mensch zu seiner endgültigen Bestimmung gelangen, und in ihr wird die Heilsverkündigung rein und wesentlich realisiert sein.

Aber es gehört zum Wesen des *Eschaton,* daß es im Kommen auch schon da ist. Das heißt –, schon jetzt, in dieser Vorzeit ist christliche Verkündigung definitiv da, nämlich in seinem Zentrum und Kern, den der Mensch auch schon in der jetzigen Sündhaftigkeit erfassen kann –, gewiß inadäquat, aber so, daß ihm widersprechen, Irrtum bedeutet.

Auf diesem Tatbestand beruht die Möglichkeit der Erkennbarkeit einer unteilbaren Wahrheit, ohne die das Christentum, die Kirche, ein *nonsens* wäre. Ich fasse das in eine Formel, die den Philosophen unter ihnen hoffnungslos naiv erscheinen mag: Die Kirche, so sage ich, kann diese eine Wahrheit nur dadurch wahren, daß sie ihr Wort auch in der naiv-selbstverständlichen Art des *common sense* äußert, für den der Inhalt eines Wortes unmittelbar das ist, was es nennt.

Jede zu intellektualistische, abstrakt – und manchmal abstrus komplizierte Sprache, die von der Einfachheit und Ganzheit des Wortes Jesu abweicht, gerät in die Gefahr, nicht aufzubauen, sondern zu zerstören.

Und deshalb ist das Dogma der Kirche (nicht in seinen Begründungen und Erklärungen, sondern in seinem schlichten Wortlaut) das eigentliche Rückgrat des Glaubens. Es kann und darf nicht der heute beliebten weichen Welle zum Opfer fallen, die nur Annäherungswerte zuläßt.

Wohl muß alles (gemäß Epheser 4,15) in Liebe gesagt werden, und jeder Zwang muß fernbleiben; aber zum Wesen der Wahrheit gehört die Unnachgiebigkeit. Kein Konzeptualismus, aber intellektuelle Redlichkeit ist gefordert.

Nun muß ich aber noch konkreter ein Wort zur *heutigen* Theologie sagen.

Ohne pauschal zu urteilen, denke ich zusammenfassend an eine, sagen wir, übertrieben moderne Theologie, die ich für die Krise in der Kirche für maßgebend mitverantwortlich halte: An eine nicht nur fortschrittliche, sondern an eine *progressistische* Theologie, verderblich wohl am meisten dadurch, daß wir trotz der hochgelehrten Exegese zu wenig von der Basis her an das Wort der Bibel und ebensowenig an die *Tradition* gebunden sind. Diese Theologie, herkommend von der Reaktion gegen eine konzeptualistische, schülerhafte Konklusionsmethode – versucht heute, wie schon angedeutet, die Wahrheit der Offenbarung in Annäherungswerte aufzulösen. Ich am wenigsten möchte im Gebiet des theologischen Fragens das Geheimnis im strengen Sinne unterschätzen. Wenn aber die Theologie nicht nur in einem Übermaß von Fragen, sondern sogar von Zweifeln mündet – wenn sich ihr Hauptinteresse darin äußert, möglichst das Bewußtsein der Unbestimmtheit im Gläubigen wachzuhalten oder zu mehren, wenn ihre Verkündigung die Formulierungen bis zum Überdruß vermehrt, keineswegs aber die Substanz der Aussage – dann erfüllt sie nicht mehr ihren eigentlichen Zweck –, sondern steht ihm entgegen.

Das Herzstück der Verkündigung des Herrn und seiner Apostel war nicht der Disput. Seine positive Verkündigung bis an der Welt Ende zu tragen, sandte er seine Jünger aus. Keine Theologie kann sich von diesem Auftrag freisprechen. Und hier steht dann unerschüttert Luthers These gegen Erasmus: *„Sanctus Spiritus non est scepticus."* Wenn Gott spricht, spricht er im unergründlichen Geheimnis, aber nicht ins Unreine. – Geht es also um objektive Erkenntnis einer objektiven Wahrheit, um sachlich seiende Tatsachen und Werte, und zwar so, daß daraus objektive Verkündigung fließen kann? Oder geht es um existentielles Ereigniswerden, um religiöses Geschehen und ‚Erfahren', zu dessen Charakteristikum es gehört, daß es mich in der je anderen Situation auch anders treffen kann? Steht die Wahrheit wirklich so im Fluß der Geschichtlichkeit, daß sie ihr verfällt und damit zerfällt?

Als Aufgabe ist dem christlichen Theologen gestellt: Verkündigung der Wahrheit in der Kirche. Hier stößt er auf eine im eigentlichen Sinn unbequeme, aber auch die Wahrheit schützende Forderung: Die Wahrheitsverkündigung ist einer kirchlichen Autorität verpflichtet und aufgetragen. Wir alle wissen, wie sehr wir hier an einen Krisenherd rühren: An die heutige Schrumpfung und Auflösung der kirchlichen Autorität im Raum der Verkündigung.

Zwei Punkte, die beiden Seiten derselben Wahrheit, sind hier festzuhalten:

1. Die Autorität der Theologie ist eine fundamental andere als die der Bischöfe, die vom Heiligen Geist gesetzt sind, die Kirche Gottes zu regieren;

2. Das Recht der Theologie ist, soweit sie Wesentliches der christlichen Verkündigung, ausspricht, *in keiner Weise autonom*. Ihr Recht besteht vielmehr nur in Verbindung mit der Kirche, mit den Bischöfen, die wiederum in Verbindung sind mit dem Papst.

Die Theologie darf eben nicht übersehen, daß auch sie in erster Linie hörend ist – daß sie dem vorgegebenen ‚kirchlichen Glauben' wesentlich verpflichtet ist. – Das ist die schlichte katholische Lehre.

Daß andererseits *materialiter* der Theologe als der *ad hoc* von der Kirche ausgebildete Sachkenner insofern dem Bischof bei der Feststellung des Inhalts der Offenbarung Hilfestellung zu leisten hat, und der Bischof sich dieser Unterrichtung bedienen muß, hebt Punkt 1 und 2 nicht auf.

Leider gibt es verräterische Anzeichen dafür, daß hier – weit verbreitet – Grundlegendes bei uns nicht mehr stimmt. Die ganze Atmosphäre in vielen theologischen Kreisen und ihren Publikationen, ja auch die Stimmung der von Zeitung und Rundfunk sich theologisch-geistig nährenden Laienwelt, sind ihrem früheren kirchlichen Sinn entfremdet: Wo liest man heute noch die Mahnung zum *sentire cum ecclesia?* Wirkt nicht schon die Vorstellung, diesem Wort bei einem progressistischen Theologen oder gar in einer Zeitung zu begegnen, befremdlich? Suchen wir nicht – wieder weithin – vergeblich nach dem kindlichen, einfachen, naiven Glauben, der doch in der Welt Jesu eine zentrale Rolle einnimmt?

Zu einem besonderen Testfall ist die Zölibatsfrage in der Form des praktischen Umgehens der Ehelosigkeit geworden.

Es stimmt mehr als bedenklich, wenn man immer häufiger konkrete Nachrichten bekommt über die ‚doppelte Moral' vieler Geistlicher. Es ist doch schon so, daß viele Priester auch bei uns eine Lösung darin suchen, daß sie neben ihrem ‚offiziellen' Leben als Amtsträger ein zweites privates Leben führen, in dem sie sich das erlauben, was im offiziellen nicht gestattet ist. Die Angelegenheit gehört in unseren Zusammenhang: denn notwendigerweise führt dies auf kurz oder lang zu einer Schizophrenie, die den ganzen Menschen erfaßt. Man wird von solchen Männern kaum mehr erwarten können, daß sie sich zu *einer* einzigen, *unteilbaren* Wahrheit, die ihrem persönlichen Entscheid entnommen ist, bekennen und für sie eintreten. Man wird von ihnen vielmehr neben der doppelten Moral auch einen doppelten, mehrdeutigen Wahrheitsbegriff zu erwarten haben. Damit aber wird dem christlichen Denken, der Theologie, das tragfähige Fundament entzogen. Die Einheit von Glaube, Amt und Leben scheint mir am meisten von innerer Resignation bedroht.

Die Gründe, die zu dieser Identitätskrise führten, sind – Sie wissen es so gut wie ich – Legion, in vielerlei Bezirken des Soziologischen und Wirtschaftlichen beheimatet.

Aber auch in der Art der bei uns lange und heute betriebenen Theologie. – Nämlich: Echte Theologie braucht das, was die französische Sprache treffend *spiritualité* nennt; – sie braucht nicht Predigt zu sein, wohl aber ist es kirchlich lebenswichtig, daß sie sich als betende Theologie verstehe, die immer auch einen lebendigen Bezug zur Seelsorge hätte. Nur in diesem Gefüge der Spiritualität kann Theologie wirklich eine bleibende Hilfe für den Glauben der Brüder, der vielen, sein, und darin für die Bewahrung des Begriffs der einen Wahrheit.

Echte Theologie muß auch etwas zu sagen wissen über die

Tatsache der ‚Sünde', über die Drohung des Untergangs durch die Sünde. Erst ihr gegenüber gewinnt die Rede von der Gnade ihre Kraft. Aber gerade dies vermisse ich in vielerlei Reden heutiger Theologen.

In der Vergangenheit gab es das, etwa bei Fénélon, Sailer oder Newman, oder auch, und zwar besonders eindrücklich dokumentiert, bei Martin Luther. Seine eigentlichen theologischen Ansätze stammen nicht aus der menschlichen Gelehrsamkeit, sondern aus dem Gebet im Anschauen des Gekreuzigten.

Vielleicht darf man hier auch das ‚Kind Gottes', Johannes XXIII., nennen. Die Freundlichkeit und Anziehungskraft, die auch seine bescheidene Theologie ausstrahlte, vermag ich bei unseren modernen Theologen nicht zu finden! Wohl aber nennt der aus der Kirche ausgeschiedene Konzilstheologe Charles Davies vorrangig dies als eine Ursache, die ihn aus der Kirche vertrieb: daß Theologen so wenig froh und warm von der Kirche reden.

Vieles von all den getadelten Tatbeständen – ich deutete es schon an – hängt zusammen und führt zurück zu dem gesunkenen Kurswert der Tradition.

Wir stehen auch hier eindeutig in einer Phase des Rückschlages, nämlich gegen die bekannten zu billigen ‚scholastischen Beweise' im Umkreis der christlichen Verkündigung und gegen höchst bedauerliche, unwahrhaftige Verzeichnungen der christlichen Vergangenheit: kindisch oberflächlich und hemmungslos superlativistisch hat die katholische Analyse Jahrhunderte hindurch von der strahlenden Heiligkeit der Urkirche, dann von dem Mittelalter als dem Maß des Katholischen gesprochen – völlig übersehend, daß es eine absolut reine Zeit, eine nur heilige Kirche, nie gegeben hat. Es ist nicht zu verwundern, daß gegenüber dieser oft unmöglichen Naivität (besonders bei der gestiegenen – wenn auch oft keineswegs genug realistischen – kritischen Befähigung des Menschen) nun das Pendel zurückschlägt und heute viele Gläubige mit Mißtrauen dem Herkömmlichen begegnen. Verwunderlich ist nur, daß nun im Rückschlag modernste Theologen der gleichen Einseitigkeit verfallen: Sie sind in ihrem Auszug aus dem Ererbten mindestens so unkritisch und naiv wie jene Früheren bei ihrer unechten Vergoldung der Kirche.

Im Rausch ihrer Kritik an der ihnen überdrüssig gewordenen Tradition vergessen viele (und dies beinahe in plötzlichem Umschwung und rätselhafter Tiefe), daß es einfach widernatürlich ist, wenn wir uns nicht von der Weisheit der Jahrhunderte belehren lassen: wie soll denn ein Baum wachsen ohne Wurzeln? – Gegenüber der Kirche, die als Stiftung erst recht nicht denkbar ist ohne das Gestern und Vorgestern, ohne ihren göttlich gestifteten Ursprung, ist das vollends verwunderlich.

Auch das gehört noch einmal zum *Problem der Autorität in der Kirche.*

Das Zentrale läßt sich in einen Satz fassen: Es gibt keine christliche Kirche, ohne die ihr von Gott durch Jesus Christus kommende und bei ihr bleibende Autorität.

In einer besonderen Weise wurde diese Autorität von Jesus Christus dem engeren Kreis der Zwölf und denen, die sie wählten und sandten, weitergereicht.

Zugegeben, die Ableitung und genaue Verteilung der *potestas,* der apostolischen Autoritäts-Vollmacht, bietet (in bezug auf das ‚Wie') mancherlei Schwierigkeiten. Aber am ‚Daß' kann eigentlich nur ein Blinder Zweifel hegen.

Dies ohne Vorbehalt zu betonen, bedeutet keineswegs einen Rückfall in Klerikalismus und Autoritarismus, die wir glücklich überwunden haben. Aber es bedeutet auch nicht, daß wir die heutige Respektlosigkeit gegenüber der gestifteten und dann historisch entfalteten und bedingten kirchlichen Autorität zu unterstützen hätten.

Übrigens ist auch dies wichtig: Die Art der kirchlichen Autorität darf nicht falsch beschrieben werden. Obschon sie grundsätzlich eine geistig-geistliche ist, eine Autorität des heiligen Wortes und nicht des äußeren Zwanges, konnte es im Laufe der Geschichte gar nicht ausbleiben, daß sie Unterstützung annahm von der Welt und ihren Herrschern, sich also mit ihr verband. Das war nach der Konstantinischen Wende so. Aber auch Willibrord und Bonifatius hätten die Christianisierung unserer Gegenden (Frieslands, Hessens und Thüringens) gar nicht durchführen können, ohne materielle Unterstützung der fränkischen Herrscher. – Sicherlich wollen wir all die Mißstände in der Geschichte der Kirche, die mit der politischen Macht des Papsttums und des Episkopats zusammenhängen, nicht vergessen. Heute werden wir sogar besonders behutsam sein gegenüber ähnlichen Bindungen. Aber dies steht fest und gilt für heute, wie es in der Vergangenheit nicht zu umgehen war: die Kirche wächst nicht im luftleeren Raum. Durch die Inkarnation ist der reine Spiritualismus nicht nur als Häresie, sondern schlicht als unrealistisch abgelehnt. Es gibt, wie ich es eben in Ihre Erinnerung rief, ein Fundament wirklicher Autorität in der Kirche, die ihr eingestiftet ist, die kirchliche *potestas,* die darauf beruht, daß Christus die Apostel ausgesandt hat mit einem der Worte, von dem Er sagte, daß sie nicht vergehen werden: „Mir ist alle Gewalt gegeben im Himmel und auf Erden; wie mich der Vater gesandt hat, so sende ich Euch" (Mt. 28,18) . . . natürlich zum Dienen, aber auch zum dienenden *Führen* als Hirt!

IV. Der Gottesbegriff

Die heutigen Erörterungen um den Gottesbegriff bedürfen einer eigenen Überlegung.

Tag für Tag bekommen wir Aussagen zu hören wie folgende (und sie werden uns sogar von katholischen Verlegern in Fettdruck ins Haus geschickt): „Das institutionelle herkömmliche Gottesbild erweist sich mehr und mehr als fragwürdig." „Für den kritisch denkenden Menschen verlieren religiöse Traditionen, Ritus und Symbole ihre bergende Kraft."

Das kann man ja doch wohl nicht anders bezeichnen denn als eine herausfordernde Herabsetzung des Erbes unserer Väter. Und ich reagiere für meinen Teil allergisch. Hier stehen wir nicht nur vor einem Symptom. Eher stoßen wir auf Wurzelgrund unserer kirchlichen *Malaise.* Denn aus einem unzureichenden Gottesbegriff müßte tatsächlich ein ganzes Labyrinth von falschen Schlüssen und theologischen Fehlern sich entwikkeln, und folgerichtig ein entkräftetes kirchliches Leben.

Ich frage naiv: Wieso soll denn das herkömmliche Gottesbild ein institutionelles (im pejorativen Sinn) sein? Ist damit das Gottesbild des Neuen Testaments gemeint oder die Schulkarikatur eines schlechten Religionslehrers? Letzteres war noch nie maßgebend für das Christentum, obwohl es in allen Zeiten da und dort in der christlichen Frömmigkeit zu finden war. Im Grunde aber leben die Gläubigen seit eh und je, recht und schlecht (versteht sich!), von dem Gottesbild, das uns Jesus, der Sohn, von Seinem Vater geoffenbart hat. Er hat ihn uns übrigens nicht so sehr ‚kennen' gelehrt, als vielmehr zu lieben und anzubeten aufgefordert. Was gibt es hieran ‚Institutionalisiertes' oder ‚Fragwürdiges?' Oder mutet man uns die überhebliche Verwechslung zu, daß ein geistig nur unvollkommen reflektierter Gottesglaube ein schwacher, oder gar falscher Glaube sein müsse?

Daß es heute Menschen und ganze Schichten von Menschen gibt, und zwar in erschreckend großer Zahl, und dies in plötzlicher Vermehrung, denen das herkömmliche Gottesbild und religiös-kirchliche Traditionen, Riten und Symbole nichts mehr sagen, das steht leider fest. Beweist das auch nur das Geringste gegen das bisherige Gottesbild?

Es beweist doch wohl lediglich, daß auf vielen Wegen der menschlichen Entwicklung die Liebe erkaltet, und der Glaube erschreckend abnimmt. Wir alle tragen daran Schuld. Aber das Gottesbild, wieso soll es ungenügend geworden sein?

Jedenfalls: All das Herumspekulieren am Gottesbild hat nichts glaubwürdiger gemacht. Im Gegenteil: Viele, die zuvor fest im Glauben standen, sind jetzt ein Spielball sinnloser Zweifel geworden auf der Suche nach einer Masse abstruser Ersatzbilder für ihre Anbetung. Es ist eben nicht so, daß echter Glaube nur in einer hochgeistigen Formulierung leben könnte. Man braucht nicht ein Theologe zu sein, um in das Reich einzugehen – oder, um es konkreter zu sagen, um Jesus nachzufolgen.

Einfachster massiver Glaube, eingebettet in die betende Treue zum Herrn, hat im Verlauf der Geschichte oft genug den Beweis erbracht, daß er es ist – den Kleinen und Unmündigen offenbart –, der das Leben der Kirche fruchtbar werden ließ.

V. Die Frage des heutigen Ökumenismus

Noch viele Fragen hätten wir zu besprechen aus dem Bereich des Konkreten und Praktischen, in dem die Krise eine für alle wahrnehmbare Gestalt annimmt: Wir müßten sicherlich nicht zuletzt über das heutige Priesterbild sprechen und seine so wunderliche Verunsicherung – über die Rolle der erweichten Askese in ihrer Beziehung zum Priestertum und zum Ordensleben, über den Schwund der Meditation, über den Sakramentenempfang (der sich in der sogenannten ‚offenen Kommunion' mitnichten eindeutig darstellt), über die Seelsorge –, über die moderne Liturgie –, und nicht zuletzt über den so unsympathisch hochmütig gewordenen katholischen ‚Anti-Rom-Affekt'.

Nur zu einer Grundfrage möchte ich mich noch kurz äußern, zu einer Frage, die mich sozusagen meiner Firma wegen besonders angeht: Zum heutigen Ökumenismus, d. h. zur folgenschweren Umfälschung eines echten Ökumenismus in den letzten Jahren; das Thema führt uns zum Kern unseres Problems zurück: Theologie und Wahrheit.

Bis vor kurzem haben wir Katholiken in den Una-Sancta-Gesprächen von einer guten Position aus operieren können. Wir wußten, was wir wollten; wir kannten den Standpunkt, den wir im Dialog zu vertreten hatten. Nicht wenige unserer Partner hatten Respekt gerade vor unserer Standfestigkeit. Wir kamen denn auch recht weit in der Annäherung. Die Schritte wurden immer größer.

Aber dann gerieten viele Katholiken – vom traditionsgemäßen A-Dogmatismus unserer evangelischen Freunde rede ich erst gar nicht! – gerieten also viele Katholiken in eine Art von Rausch des Immer-mehr-Wollens an gegenseitiger Übereinstimmung – des immer Voraneilens ohne ausreichende Bereinigung der noch bestehenden dogmatischen Unterschiede.

Bis vor kurzem noch wußte jeder katholische Theologe – trotz weitreichender innerkatholischer Spannungen –, was er sich den Dialog im Entscheidenden kosten lassen darf –, wo der eigentliche Kern erreicht war, von dem er nichts preisgeben kann, weil nämlich mit der Preisgabe nicht nur die eigene Glaubensposition, sondern auch die des Gesprächspartners, die christliche Basis schlechthin, zerstört würde.

Und plötzlich, eben mit der vielgerühmten pluralistischen und immer waghalsiger werdenden Theologie, offenbarte sich auch die Krise des Ökumenismus; sie erreichte einen Grad, der uns zu fragen zwingt, ob wir heute noch redlich von einer Annäherung oder gar legitimen Vereinigung der Konfessionen sprechen dürfen? Gibt es nicht viel eher nach der Auffassung unserer progressistischen Theologen eine beiderseitige Auflösung?

Die Konferenz des Weltrates der Kirchen in Upsala 1968, dann das Pastoralkonzil in Holland, und 1971 wieder ein Teil der Arbeitspapiere des Augsburger Pfingsttreffens haben gezeigt, wo wir stehen: in einer Auflösung des Dogmatischen.

Sie realisiert sich täglich auch im Wildwuchs unpräzisen Geredes über Konfessionsmüdigkeit, über angeblich überflüssige Konfessionsunterschiede – in praktischer eucharistischer Vermischung in Kirchen und in liturgischen Hausgemeinschaften nach selbstgeformtem Kult und Pseudokult –, wobei übrigens auch dem Eindringen rein paganer Elemente das Tor keineswegs verschlossen ist ...

Und so rennen wir, selbst bei gutem Willen, in den Abgrund der Verwirrung, weil uns die Geduld fehlt, der die Schrift so hartnäckig eine wesentliche Rolle in der Erlösung zuspricht.

Nur eines aber kann hier retten: Dem Dogma muß wieder seine ursprüngliche Funktion als Rückgrat unseres Glaubens zurückgewonnen werden.

VI. Ausklang

Das Bild von der heutigen Krise in der Kirche, das ich vor Ihnen skizzierte, ist – ein jeder kann es mit Händen greifen – sehr lückenhaft. – Immerhin habe ich mich bemüht, dem Grund des besprochenen Phänomens an einigen Punkten nahezukommen. Ich habe auch einige Kategorien angedeutet, mit welchen an die Therapie der Krankheit herangetreten werden sollte.

Wer unter Ihnen wünschen mag, es hätte dem Positiven mehr Platz eingeräumt werden sollen, dem gebe ich zunächst ohne Einschränkung recht.

Aber dann möchte ich mit ihm auch folgendes bedenken: Nur wenn man den Mut aufgebracht hat, das Negative in seiner ganzen Bedrohlichkeit offen zuzugeben, und als Last auf sich zu nehmen, nur dann wird man die eventuelle Bedeutung und Kraft des Hoffnungsvollen, das auch festzustellen ist, in seinem vollen Wert zutage bringen können.

Wohin also führt die Krise, diese Überflutung der Kirche durch unheimliche geistig-geistlich-moralische Epidemien? Denn Epidemien sind es, die an ihrem Mark zehren – wohin?

Zum Untergang?

Oder zum Heil?

Für den Glaubenden ist die grundsätzliche Antwort gegeben: *non praevalebunt.* Indes: inmitten des Sturmes, und vor den vielen, die verunsichert sind und halb verzweifelt nach Gewißheit und Festigkeit und Trost verlangen, darf diese Antwort nicht zu schnell gegeben werden. Sie muß Gewicht haben, nährende Kraft von innen her.

Vergewissern wir uns noch kurz reflektierend dieser Kraft:

Auch die Geschichte der Kirche ist ein Geheimnis. Schon mehr als einmal gingen ihre Führer wie nachtwandlerisch an den Abgründen des Abfalls vorbei – aber der Herr verließ die Kirche nicht . . . sie blühte wieder auf!

Da ich ja als ein Glaubender zu Ihnen sprechen soll – sage ich schlicht: Die Erbarmung Gottes ist über all unsere Voraussicht, über all unseren Verstand. Gottes Gnade ist immer größer als unser kleines, sündhaftes Herz (vgl. 1 Joh. 3,20).

Auch sind wir mit unserem zaghaften Glauben nicht allein. Wie in allen Zeiten der Kirche gibt es auch heute den starken Glauben, den Berge versetzenden Glauben der Heiligen und Beter, die in der Stille, unbekannt, unter uns sind. Ihre Scharen sollten sicherlich zahlreicher sein, denn nur sie können das Gleichgewicht gegenüber den banalen und auflösenden Streitereien der vorwitzigen Theologie wiederherstellen. Würden wir doch selbst ihre Reihen füllen!

Denn in einem noch tieferen Sinne, als Reinhold Schneider es ahnen konnte, gilt heute sein Wort: Nur den Betern kann es noch gelingen, das Schwert ob unsern Häuptern aufzuhalten.

Das Christentum ist zutiefst paradox in einem erhabenen Sinn; Gott handelt (nach der Formulierung Luthers) in der Verborgenheit des Widerspruchs: Um zu beleben, tötet er – wie der Messias durch Leiden zur Auferstehung und Glorie gehen mußte.

Wir also müssen von vornherein die Schuld des Versagens

annehmen – um erst daraufhin gerettet zu werden. Aber das mindert wiederum in nichts die Schuld unseres Versagens. –

Aber der Glaubende weiß: der Herr ist mit im Boot. Und wenn er auch schläft, schläft er doch im Boot –; mit Ihm bleibend, werden wir nicht untergehen. Voraussetzung, als unabdingbare Forderung: der *Glaube* . . ., jener Glaube, der heute so stark in der Krise steht –, ja dessen Gefährdung eigentlich die ganze Krise ausmacht.

Die ganze Predigt des Herrn klingt in diese Frage zusammen: *glaubst* Du? – Aber die ganze Wucht, die uns da fordert, erfahren wir aus Iesajas 7,9: *„Wenn ihr nicht glaubt, bleibt ihr nicht."*

Bibliographische Hinweise

Auf bibliographische Einzelverweise wurde verzichtet, weil eine kritische Auseinandersetzung mit der vorliegenden Literatur in den vielen angesprochenen Punkten aus dem Vortragstext ein Buch machen würde. Die Masse der kleinen Abhandlungen, oder einzelnen Ausführungen größerer Werke der vielen Sachgebiete, die sich mehr oder weniger eingehend mit dem Thema beschäftigen, ist unübersehbar geworden.

Daher sei versucht, mit einer kleinen Auswahl wichtiger Arbeiten eine gewisse Orientierung zu ermöglichen. Selbstverständlich sind gerade bei den theologischen Werken viele darunter, die die Krise belegen und markieren, deren Grundthese also kritisch beleuchtet werden muß.

Die Krise in der Kirche ist eng verbunden mit den Traditionsbrüchen in der profanen Geschichte. Hierzu vgl. Reinhard Wittram, *Das Interesse an der Geschichte,* Göttingen 1950. – Ders., *Zukunft in der Geschichte.* Zu Grenzfragen in der Geschichtswissenschaft und Theologie, Göttingen 1966. – Hermann Heimpel, *Kapitulation vor der Geschichte?* Göttingen 1956. – Johannes Spörl, *Gedanken zum Verlust des Mittelalters,* Festschrift K. S. Bader 1965, 439–454. – Walter Kasper, *Glaube und Geschichte,* Mainz 1970.

Nicht erst seit heute stellt der Ökumenismus fruchtbare Fragen an die katholische Kirche – heute aber wird die ökumenische Frage weithin und grundsätzlich mißverstanden. Dazu siehe u. a.: Joseph

Lortz, *Einheit der Christenheit.* Unfehlbarkeit und lebendige Aussage, Trier 1959. – Ders., *Die Reformation in Deutschland,* Freiburg/Br.[5]1965. Nach der spanischen und englischen Übersetzung jetzt auch in französischer Sprache. Eine italienische Übersetzung kommt bei Jaca Book, Mailand, heraus.

Zum holländischen Aufbruch: Willem Hendrik van de Pol, *Das Ende des konventionellen Christentums,* Wien-Freiburg-Basel 1967. – H. van der Linde u. H. Fiolet, *Neue Perspektiven nach dem Ende des konventionellen Christentums,* Wien-Freiburg-Basel 1968. – H. A. M. Fiolet, *Die zweite Reformation,* Offene Fragen, Graz-Wien-Köln 1971. – *Kirche in Freiheit.* Gründe und Hintergründe des Aufbruchs in Holland. Authentische Information von E. Schillebeeckx (u.a.), Freiburg i.Br. 1970. – Edward C.F.A. Schillebeeckx, *Gesammelte Schriften,* Mainz I: 1965; II: 1970. – Die Berichterstattung von Erwin Kleine konnte die Probleme nicht unbefangen einordnen: *Ökumenisches Modell Holland,* Beiträge von Erwin Kleine u. a. Redaktion Johannes Strauß, Göttingen 1969. – Erwin Kleine, *Hollands Kirche unterwegs,* Perspektiven zur Konzilsverwirklichung, Essen-Werden 1970. – Ders., *Glaube im Umbruch.* Ein Bericht über die 4. Plenarsitzung des Pastoralkonzils der niederländischen Kirche, München 1970. – Ders., *Es geht um mehr als Zölibat.* Ein Bericht über die 5. Plenarsitzung des Pastoralkonzils der niederländischen Kirche, München 1970. – Ders., *Ökumene auf dem Prüfstand.* Ein Bericht über die 6. Plenarsitzung der niederländischen Kirche, München 1971. – Die damit angesprochenen Fragen habe ich im *Rheinischen Merkur* 25. Jg. (1970) in den Nummern 18, 21 und 36 aufgegriffen; siehe auch: Joseph Lortz, *Holland in Not,* I, Luxemburg [2]1970; *Holland in Not,* II oder Kern und Schale, Luxemburg 1970.

Auch von der sog. Gott-ist-tot-Theologie der USA her werden wichtige dogmatische Positionen in Frage gestellt. Vgl. John A. Robinson, *Honest to God.* Dt.: *Gott ist anders,* München 1964. – Hans-Martin Barth, *Tod-Gottes-Christologie.* Der christologische Ansatz der nordamerikanischen Tod-Gottes-Theologie, Kerygma und Dogma 17 (1971) 258–272. – Hubertus Mynarek, *Vor einem neuen Durchbruch der Transzendenz?* Vorschläge zur Beendigung der Tod-Gottes-Diskussion, Catholica 25 (1971) 214–241.

Die Kirchenkrise zeigt sich in vielfältiger Hinsicht in der Kritik an der kirchlichen Auffassung von der Unfehlbarkeit und in einer keineswegs immer exakten Klarstellung durch die berufene Autorität: Hans Küng, *Unfehlbar?* Eine Anfrage, Zürich-Einsiedeln-Köln

1970. Karl Rahner (Hrg.), *Zum Problem der Unfehlbarkeit.* Antworten auf die Anfrage von Hans Küng, Freiburg-Basel-Wien 1971 (Quaest. disp. 54). – David A. Seeber, *Paul, Papst im Widerstreit.* Dokumentation und Analyse. Einleitung Karl Rahner, Freiburg-Basel-Wien 1971. – José de Broucker, *Das Dossier Suenens.* Diagnose einer Krise, Graz-Wien-Köln 1970. – Bernhard Häring, *Theologie im Protest.* Die Kirche im Konflikt, Salzburg 1971. – W. Anz, G. Friedrich, H. Fries, K. Rahner, *Autorität in der Krise,* Veröffentlichung des ökumenischen Arbeitskreises ev. und kath. Theologen, mit einem Vorwort von E. Schlink und H. Volk, hrsg. von G. Krems und H. Mumm, Regensburg-Göttingen 1970.

Selbst der ‚Ort' der Kirchengeschichte als theologischer Disziplin ist heute nicht mehr klar und unumstritten: Vgl. Raymund Kottje (Hrsg.), *Kirchengeschichte heute.* Geschichtswissenschaft oder Theologie? Mit Beiträgen von Norbert Brox, Erwin Iserloh, Hubert Jedin, Heinrich Lutz und Peter Stockmeier, Trier 1970.

Diskussion zum Vortrag von Joseph Lortz

Kirche und wir in der Krise

Staudinger: Herr Lortz, Sie haben genau das für das Ohr eines Naturwissenschaftlers gesagt, was ihm weiterhelfen kann. Ich möchte Sie aber doch fragen, wie Sie, nach einer sehr genauen Diagnose, die Sie gegeben haben, von dem, was ist, was uns bedrückt, an dem wir mitleiden, sich vielleicht eine ‚Heilung' denken können. Sie haben uns auch nichts über die ‚Ätiologie dieser Erkrankung', um mich medizinisch auszudrücken gesagt. Wo liegt die Ursache von alledem? Als Kirchengeschichtler müßten Sie uns doch sagen können, wo die geschichtlichen Wurzeln, wo der Grund für diese wunderliche Verwirrnis, die Sie diagnostiziert haben, liegen.

Lortz: Das ist in der Tat eine Frage, die mir nicht nur jetzt gestellt wird, sondern, die ich gegen Anfang meines Referates vorgetragen habe: Die Schwierigkeit festzustellen, wieso nach der Hochstimmung, die nach dem Konzil herrschte, uns diese Krise plötzlich überfallen hat, ist vollkommen rätselhaft. Und wenn ich sehe und suche, was ist, dann falle ich immer wieder auf die Diagnose: Epidemie, *de facto*. Ich bin nicht in der Lage, Ihnen zu sagen, woher das im einzelnen kommt. Ich könnte sagen: Es gab längst eine philologisch-historische Exegese, die sich jetzt selbst übersteigert und gegenseitig verwirrt; das ist ziemlich klar. Es gab auch in der Kirchengeschichte Einbrüche, die sich z. B. in unserer jüngeren katholischen Vergangenheit, im Modernismus, ereigneten. Daß die Probleme kirchlich nicht eigentlich innerlich bewältigt wurden, war und ist sehr schlimm. Aber aufs *Ganze* gesehen war das doch gering und wurde durch den Glauben weggefegt, war ohne Dasein. Als Beispiel: Wenn Leute heute mit ihren radikal neuen Ansichten auf mich zukommen, dann frage ich sie oft: Sagen Sie: Vor zehn oder fünfzehn oder auch nur vor sechs Jahren haben Sie für Romano Guardini geschwärmt oder für die *Hymnen an die Kirche* von G. von Le Fort; auf einmal sagen Sie, das sei dummes Zeug. Was ist denn mit Ihnen geschehen? Sind Sie so gescheit geworden, und ich so dumm, oder umgekehrt? *De facto* liegt ein Rätsel vor; es ist eine epidemiehafte Umgestaltung, eine Ansteckung, von der ich mich wirklich frage, woher sie kommt; ohne mich darauf zu versteifen, das sei vom Teufel, die diabolischen und apokalyptischen Züge, oder wie immer dies genannt werden mag, kann ich auf gar keinen Fall aus der Analyse weglassen. Die kommen mir auf Schritt und Tritt entgegen. Und sie sind von einer kaum mehr übersehbaren Mächtigkeit geworden, dies aber durchaus im Bereich des legitim Materiellen (siehe die Massenmedien, die Produktionsmethoden usw.). Aber ich gebe Ihnen sofort zu: Sie haben mich da vor die Frage gestellt, vor der ich ratlos stehe und nicht weiß, wohin. Es ist ein Rätsel, wie über die Kirche des endenden Konzils Vaticanum II diese, wie ja auch Papst Paul VI. es mehrere Male genannt hat, diese Art Selbstzerstörung gekommen ist. Ich weiß, daß es im Konzil eine ganze Reihe von Ansatzpunkten für später gekommene Verwirrungen gibt: Die Kompromisse z. B., und all das, was auf dem Konzil nicht aufgearbeitet wurde, und Kritiken, die wir schon während des Konzils anbrachten –, die aber als Ganzes die Begeisterung für das Neue der authentisch alten Kirche nicht beeinträchtigen … Und plötzlich, auf einmal, stehen wir vor diesem Wirrwarr, vor der Null, jedenfalls vor Fragezeichen bzw. *nur* vor Fragezeichen.

Als formalen, nicht inhaltlich definierbaren Grund würde ich dies angeben: Wichtiger als die einzelne Antwort ist der Grund aus dem einer spricht. Also, seine Vorstellungsart: Wie kommt es, daß auf einmal diese selben Leute, die gestern noch so positiv waren, oder deren negative Stimme jedenfalls nicht da war im Chorus der Theologie, daß die auf einmal einen so ungeheuren Zulauf bekommen, daß sie diejenigen sind, die beinahe allein reden? Was ist da vor sich gegangen?

Offenbar spielt mit herein, was ich einmal, zweimal, andeutete, der Nachholbedarf. Es ist ein psychologisches Gesetz, falls ich es recht verstehe, daß immer, wenn durch lange Zeiten hindurch versäumt wurde, legitimen Bedürfnissen die Erfüllung zu gewähren, der Gegenschlag kommt; und das Pendel schlägt nie aus nur bis zur berechtigten Mitte, sondern darüber hinaus, zu weit. Das Seltsame heute ist nur, daß es so viele gescheite Leute gibt, die nicht mehr *sehen*, daß ihre Positionen über das Zentrum hinausgehen. Ich meine, es sei ganz klar, ich kann es mir gar nicht vorstellen, wie jemand heute sich als Katholik bezeichnet, wenn er klipp und klar die jetzige katholische Kirche, wie Professor Fiolet, einfach ‚zum Einsturz bringen' will. Das ist mir einfach rätselhaft; das geht nicht auf; entweder, oder! Wie kann man das erklären? Wie ist es denkbar? Er hat das Interview, in dem diese Aufforderung steht, vor Beginn der Tagung des Holländischen Pastoralkonzils vom 3. zum 7. Januar 1970 – am 24. Dezember 1969 gegeben. Wie kommt es, daß ein solcher Mann in maßgebender Stelle (er war damals von Kardinal Alfrink angestellter Professor für katholische Dogmatik in Utrecht) an dem offiziellen kirchlichen Pastoralkonzil in Anwesenheit von Kardinal Alfrink und den anderen holländischen Bischöfen überhaupt noch als vollgültiger Vertreter der Lehre der Kirche mitarbeiten konnte? Wie ist es denkbar, daß auf demselben Kongreß etwa ein junges Mädchen, eine Studentin, einfachhin, ohne daß ein Wort des Mißfallens von irgendwem gesagt wird, auch nicht vom Herrn Kardinal oder den Bischöfen, so schnodderig über den Papst herfallen konnte? Wie ist dies erklärbar? Was ist da geschehen? Das ist ein vollkommenes *dérèglement de l'atmosphère*.

COTTIER: Anläßlich dieser Frage möchte auf das Buch von Ménard über Diderot hinweisen. Der Autor stellt sich die Frage: Wie ist es zu erklären, daß nach dem 17. Jahrhundert, in dem die hervorragendsten Schriftsteller wenigstens offiziell christlich waren, auf einmal, in der Zeitspanne einer Generation, eine antichristliche, sogar atheistische Reaktion festzustellen ist? Ménard führt den Generationenkonflikt als Erklärung an. Würden Sie meinen, daß wir es hier mit einem ähnlichen Phänomen zu tun haben?

LORTZ: Jawohl, aber dann würde ich die weitere Frage stellen, was genau mit diesem Generationenkonflikt gemeint ist. Selbstverständlich gibt es zwischen dieser Generation und der vorhergehenden einen Unterschied. Welcher vitale Impuls ist aber am Werke in diesem Übergang?

Das Schlimme dabei ist (was Ihre Frage noch wichtiger macht), daß derselbe Umschwung, den wir heute in Europa erleben, sich genauso in Japan, weithin ähnlich in Afrika, sogar bei den neu aufkommenden, beinahe noch im Busch lebenden Stämmen findet. Ein Freund, ein Kollege, der gerade von dorther zurückkommt, sagte mir: Die wollen alle jetzt schon einfach plötzlich nach oben; weg mit dem da und seinen Ideen! Ein vollkommener Umbruch. Es ist so, daß es z. B. das Phänomen des absinkenden Glaubens und der absinkenden Zahl der Priester in Afrika wie auch bei uns gibt. Wie bei uns sind auf einmal die nach dem letzten Weltkrieg gebauten neuen Mutterhäuser für Orden, neue Seminare, leer, und die Leute werden die (kostspieligen) Gebäude nicht mehr los. Plötzlich, überall, woher kommt das?

Ganz gewiß, bei vielen nicht unmittelbar durch die Theologie; doch habe ich darauf den Finger gelegt, weil ich für meinen Teil dort die Bewußtseinsfälschung innerhalb der Kirche als am schwersten empfinde.

LUYTEN: Ich möchte in diesem Zusammenhang vom Kirchenhistoriker etwas Näheres vernehmen. Die heutige Krise einfach auf ein Generationenproblem abzuschieben, geht wohl nicht; dafür ist sie doch wohl zu massiv. Man hat den Eindruck, daß wir an einer Nahtstelle der Geschichte stehen. Wir leben offenbar in einer Zeit des Umbruchs; ein ganz neues Lebensgefühl setzt sich durch. Ist die Verwirrung, von der Sie sprachen, nicht eine gewisse Unbeholfenheit, mit dem Neuen fertig zu werden, es zu formulieren? Ich möchte an den Ausspruch des Cohn-Bendit erinnern. „Wir wissen nicht, was wir wollen, aber wir sind sicher, daß wir es erreichen werden."

Es kommt noch ein anderer Faktor hinzu. Die Schwierigkeit, mit der heutigen Problematik fertig zu werden, wird sofort von den Massenmedien verbreitet und in das Volk hineingetragen. Dabei sind die Leute natürlich noch weniger gewappnet, als die Theologen, um mit den vielen Problemen fertig zu werden. Ein anderer Faktor, der mitspielen dürfte, ist ein gewisser Aufholbedarf. Gerade die Kirche in Holland scheint mir dafür sehr charakteristisch zu sein: Vor etwa 20 bis 25 Jahren herrschte da noch ein stur strenger Katholizismus allerstriktester Observanz. Daß es gerade dort zu einer massiven Krise kommt, ist das nicht ein Zeichen dafür, daß eben dieser Aufholbedarf da ist, daß man ratlos ist und aus lauter Angst, nicht in der Richtung der Geschichte zu sein, einander in Modernität überbietet? Dabei droht dann die gefährliche Popularität auch eine große Rolle zu spielen.

LORTZ: Ich will Ihnen ohne weiteres zugeben, daß man diesen Nachholbedarf so betonen muß, wie Sie es tun, sogar noch mehr. Ich würde aber dann sagen: Wie kommt es, daß dieser Nachholbedarf sich nicht aus einer Unbeholfenheit erklären läßt? Denn die Theologie, die ich im Auge habe, die ist mitnichten unbeholfen, die ist so raffiniert, und zwar sowohl diejenige, die rein auf dem theologischen Gebiet bleibt – als unsere katholische Exegese, die noch nie so gelehrt gewesen ist wie heute.

LUYTEN: Kann das nicht mit Unbeholfenheit zusammengehen?

LORTZ: Ich glaube nicht; und ich nenne dies als Gegenbeispiel: Einer meiner Bekannten, ein Theologe, der in dieser Weise, meiner Meinung nach, falsche Exegese treibt, aber persönlich noch stark in der Kirche als Priester steht, vertritt diese Neuheiten; aber wie stark sie gegen das Dogma sind, das sieht er gar nicht mehr, weil er die ganze Traditionskette in ihrer Wucht als Tradition nicht empfindet. Aber dies nur, um es nebenbei zu sagen; es soll Ihre Bemerkung nicht abwerten; nur ‚Unbeholfensein' würde ich da nicht als ausschlaggebend heranziehen.

Zweitens: Wenn Sie gerade am Schluß auf Holland kamen ... Ja, sehen Sie: Wie kam es zur Reformation? Ich habe das schon jahrzehntelang durchgearbeitet und habe herausgezogen, was herauszuziehen war, um zu sehen, wo ein Ansatz war, wo vorher etwas zuwenig oder falsch getan worden war, wo das Feuer erlosch, wo der Gedanke falsch war, wo die Praxis falsch wurde, usw., bis dann, nach so vielen Vorgängen, die bis an das beginnende 14. oder auf das Ende des 13. Jahrhunderts zurückgehen, bis es endlich so weit war, daß eine Reformation geradezu unausweichlich wurde. Gut, dann kam sie. Aber was geschah? Es kam Luther und die Reformation; aber Luther und die Reformation waren, neben dem Bedrohlichen, ein Gnadenangebot an die Kirche. Sie blieben absolut innerhalb des Glaubensbekenntnisses und haben es in einer ganz neuen und tieferen Art gebracht. – Was geschieht heute, da in Holland? In Holland passiert dies, daß etwa mein lieber Kollege Van der Pol das Buch schreibt: *Vom Ende des konventionellen Christentums.* Da sagt er ganz ausdrücklich zu Beginn, er stelle keine These auf, sondern gehe nur phänomenologisch vor und beschreibe. Und er beschreibt dann tatsächlich. Aber mit fortschreitender Beschreibung wird diese Beschreibung eine These, so daß am Ende gar kein Zweifel mehr sein kann: Es hat gar keinen Sinn mehr, von Ökumenismus zu sprechen; das überholt sich von selbst; die Toten werden einfach ausgeräumt, die fallen weg in ihrer Unwichtigkeit, und so wird sich die Frage nach einer oder zwei Kirchen gar nicht mehr stellen. Und an dieser Stelle der Diskussion fällt dann ein solches Interview wie das von Prof. Fiolet. Aber das besagt genau das Gegenteil vom Wesen dessen, was er vorher gesagt hat, nämlich vor zehn oder fünfzehn Jahren. Und dafür sehe ich – in diesem weltweiten Umfang – in der gesamten Geschichte nirgendwo etwas Vergleichbares. Das einzige Beispiel, das ich kenne, ist die Gnosis des zweiten und dritten Jahrhunderts, die dann aber trotz ihrer Gefährlichkeit dahinfiel. Die Gnosis hat ein neues Christentum aus dem Kopf ihrer Vertreter (Genealogien der Götter usw.) darstellen wollen; sie wurde (vom Glauben!) weggewischt. Alle anderen Parallelen, die es gibt, besonders auch die Reformation, die keine Parallele ist, die Aufklärung und dann der Modernismus, reichen nicht aus als echte Vergleichsbeispiele. Denn heute landen wir im Gegenteil dessen, was dieselben Leute gestern, oder vor zehn Jahren, gedacht haben.

Denken Sie einmal zurück an – das war nach dem Krieg ganz ungebrochen – die Bedeutung, die im deutschen Raum etwa Guardini hatte. Die ist vollkommen dahin. Die Leute sagen heute: Nein, das kann ich nicht mehr lesen. Es mag sein, daß sie es nicht mehr lesen können. Aber es geht um mehr. Es geht darum, daß heute das Gegenteil von der Grundauffassung dessen vertreten wird, was bisher als verpflichtend galt und von ihnen als verpflichtend vertreten wurde: das Dogma. Bis jetzt war es so, daß wir ein Dogma hatten – und heute?

Boné: Wenn man nach der Ursache der Krise fragt, muß man da nicht folgende Elemente berücksichtigen: Zunächst darf man die Krise in der Kirche nicht losgelöst von der weltweiten kulturellen Revolution betrachten. Ist doch die Kirche eine menschliche Gemeinschaft, die sich den Einflüssen der allgemeinen Kultursituation nicht entziehen kann. Das wäre ein Element.

Innerhalb der Kirche aber wurde – sagen wir bis zum Konzil – die Freiheit der Forschung doch sehr beschränkt. Ohne auf Einzelheiten einzugehen, kennen wir doch alle eine stattliche Anzahl Theologen, die keineswegs Ketzer waren und in den letzten dreißig, vierzig Jahren Publikations- oder Lehrverbot bekamen. Liest man heute ihre Schriften, ihre hinterlassenen Notizen oder Artikel, die zum Verbot Anlaß gaben, dann ist man doch etwas erstaunt, daß so intelligente und ernsthafte Wissenschaftler gemaßregelt wurden. Dabei muß man zugeben, daß zur Zeit – sieht man von den Untersuchungen einiger relativ isolierter Theologen ab – auf manche wichtige Fragen doch nur sehr dürftige Antworten gegeben wurden. Es ist auffallend, wie es plötzlich in den letzten zehn Jahren in allen theologischen Zeitschriften nur so von Artikeln über Probleme wimmelt, über die früher geschwiegen wurde. Ich denke z. B. an das Problem der Erbsünde; man könnte aber leicht ein Dutzend andere nennen. Dabei ist zu bemerken, daß offenbar das Interesse für diese Probleme nicht neu ist. Die Artikel erscheinen zwar jetzt; aber man merkt, daß die betreffenden Theologen sich seit längerer Zeit mit den behandelten Problemen beschäftigen. Es ist, als sei plötzlich eine Schranke weggefallen, ein Damm durchbrochen worden. Es herrscht eine viel größere Freiheit und Toleranz bezüglich der Veröffentlichungen. Neue, manchmal ausgeglichene, vernünftige Theorien werden von fachkundigen Theologen aufgestellt. Als Nebenerscheinung gibt es selbstverständlich auch ausgefallene und unseriöse Publikationen von Pfuschern. Das alles aber, Seriöses und Unseriöses, in bunter Mischung. Meinen Sie nicht, daß diese Liberalisierung nach einer Periode übertriebener Vorsicht – um nicht zu sagen Ängstlichkeit – Mitursache der heutigen Verwirrung auf dogmatischem Gebiet ist?

LORTZ: Ohne weiteres, ohne jede Hemmung sage ich selbstverständlich ja – *dans une certaine mesure.* Das Kapitel vom Nachholbedarf und dem Rückschlag des Pendels spielt hier seine Rolle. Es gibt durchaus eine ganze Reihe von Leuten, die ganz ‚in der Regel' waren und trotzdem den Argwohn von Pius XII. erweckten. Joseph Lortz z. B. gehört auch dazu! Ich sage das *en connaissance de cause.*

Sie sagen, es kommen da Leute, die fassen diese Theorien, Dogmen, so und so, von einander verschieden, auf. Sie nannten als Beispiel die Erbsünde. Gut, das ist ein Dogma, das bisher immer außerordentlich wenig *untersucht* war. Hingegen die Auferstehung des Herrn z. B. ist ein Dogma, das nicht viel untersucht zu werden braucht, sondern: Mit dem Bekenntnis der ‚Tatsächlichkeit' der Auferstehung steht und fällt das Christentum.

Jetzt werden Sie hoffentlich nicht sagen, ich könne Ihnen nicht erklären, was Auferstehung ist. Nichts, was Gott ist, nichts, was Göttliches ist, kann ich positiv erklären. Ich kann aber sehr wohl sagen, daß die Leugnung von einem in der Offenbarung gesetzten Inhalt, z. B. die Auferstehung, daß diese Leugnung Irrtum ist. Und niemand, der am Evangelium festhält, kann diese negative Antwort beiseite schieben. Insofern besteht hier etwas Absolutes. Dies gab es in dieser Breite in der Kirche früher nicht. Ich kenne zwar Beispiele, wo es (Jahrhunderte hindurch) innerhalb der Lehrverkündigung Differenzen gab. Aber solange ich nicht die Tradition als Ganzes beiseite schiebe, scheint es mir vollkommen unmöglich, ohne das klare Bekenntnis zum Zentralen im Symbolum auszukommen. Und dies war bei den von Ihnen, so denke ich, angesprochenen Schriftstellern, gegen die z. B. Pius XII. sich im Anlauf gegen die *théologie nouvelle* stellte, vollkommen intakt: Père Congar, Père de Lubac: Unbegreiflich, solche absolut integren und unentbehrlichen Leute ausschalten zu wollen. Sie haben nie daran gedacht, fundamentale Dinge anzutasten. Das Zentrum ist – und darum auch meine Warnung, die ein wenig eingekleidet war, weil ich nicht zu deutlich sein wollte, die Sie aber alle verstanden haben –, daß neben dem Symbolum, das wir haben, nicht ein anderes Symbolum treten soll, das noch viele andere Dinge ins *Credo des Papstes* mit hereinnimmt, sondern umgekehrt: Nichts wäre wichtiger heute, als sich ohne Minimalisierung auf das Zentrale zu konzentrieren; denn nur, wenn wir uns auf das Zentrale zurückziehen, können wir redlich bekennen: „Dies ist unfehlbar." Hier will ich die ‚Frage' meines Freundes Küng ausklammern, die ich aber als fragende *Behauptung* für sehr wenig korrekt halte.

Es scheint mir ein wesentlicher Unterschied zu bestehen zwischen dem, was heute geschieht, und früheren Lehrkrisen in der Kirche. Es ist nicht so, daß heute nur, *pêle-mêle,* nur ein paar Leute da wären, die unter das ausgesprochene Verdikt fallen, sondern es ist *nettement* ein allgemeiner (natürlich nicht ganz ausschließlicher) Trend zu einem negativ-destruktiv Kritizistischen gegeben. Wenigstens empfinde ich eine *Masse* heutiger theologischer Aussagen als hierher gehörend. Und das Schlimme ist, daß das nicht nur in dem Kreis der Theologen bleibt, sondern weit darüber hinaus dringt: Über die Schüler, die nicht weniges mißverstanden haben, oder über junge Kapläne, die noch nicht aus der Kirche ausziehen, die ihre Weisheit aber auch sogar in die Kirchenblätter bringen, die das Halbverdaute in einer Weise des unsauberen und outrierten Fragens *(‚manière de poser des questions')* darstellen, eine Art, die einfach zerstörend, schon weil verunsichernd, wirkt. Das ist wahrscheinlich sehr ungenügend und unbefriedigend für Sie, aber ich glaube, daß es da doch einen gewaltigen Unterschied zwischen heute und früher gibt. – Halten Sie dann auch fest, was ich zu Anfang sagte: Weil die Kirche in der Welt lebt, hat sie die Welt mit zu tragen. Das ist so elementar, daß es für uns alle selbstverständlich ist – eine vorgegebene schicksalhafte Tatsächlichkeit.

KEILBACH: Es klingt wohl etwas merkwürdig, was dieser Cohn-Bendit gesagt hat. Auch unter den deutschen Studenten gibt es solche, die sagen: Wir wollen das Bestehende zertrümmern bzw. zerstören, auch wenn wir nicht wissen, was wir wollen. Ich glaube, so ganz unverständlich ist das nicht. Man beginnt mit dem Zerstören nicht erst dann, wenn man genau weiß, was man positiv will, sondern man handelt zunächst aus Überdruß und Übermut; man will das Bestehende nicht mehr. Das impliziert irgendwie die Meinung: Das Richtige wird sich schon herauskristallisieren. Wir haben hier gleichsam den Elefanten im Porzellanladen: Es wird ohne Zweifel viel Porzellan zerschlagen werden.

Die andere Sache: Sind nicht die Soziologen auch indirekt vielfach schuld an diesem Zustand? In einem gewissen Maße auch das mißverstandene Wort vom *aggiornamento?* Viele fragen doch heute im Grunde genommen so: Wie muß die Kirche ausehen, daß ich bereit bin, sie zu akzeptieren? In der eigentlichen Grundstruktur wird es aber folgendermaßen lauten müssen: Was muß ich an gutem Willen aufbringen, ganz gleich, in welcher historischen Situation ich lebe, um dem Wort Gottes gerecht werden zu können? Wir sehen, es geht um eine grundsätzliche Verdrehung der Grundsituation.

Sie sagten, die Erbsünde sei bisher zuwenig erklärt worden. Ich sehe gewisse Schwierigkeiten auf dem theologischen Gebiet. Wenn es gelänge, Herrn Alszeghy hier ein wenig ‚herauszufordern', bekämen wir vielleicht eine befriedigende Antwort. In der Vorbereitung der Definierung des Dogmas über die leibliche Aufnahme der Mutter Gottes in den Himmel hat man in der theologischen Argumentation in der Geschichte sozusagen sporadisch Stellen gefunden, die einschlägige Andeutungen in der Liturgie abgeben können; daraus wurden Argumente entwickelt. Wenn ich mich jetzt hineinversetze in das Tridentium und in die spätere Zeit, und wenn ich bedenke, was unter dem Schutz der Kirche in Katechismen usw. über die Erbsünde zu lesen stand, verstehe ich jenes Abrücken nicht, das mit Karl Rahner eingesetzt hat. Ich habe auch gewisse Schwierigkeiten, den Erklärungsversuch von Flick und Alszeghy mitzuvollziehen. Sie haben die Erbsünde apostrophiert; mich würde Genaueres sehr interessieren.

LORTZ: Ich habe das aufgegriffen, aber ich kann dieses Geheimnis ebensowenig ergründen wie Sie, aber ich will Sie nicht unterbrechen ... Sie haben eine ganze Reihe von Fragen angesprochen; zunächst: was das Zerstören angeht. Ich glaube, daß eben dort ein entscheidendes Problem besteht, nämlich dieses: Daß durch die Offenbarung durch den Herrn (und dann weitergetragen durch die Kirche) bestimmte Dinge definitiv gesetzt sind, gegeben etwa im Symbolum, sie sind da; ich kann sie nicht von mir aus erfinden, aber auch nicht abändern. Ich glaube nicht, daß man von dort aus an das Thema herankommt. Ich finde den Zugang nicht richtig, wie Sie ihn formuliert haben. Wenn Sie mir da vielleicht etwas auf die Sprünge helfen könnten. Wie haben Sie das doch formuliert?

KEILBACH: Ich meine den Überdruß an dem, was eine Zeitlang fabelhaft funktioniert hat, wie wenn jemand sein Kind in eine sehr strenge Erziehung gibt; aber das Kind bricht plötzlich aus. – Auch der Wohlstand mit seinen Möglichkeiten kommt in Frage. Oder denken Sie an Afrika und die Entwicklungshilfe, die dort von manchen in falsche Kanäle geleitet wird. Auf der anderen Seite gibt es die Revolution, die nun einmal alles neu machen will. Da liegt das nun einfach in einem Zug: Zertrümmern, was da ist, im blinden Vertrauen, daß sich das Kommende schon herausgestalten wird.

LORTZ: Also gut, jetzt haben Sie es phänomenologisch angepackt; da bin ich ganz Ihrer Meinung. Fragt sich nur: Wenn ich die Sache so nehme, kann ich dann beanspruchen, daß ich damit auch den Weg zu dem Bleibenden, philosophisch gesagt, zu der Wahrheit, finde? Innerhalb der Offenbarung auf dem Weg zu dem hin, was Jesus und die Apostel gelehrt haben? Bin ich auf dem richtigen Weg? Ich habe nicht das Recht, scheint mir, meine Meinung einzusetzen, sondern es gilt immer wieder, *zu hören.* Das ist eine Grundkategorie der Offenbarung, daß in ihr mit Autorität gesprochen wird, gegenüber dem es – letzten Endes – nur das Hören gibt. Wenn ich das Hören verweigere, und zwar als Grundhaltung, als psychologische und intellektuelle Grundhaltung, dann bin ich an der Sphäre, die den Glauben möglich macht, vorbei.

KEILBACH: Das meine ich gerade. Wenn aber die Soziologen kommen, werden andere Kategorien entwickelt. Ihnen leistet das nicht ganz glückliche Wort *aggiornamento* Schützenhilfe, vor allem dadurch, daß es nicht leicht in andere Sprachen übersetzt wird. ‚Anpassung', das war früher gerade immer das Verhaßte. Daß ich mich in der Welt ‚anpasse', klingt wie Selbstpreisgabe.

Lortz: Da haben Sie ganz recht. Ich würde nur so sagen: Es gibt, um es positiv auszudrücken, Toleranz oder Intoleranz. Toleranz gegenüber der Wahrheit kann nur so weit gehen, wie das Wesen des Gesagten, des von Gott Gesagten, nicht angetastet wird. Alles andere nebenher, gut, da kann sehr vieles (ja alles) mitgenommen (und diskutiert) werden. Aber das Wesenhafte darf nicht angetastet werden. So ist es auch genau hier. Ich würde also sagen: Wo vom soziologischen Denken her irgendwo das, was als Wahrheit in der Kirche gelehrt ist, angetastet wird, da werde ich nein sagen. Sie haben das Recht, es zu bestreiten, aber das wäre dann von Fall zu Fall zu beweisen. Es ist so schwer, den genauen Punkt zu treffen; es fehlt immer noch eines ... Ich suche immer noch den Zentralpunkt.

Keilbach: Sie suchen wohl das, was Herr Alszeghy uns klären könnte.

Lortz: Nein, ich suche das, was Sie gesagt haben. Ich suche etwas, wo ich mit Ihnen ganz einverstanden bin.

Keilbach: Nicht fragen: Wie muß die Kirche aussehen, daß ich sie akzeptiere? Sondern Wenn die Offenbarung ergangen ist, was muß ich an gutem Willen aufbringen, um der Offenbarung gerecht zu werden?

Lortz: Ja, klar.

Alszeghy: Das Problem der Dogmenentwicklung und das der Hermeneutik einer dogmatischen Aussage würde den Rahmen unserer gegenwärtigen Diskussion sprengen.

Aber darf ich eine andere Frage stellen, wenn Sie gestatten? Sie haben eben erwähnt, daß in der Reformationszeit ein Versäumnis geschehen sei. Wäre dies nicht geschehen, hätte man sich dann vielleicht eine Krise ersparen können? Könnten Sie vielleicht darüber etwas sagen? Genauer: Wäre von seiten der

Kirche kein Gnadenversäumnis geschehen, wäre kein Gnadenangebot unbegriffen geblieben ...

LORTZ: Da haben Sie vielleicht nicht ganz richtig verstanden. Ich habe von der langen Kette der Versäumnisse gesprochen, das unbedingt. Ich bin der Meinung, daß damals so viel Positives von der Gegenseite vorgebracht wurde, daß man, hätte man zur rechten Zeit zugepackt, durchaus und wirklich eine positive Lösung hätte haben können, obschon ich natürlich nicht meinen Kopf hinhalten möchte für die Behauptung: ‚Wenn das und das geschehen wäre, wäre die Reformation nicht gekommen'; das wäre etwas verwegen.

Aber, *de facto,* nehmen wir an, Bernhard von Clairvaux wäre mit seiner Theologie so sehr durchgedrungen, daß es die gesamte Scholastik nicht gegeben hätte – eine Scholastik, in der dann Thomas von Aquin in der Gnadenlehre sehr nahe an Bernhard herankommt, aber in anderem nicht – nehmen wir also an, Bernhard von Clairvaux wäre zum Zuge gekommen, es hätten sich Kirche und Theologie nach seinen Grundkategorien (den spirituell-theologischen) entwickelt, dann hätte es all das, was die Reformation dann wirklich durch das Papsttum herausforderte, nicht gegeben. Wenn das Ihre Frage war: einverstanden.

ALSZEGHY: Auch; aber könnte man nicht vielleicht jetzt, im Lichte des später Geschehenen, darüber nachdenken, wie die ideale Haltung z. B. Papst Leos selbst und seiner Umgebung hätte sein sollen; Papst Leos oder Cajetans oder von sonst jemandem. Könnte das für uns nicht in dem Sinn klärend wirken, wie und was wir tun könnten und sollten, um unsere gegenwärtige Krise zu überwinden?

LORTZ: Auf der einen Seite haben Sie, als Beispiel, Papst Leo genannt. Der scheidet aus, weil er unfähig war, theologisch zu denken. Da können wir keine Auskunft bekommen. Da ist nur ein Minus. – Dagegen Cajetan, ja! Aber bei Cajetan ist nun das Seltsame, daß er in seinen *Opuscula* in einer erstaunlichen Weise die Anliegen Luthers aufgegriffen hat und sie zum Teil durchaus positiv bewertet; wäre damals die *Justificatio,* die Rechtfertigungslehre, die bei Luther mit Recht im Mittelpunkt stand, reiner erkannt, gelehrt und gelebt worden, wäre sie nicht mit der Ecclesiologie (siehe Renaissance-Papsttum) so verknüllt gewesen, daß beides auseinanderzunehmen nicht möglich war, dann hätte man wahrscheinlich, oder sagen wir besser möglicherweise, eine Rettung haben können. Aber da nun diese Verknäuelung da war – und diese in einer Weise, daß ich nicht wagen würde, eine Antwort zu geben –, weil weiter bei Luther seit *ungefähr* 1520, keineswegs seit 18, keineswegs seit 14, sondern seit 20, allmählich eben das spezifisch Reformatorische so gewachsen war, daß es ihn einfach nicht mehr in das Gesamt der Kirche hineinpassen ließ; da war es zu spät. Ich bin aber überzeugt, daß z. B. bei der Leipziger Disputation, (obschon dort Dr. Eck so massiv und unchristlich Luther in die Falle gelockt hat), auch noch nachher – lesen Sie nur die Traktate, die Luther 1519 herausgegeben hat, z. B. über die Eucharistie, wunderbare Sachen; oder *Über die guten Werke:* Das ist so katholisch, und da ist das Katholische und das Evangelische im Grunde noch so aufgenommen –, daß damals der Bruch mit der alten Kirche existentiell bei Luther noch nicht unheilbar geworden war. Darauf gründet sich ja die von mir vertretene These, meine Hoffnung, daß es durchaus möglich ist, das Entscheidende bei Luther katholisch zu erklären. Es gibt natürlich auch eine ganze Reihe von Differenzpunkten – die Hauptschwierigkeit bildet die Ecclesiologie –, wo es nicht klar ist, wieweit wir in ihnen zu einer gemeinsamen Auffassung kommen werden. Aber man hätte viel weiter kommen *können;* vieles (sicher die Zuspitzungen und das Verletztende, *de part et d'autre)* hätte nicht zu kommen brauchen. Aber ich habe jetzt wohl eines übergangen; es wurde noch etwas anderes gefragt.

Arens: Sie haben einige Male das Holländische Konzil erwähnt und kritisiert; ich glaube, zu Recht. Ich sehe auch nicht alles, was da geschehen ist, und würde nicht alles für richtig halten. Aber ich glaube, daß eines doch feststeht, was eigentlich wieder in die gleiche Richtung weist, wie Sie es z. B. für Luther angedeutet haben: Daß für diese Leute – ich kenne Professor Fiolet nicht persönlich, wohl aber verschiedene andere, die dort gewesen sind – der Glaube eine absolut brennende Sache ist.

LORTZ: Welcher Glaube?

ARENS: Der christliche Glaube der einfache christliche Glaube, worin Sie auch die Lösung der Krise gesehen haben. Man ist – ich sage es sehr unbeholfen – des ganzen Krams, der um den ‚alten katholischen Glauben' herumgebaut worden ist, überdrüssig. Man will zum einfachen Glauben und zu einem neuen Aufbau zurückfinden. Dann, glaube ich, verschwindet auch die Differenz zwischen Protestanten und Katholiken, so daß man gemeinsam zu einem neuen Anfang kommen kann. Das ist ein Lichtblick, den ich sehe. Ich sehe die Entwirrung noch gar nicht; bin sogar auch eher etwas pessimistisch. Aber Sie haben ja auch gesagt, wir sollten nicht vergessen, daß der Heilige Geist in der Kirche wirkt.

LORTZ: Unbedingt. Um darauf zu antworten: Es ist ja nicht so, daß etwa Professor Fiolet nur damals, im Interview vom 24. Dezember 1969, so nebenher geäußert hätte: ‚Wir müssen diese Kirche zum Einsturz bringen.' Das ist eine Grundthese; und: ‚die Kirche zum Einsturz bringen' ist ein ziemlich kräftiger Ausdruck, nicht wahr? Denn, wieso kommt ein Katholik dazu, wirklich bewußt zu sagen: ‚Die Kirche, diese da – und zwar angesichts der Entwicklungen, die er sich anbahnen sieht in einer Theologie, in der das Dogma verschwindet –, müssen wir zum Einsturz bringen'? Ich habe die größten Schwierigkeiten, darin auch nur ein weniges von katholischem Sinn zu finden. Im Gegenteil: Wenn ich aus der ganzen Kirchengeschichte bis heute die Tatsache *herausnehme,* daß der Herr im Wesen seine Kirche vom Irrtum bewahrt hat, dann gebe ich den Kampf auf. Aber dann bin ich auch nicht mehr Christ. Das ist elementar. Und dieses ist nun in vielfältiger Weise in der Entwicklung der neuesten Theologie, selbst in jener, die van der Pol in seinem erwähnten Buch behandelt, geschehen. Da könnte ich für meinen Teil nicht mehr sehen, daß das Wesentliche des Christentums, so wie wir es in dem alten Symbolum haben, nämlich: „Jesus Christus, Sohn Gottes, Gott und Mensch“ ... und alles, was dazugehört, noch bewahrt ist. Mit Bewußtsein habe ich dieses Symbolum vom Credo Pauls VI. abgehoben. Ich finde es gefährlich, daß dort eine Amplifizierung wichtiger Dinge unnützerweise vollzogen ist.[1] Man sollte froh sein, daß wir möglichst, so wie es in der Urchristenheit war und in den ersten Jahrhunderten, daß wir einen engen Kreis von unberührbaren Aussagen haben, an denen wir festhalten. Und ich glaube, die sind nicht mehr zu halten von den Ansätzen aus, die zu einem mehr oder weniger großen Teil, manchmal schärfer, manchmal weniger scharf, im Holländischen Pastoralkonzil sichtbar wurden. Die Art und Weise des Operierens um die Orthopraxie im Gegensatz zur Orthodoxie (Schillebeeckx, Dr. Walter Goddijn und sein Bruder) erzwingen, wie mir scheint, die Stellungnahme in der Wahrheitsfrage: ja oder nein?

ARENS: Man sollte vielleicht nicht zu schnell die Frage ja oder nein stellen.

LORTZ: Gut, ich bin bereit. Wir haben das ja in der Kirchen-

[1] Beim Lesen der Korrektur will ich an dieser Stelle einer möglichen Mißdeutung vorbeugen. Heute, wo öffentlich und privat Paul VI. in einer oft unverantwortlichen Weise angegriffen wird, möchte ich auch nicht von ferne zu der Zahl dieser sich selbst berufenden unmaßgeblichen Kritikern gezählt werden. Was im Text gesagt ist, bezieht sich auf das öffentliche Bekenntnis der Kirche, *verbindlich* für alle Katholiken. – Natürlich behält die aus biblischem Sprachgebrauch geformte Amplifizierung des Papstes in Spiritualität und Frömmigkeit ihren vollen Wert. Darüber hinaus: Auch das *Magisterium ordinarium* gehört zu dem von Jesus Christus gestifteten Lehramt. – Besonders scharf möchte ich mich absetzen von jenen, die ehrfurchtslos und lieblos von der Person des Papstes reden. Paul VI. steht in einer ungewöhnlichen Weise unter dem Kreuz: wahrhaftig keine schlechte Qualifizierung für den Inhaber des Petrusamtes. Und *eines* der Zeichen auf Hoffnung hin, heute.

geschichte gelernt, oft, oft ... Aber wenn ich sehe, z. B., wie die Reformation sich entwickelt hat, seit Ende des 13. Jahrhunderts schon, ziemlich kontinuierlich, dann sage ich doch: Manchmal ist es gut, wenn man schneller ist. Heute z. B. finde ich, daß unsere Bischöfe z. T. nicht genügen, weil sie nicht wissen, was zu sagen wäre, was sie sagen sollen, wollen oder können. Ein Kirchenhistoriker kann überhaupt kein Ketzerrichter sein; das ist *per definitionem* ausgeschlossen. Aber wenn ich sehe, wie da hin- und hergewackelt wird, denken Sie an den ganzen Komplex um Halbfass ... entweder so oder so. Aber man kann nicht so *und* so verfahren.

ARENS: Es handelt sich hier, glaube ich, nicht um eine Frage, die so oder so beantwortet werden muß, sondern das ganze Werk ist in Gefahr. Es gibt so viele Dinge, die nicht entweder so oder so sind. Sie sind ein wenig so und ein wenig anders.

LORTZ: Eine Frage: Gibt es das auch in den Zentraldogmen, nämlich in: „Jesus Christus, Gott und Mensch?", ja oder halb-ja? Für mich gibt es da nur ja oder nein. Ich weiß, daß wenn ich sage: Jesus ist „Gott und Mensch", dann sagt dieses ‚und' durchaus nicht eine verstehbare Einheit. Aber darin liegt ja gerade das Geheimnis. Ich wäre doch ganz töricht, wenn ich sagen würde: Ich bilde mir ein zu verstehen, wie das überhaupt möglich ist. Nein, das ist für jeden Menschen, im letzten und im Grunde genommen, unaufhellbar. Aber es ist da; es ist gesagt, gelehrt und gehört zur Glaubenssubstanz.

ARENS: Ja, aber – das hat Herr Keilbach gesagt – in einer Reaktion geht man oft viel zu weit. Das dürfen wir niemals vergessen. Sie dürfen die absolut extremen Aussagen nicht für die endgültigen halten. Das wird sich ausgleichen. Davon bin ich überzeugt. Aber, wir dürfen nicht schlafen; wir müssen wachsam sein.

LORTZ: Wissen Sie, was da gefährlich ist, in dieser Art des Argumentierens? Es ist durchaus richtig, daß z. B. die kirchlichen Autoritäten viel mehr mit dem Argument und aus der

Haltung heraus operieren müßten, nämlich zu fragen – wie es ja in der Bibel steht –: Wohin immer das Schaf sich verlaufen haben mag, was müssen wir tun, es wiederzufinden, d. h. es bei der Gemeinschaft zu halten? – Darin haben Sie ganz recht.

Aber andererseits ist es auch gefährlich, wenn nicht zur rechten Zeit – und dafür gibt es in der Kirchengeschichte Tausende von Beispielen –, wenn nicht zur rechten Zeit gesagt wird: Jetzt ... Und ich glaube, daß z. B. heute dieser Punkt erreicht ist. Wir wissen kaum mehr wie oder was; wir haben zwar noch ein bißchen Mut, aber so wackelig ...

ARENS: Die Position der Bischöfe ist natürlich auch außerordentlich schwierig.

LORTZ: Ganz schwierig. Ich möchte nicht an ihrer Stelle sein. Ich wundere mich immer über die Leute, denn es gibt ja immer noch welche, die sich nach dem Spruch verhalten, der in der Bibel zu finden ist: Wer *„episcopatum desiderat, bonum opus desiderat"*. Ich bin gar nicht der Meinung. Aber es gibt welche. Da sind wir also einig.

THUM: Setzen wir vielleicht einmal bei der Aufklärung ein. Sie hat eine glückliche Überwindung gefunden, einmal bei Leibniz, der, wenigstens für den deutschen Sprachraum, eine wichtige Rolle spielte, indem er den deutschen Sprachbereich gegen die radikale Aufklärung fast abgeschirmt hat. Dann setzte die Überwindung für die Gebildeten im allgemeinen ein, die vielleicht zu stark auf der Basis der Romantik aufgebaut war. Auf weitere Sicht gesehen, hat sich diese Form der Überwindung und der Auseinandersetzung mit der Aufklärung nach einem Jahrhundert irgendwie erschöpft. Infolgedessen bricht nun, unterstützt von der Entwicklung der Wissenschaften, diese Aufklärungsbewegung wieder auf und hat die Kirche und die Gläubigen erfaßt. Vielleicht könnte man die Linien in dieser Weise ziehen?

LORTZ: Das Verhältnis zur Aufklärung! Was Sie sagten, ist zunächst richtig. Wir haben seit Sebastian Merkle gelernt, die Bedeutung der Aufklärung unbefangen zu sehen. Sie war ein großer geistiger Aufbruch; sie beeinflußte mit damals geprägten Grundanschauungen vieles im geistigen Leben, und das bis heute. Sie drang, wie wir wissen, in mancherlei Formen (Gallikanismus, Febronianismus) auch in die Kirche ein, auch in die Hierarchie, und zu einem Teil in die katholische Theologie. Auch der Aufklärung gegenüber wurde wiederum kirchlicherseits sträflich viel nicht aufgenommen oder ungenügend verarbeitet.

Aber, das im Sinne der Offenbarung Wertvolle war in der Aufklärung gering. Wenn die Aufklärung die ganze Kirche so erfaßt hätte, daß sie die innerkirchlichen Räume erfüllt und das eigentlich kirchliche Fühlen und Denken der Gläubigen in der *(katholischen)* Kirche in maßgeblicher Weise angegriffen hätte – wenn damals das Ganze der katholischen Kirche (trotz den gallikanischen Deklarationen in Frankreich, trotz den Koblenzer und Emser Punkten in Deutschland) so stark infiziert worden wäre, wie es heute in radikaler Weise geschieht, dann wollte ich Ihnen recht geben. Aber ich muß sagen: Gegenüber der inneren Auflösung von heute, mit der Ohnmacht auf der Seite des Lehramtes –: Hier liegt ein radikaler Unterschied zur kirchlichen Lage im Zeitalter der Aufklärung vor. Heute scheint mir der Punkt erreicht, wo, wie Karl Barth sagt, „es um das Ganze geht".

THUM: Durchaus.

LORTZ: Da ist also mit Zagen und Zaudern nichts mehr zu machen. Ohne große innere Freiheit ist natürlich überhaupt nichts zu erreichen. Wie könnten wir überhaupt als Kirchengeschichtler bestehen, wenn wir sie nicht hätten; auch nach der Lehre Jesu, rein nach dem Evangelium: ohne Freiheit wäre die Frohbotschaft leer. Aber dann hört die Diskussion doch auf mit der Frage: „Wollt auch Ihr gehen?" Denken Sie an das wirklich erschütternde Kapitel *Johannes 6* (zum Ende). Bitte: *„Wollt auch Ihr gehen?"* Ganz glatt! Diese Frage ist so, wie die Positionen abgesteckt wurden, an manchen Stellen in Holland durchaus nicht von der Hand zu weisen.

LUYTEN: Ich möchte noch kurz auf die Frage der Ätiologie zurückkommen. Es wurde da verschiedentlich auf van der Pol: *Das Ende des konventionellen Christentums* hingewiesen. Daß der Katholizismus bis heute bloß konventionell gewesen wäre, ist sicher übertrieben. Es ist aber vielleicht doch etwas Richtiges daran. Bis vor kurzem wurde die Religiosität weitgehend von der Gemeinschaft getragen. Durch die ganze Kultursituation werden wir aber heute zur Personalisierung aufgefordert. Man kann sich nicht einfach von der Gemeinschaft her legitimieren: Lebensgestaltung muß in persönlicher Verantwortung geschehen. Ist nicht daraus auch das Ablehnen der Tradition zu verstehen? Spielt das nicht auch in der Theologie eine Rolle, daß nämlich jeder Theologe versucht, persönlich die Botschaft zu interpretieren? Geht das alles nicht zurück auf das gleiche Phänomen: der Übergang von einer sozial getragenen zu einer persönlich verantworteten Religiosität? Wobei die meisten von uns überfordert sind, weil wir diese ganze Last persönlich nicht tragen können: Wir nehmen etwas auf uns, das wir nicht ganz verkraften können.

LORTZ: Ich bin durchaus Ihrer Meinung. Aber ich bin auch der Meinung, daß hier genau das geschieht, was der Tod des Evangeliums ist. „*Sanctus Spiritus non est scepticus*", das ist ein Wort von Luther an Erasmus von Rotterdam.

Denken Sie an den Einfluß, den die Soziologie auf die Darstellung, auf die Auffassung des Religiösen und seinen Wert und seine ‚kirchliche' Konkretisierung heute hat. Ich glaube, es gibt keine schlimmere Aushöhlungskraft als diejenigen Leute, die in der Verkündigung und der Anwendung der Frohbotschaft von soziologischen Modellen her denken und von dort aus an das Dogma herangehen. Die Soziologie ist nur unentbehrlich, solange sie keine Werturteile fällt. Aber, wenn sie sich in die Dogmatik hineinbegibt, setzt sie dogmatische Wertungen, und dann ist ‚der Ofen aus'.

SCHIEB: Sie haben bei der Darstellung der Schwierigkeiten unserer Situation im Verhältnis zu historisch vergleichbaren

Krisen auf die Massenmedien hingewiesen. Als Ingenieur und Naturwissenschaftler hätte ich gern Ihre Auffassung zu folgenden Gedanken erfahren. Die Massenmedien lassen alle Menschen auf der Welt zeitlich und räumlich zusammenrükken. Eine neue Idee entzündet heute nicht nur einen Gelehrtenstreit, sondern breitet sich in beängstigender Weise bis Afrika und Japan aus, wo sie große Menschenmassen beeinflußt. Es besteht die Gefahr, daß sich die gegen die Kirche gerichteten Kräfte in geschickter Weise der Massenmedien bedienen. Was in Holland unter Umständen im kleinen Umfang geschieht, ereignet sich vielleicht bald anderswo im großen Stil. Damit wird die personale Entscheidung des einzelnen Christen erschwert, weil mit den technischen Beeinflussungsmitteln, besonders dem Fernsehen, ein großer Teil der Christenheit ins Schlepptau genommen wird. So schlägt das Pendel weit nach der Gegenseite aus, und man kann – Herr Kollege Arens – wohl kaum darauf vertrauen, daß es durch die Einwirkung des Heiligen Geistes eines Tages doch wieder zurückschwingen wird. Ich rege an zu überlegen, ob wir uns nicht auch der modernen technischen Massenmedien bedienen sollten, um das Weiterschwingen des Pendels in unerwünschter Richtung zu bremsen und die Kräfte der Christenheit zu mobilisieren.

Lortz: 1. Die Diagnose: Die unterschreibe ich hundertprozentig. – 2. würde ich doch sagen, daß man das, was geschieht, beeinflussen kann, indem man durchaus alles, was geschieht, in seiner vollen Schwere zugibt, und dann sieht, wohin das läuft. Dann glaube ich, daß man dann 3. doch zu dem, was als Wesentliches gefordert wurde, stehen muß. Das würde nichts anderes bedeuten als folgendes: Es gibt eine *in nuce* aussagbare Wahrheit, deren Widerspruch nicht auch wahr ist. Das ist die Voraussetzung. Wenn es sie gibt, dann sehe ich mich in der Notlage, gerade, um jetzt zu verhindern, daß durch die Literatur und die Massenmedien das Gefahrbringende immer weiter ausgebreitet wird, diese Unsicherheit, daß also dann von der Kirche betont wird: Hier ist Halt! und Nein! Das ist das, was man den Bischöfen sagen muß: Es gibt heute Punkte, wo Ihr nicht einfach *in infinitum* warten könnt, in der Hoffnung, daß dann der Heilige Geist doch kommt. Dergestalt als ersten und letzten Punkt den Heiligen Geist einzusetzen, daß er *allein* es macht: Nein, dann würde ich aufgeben. Aber andererseits ganz gewiß: Alle unsere Schwierigkeiten, seit der Herr geboren wurde, und nachher, als er lebte und wirkte, bis heute und bis zum letzten Tag: *Wir* machen es nicht, ganz gewiß nicht. Aber wir müssen so handeln, als ob wir es machten.

DOLCH: Es ist bei uns Brauch, Herr Lortz, daß der Referent die Diskussion über seinen Vortrag in einem Schlußwort zusammenfaßt. Ich meine, Ihre Darlegung jetzt eben bildet gleichsam schon die Quintessenz?

LORTZ: Das glaube ich auch.[2]

[2] Ich möchte im nachhinein – bei dem Lesen der Korrektur – dies beifügen dürfen: Die Tatsache, daß die Krise, über die wir nachdachten, heute so gut wie die ganze Menschheit und zwar in all ihren Schichten und allen Bereichen des Seins, Denkens und Tuns, und dies wieder schier grenzenlos (in der einen oder anderen Weise zwar, aber immer tief) erfaßt hat (schon von der Schnelligkeit der Entwicklung her und der unübersehbaren Masse des Produzierten, das schlechthin für den einzelnen unübersehbar geworden), macht das Thema – besonders im Rahmen eines Vortrags – einfach unausschöpfbar. Ich würde aber gerne meine Hauptthese, „das unbedingte Bestehen auf der von der Kirche verkündeten dogmatischen Grundlage", noch mit einem, wie mir scheint wichtigen, Gedanken erläutern: Die von mir signalisierte Gefahr wird nicht nur dort real, wo frontal (oder semifrontal) diese oder jene einzelne Lehre, oder eine bestimmte wesentliche Struktur der Kirche attackiert wird: Eine sozusagen dauernd existierende derartige Gefahr besteht noch mehr in der pausenlos von Theologen (und dem verderblichen Echo, das sie bereitwilligst durch die Massenmedien erhalten) verbreiteten *Verunsicherung* von Laien und Geistlichen, einschließlich eines Teils der Hierarchie, in bezug auf das, was katholische Kirche und Dogma sind; im einzelnen: das unersättliche Hinterfragen, das Voranstellen der Schwierigkeiten, die entfremdende und *um*-interpretierende Art zu reden über den transzendenen persönlichen Gott (der sich um uns kümmert), die Inkarnation, die Geburt des Herrn aus Maria der Jungfrau, seine wirkliche Gegenwart in der Heiligen Eucharistie, seine wirkliche Auferstehung, das sakramentale Priesteramt. – Es handelt sich heute um den *Extrem*fall. Es wird an den Fundamenten gerüttelt. Über die subjektive Ansicht richtet allein Gott. Aber die Tatsachen sehen auch wir, und sind dadurch in die Verantwortung gestellt.

Dolch: Dann danke ich Ihnen, Herr Lortz, für Ihre Liebenswürdigkeit, uns ein Referat zu halten und darüber mit uns zu diskutieren! –

Dolch: Meine Herren! Wir stehen am Schluß unserer diesjährigen Tagung. Ob es zur Aufgabe des Direktors gehört, das Gedachte und Gesagte zusammenzufassen? Ich sehe mich dazu außerstande; ich kann nur einiges ins Gedächtnis zurückrufen.

Unsere Tagung stand unter dem Thema der gegenwärtigen Krise in den einzelnen Wissenschaftsdisziplinen und in den verschiedenen Schichten menschlicher Existenz. Zumal der Vortrag, den wir eben hörten und besprachen, sollte uns verdeutlichen, daß wir über dieses Thema nicht nur wissenschaft-

Muß ich noch hinzufügen, daß man einem Kirchenhistoriker nicht wohl vorwerfen sollte, die Vergangenheit zu vergötzen? Sein tägliches Brot ist doch die kritische Betrachtung dieser Vergangenheit – aber, damit sie die Gegenwart für die Zukunft befruchte.

Was ich im Ganzen des Vortrags und der Diskussion als ‚Dogma' ansprach, ist auch nicht eingeengt in eine technische Form der kirchlichen Aussage: 1. Es gibt auch neutestamentliche ‚Dogmen'. Neben vielen andern Stellen ist ihre Grundform festgehalten in der zitierten abschließenden Frage Jesu an die Jünger, die gegen seine Forderung, sein Fleisch essen zu müssen, murrten: „Wollt auch Ihr gehen?" (Joh. 6,67). – 2. Kirchengeschichtliches Dogma ist alles, was von der Kirche als unaufgebbar verkündet wird, unfehlbar in dem Sinne, daß, den Inhalt bestreiten, Häresie ist.

Als Letztes und Erstes liegt mir noch folgendes am Herzen. Die beklagte Unschlüssigkeit der Hierarchie und die Forderung, nicht durch undeutliche Entscheidungen oder unschlüssiges Benehmen sich und das Amt unglaubwürdig zu machen, weiß sich frei von irgendeiner Sympathie für inquisitorische Methoden, und zwar aus Sorge um die Kirche: eine unberechtigt starre, nur restaurative, repressive Kirchenpolitik der Hierarchie würde bestimmt auf der einen Seite die ewig nur Gestrigen noch weiter in ihrer naiv-dummen Verhärtung ermutigen, gegen welche Extremfälle dann die Progressisten ihrerseits wieder mit Recht opponieren würden. Es wäre, meine ich, heute Pflicht, die allzu Trägen mit Autorität an den Erneuerungsmut von Johannes XXIII. und das Konzil zu erinnern. Es gibt auch einen Angriff gegen die Substanz der Kirche und des von ihr zu verkündenden Evangeliums, der nicht in die Kategorie der Häresie und Schismas fällt: *Kleinglaube.* Wenn er zur Erstarrung führt, wirkt auch er tödlich und ist Sünde.

lich – abstrakt –, sondern als betroffene Christen zu handeln hätten. Ich meine, die Diskussion wies aus, daß dem in der Tat so war.

Wir haben nicht in Pessimismus gemacht; wir haben keine Negativaufnahme sozusagen der Wirklichkeit gemacht – wir haben über die gegenwärtige Krise als Menschen reflektiert, die nach ihrem Vermögen ihr Teil einbringen wollen, um sie zu meistern. Es gibt, so scheint mir, zwei Gruppen: die Realisten und die Romantiker. Die Realisten, die die Gegenwart betrachten und, je mehr und detaillierter sie das tun, desto mehr zu einem Skeptizismus neigen, ob denn überhaupt noch ein Ausweg aus dieser Krise zu erkennen und zu gehen sei; die Romantiker, die sich aus der Gegenwart und der Gestaltung des unmittelbar anstehenden Morgen hinwegschleichen. Von diesen Romantikern gibt es zwei Arten: die Vergangenheits-Romantiker, die angeblich einst wirklich gewesenen „goldenen Zeiten" nachträumen, und die Zukunfts-Romantiker, die in der Einfalt, wie sie Illusionisten eigen ist, ein herrliches Übermorgen in leuchtend-bunten Bildern malen. Ich wage die These, daß wir hier weder Realisten noch Romantiker sein wollten. Gibt es aber noch ein Drittes? Der Psalm 126 beginnt: „Als Jahwe Sion heimwärts führte, da war es uns, als ob wir träumten ..." Hier ist eine dritte Möglichkeit beschrieben, die ich jetzt meine. Wir kennen den ‚Sitz im Leben', die Ursprungssituation dieses Psalmes: Israel ist nach der Zerstörung Jerusalems und nach der Wegführung ins babylonische Exil in seinem nationalen Bestand zerstört und in seiner religiösen Existenz aufs tiefste bedroht. Die Treuen versuchen im „Wirbel der Erfahrung" standzuhalten und vermögen es – aus Gründen, die sie sich selbst rational letztlich nicht erhellen, sondern nur bezeugen können: Unbegreiflicherweise macht auch jetzt Jahwe wahr, was er den Vätern verhieß. Jahwe hilft! Jahwe gibt Stand!... und dann kam der Tag, da „Jahwe Sion, den treuen Rest Israels, heimwärts führte". Siehe: „Wie Träumende waren wir da!" Hier ist die Existenzweise derer beschrieben, die schon sehen, wie die Wirklichkeit ist, die schon ihre eigene Ohnmacht darin erkennen *und* sich wundern, daß sie dabei und dadurch weder zum Skeptiker noch zum Romantiker werden. Sie bekennen staunend, daß das wohl darin liege, daß einer sie trägt! Ist nicht *dieses* Staunen die Grundlage auch für unsere Arbeit hier? Einer von Ihnen, meine Herren, zitierte Cohn-Bendit: „Wir wissen nicht, was wir wollen, wir sind aber sicher, daß wir es erreichen." So paradox es klingen mag: Gilt das nicht für den Christen, der die gegenwärtige Krise in Wissenschaft und Glauben nach deren Meisterung suchend bedenkt?

Auch heute wird uns das Vertrauen auf Jahwe den einzig möglichen Ausweg aus unserer Unsicherheit zeigen.

Personenregister

Die Namen der Diskussionsteilnehmer sind, soweit sie in der Diskussion interveniert haben, nicht aufgenommen.

Die Referenten

DR. GEORGES COTTIER OP ist Lehrbeauftragter für Philosophie an der Universität Genf. Anschrift: Centre St-Thomas; 4, Avenue St-Paul, 1208 Genf, Schweiz.

DR. BEDA THUM OSB ist emeritierter Professor für Christliche Philosophie und Vorstand an der Katholisch-Theologischen Fakultät der Universität Wien sowie Professor für Metaphysik am Philosophischen Institut der Universität Salzburg. Anschrift: 3354 Metten/üb. Deggendorf; Abtei Metten.

DR. HANSJÜRGEN STAUDINGER ist o. Professor für Physiologische Chemie an der Universität Gießen; u. a. seit 1967 Vizepräsident der Deutschen Forschungsgemeinschaft. Anschrift: 6300 Gießen, Friedrichstraße 24.

DR. MAXIMILIAN STEINER ist o. Professor für Pharmakognosie an der Universität Bonn. Anschrift: 5300 Bonn, Am Michelshof 7.

DR. ANDREAS R. 'SIGMOND ist o. Professor für Soziologie an der Universität St. Thomas in Rom und Direktor des Instituto San Tommaso, Center of Research and Advanced Studies in Thomas Aquinas, Rom. Anschrift: 1, Largo Angelicum, Rom, Italien.

DR. DR. JOSEPH LORTZ ist em. Professor für Kirchengeschichte an der Universität Mainz und Direktor des Instituts für Europäische Geschichte, Abteilung Religionsgeschichte der Universität Mainz. Anschrift: 65 Mainz, Domus Universitatis, Alte Universitätsstraße 19.

Grenzfragen

Als 1. Band der Reihe ist erschienen: „Führt ein Weg zu Gott?“ mit folgenden Beiträgen:

N. A. Luyten: Führt ein Weg zu Gott?

J. Meurers: Die Gott-ist-tot-Theologie und das wissenschaftliche Erkenntnisbemühen heute

B. Thum: Theologie und Sprachanalyse

N. A. Luyten. Gotterkenntnis und naturwissenschaftliches Denken

D. Dubarle: Naturwissenschaftliche Methode und Offenbarung der Transzendenz

H. Dolch: Der Wunderglaube in der Kritik der Naturwissenschaft

H. Doms: Gott als Vollender seiner Welt

Band 3 der Reihe bringt folgende Beiträge:

N. A. Luyten: Der Mensch als Selbst- und Weltgestalter

B. Thum: Biologische und postbiologische Entwicklung

H. M. Rauen: Gefährdung unserer biologischen Existenz

P. Koeßler: Die Technisierung und ihr Einfluß auf den Lebensstil des Menschen

P. Christian: Interdependenz von Mensch und Umwelt in der Entstehung von Krankheiten

D. Dubarle: Der Mensch als Bedrohung der Menschlichkeit

H. Dolch: Die bleibende Botschaft der Offenbarung und die sich verändernde menschliche Gesellschaft